普速铁路列车调度员入门与提高

（上 册）

王先枢　张智海　何　侃◎主编

中国铁道出版社有限公司

2025年·北 京

内 容 简 介

本书以《铁路技术管理规程(普速铁路部分)》《中国国家铁路集团有限公司铁路运输调度规则(普速铁路部分)》等基本规章为依据,对普速铁路列车调度员需要了解和掌握的内容进行了系统梳理。《普速铁路列车调度员入门与提高》分为上、中、下三册。本册为上册,共十章,包括工务设备、电务设备、牵引供电和电力设备、通信设备、房建设备、机车设备、车辆设备、动车组设备、信息系统、车务设备。

本书可作为普速铁路列车调度员基础补强培训和新职普速列车调度员适应性培训基础教材。

图书在版编目(CIP)数据

普速铁路列车调度员入门与提高. 上册 / 王先枢,张智海,何侃主编. -- 北京 : 中国铁道出版社有限公司,2025. 5. -- ISBN 978-7-113-31992-2

Ⅰ. U284. 59

中国国家版本馆 CIP 数据核字第 2025RU3643 号

书　　名:普速铁路列车调度员入门与提高(上册)
作　　者:王先枢　张智海　何　侃

责任编辑:李曦琳　　　　**编辑部电话**:(010)51892548
编辑助理:冯琪宇　刘　臻
封面设计:郑春鹏
责任校对:安海燕
责任印制:高春晓

出版发行:中国铁道出版社有限公司(100054,北京市西城区右安门西街 8 号)
网　　址:https://www.tdpress.com
印　　刷:天津嘉恒印务有限公司
版　　次:2025 年 5 月第 1 版　2025 年 5 月第 1 次印刷
开　　本:787 mm×1 092 mm　1/16　**印张**:13. 75　**字数**:282 千
书　　号:ISBN 978-7-113-31992-2
定　　价:62. 00 元

编委会

主　　编： 王先枢　张智海　何　侃

参编人员：（按姓氏笔画排序）

王　帅　王　卓　王大伟　王晓博　石　巍
吕恩才　朱　琳　华岩松　刘玉生　刘东鑫
齐鹏辉　闫雪飞　关海涛　祁晓磊　孙　昊
孙旖仑　苏志强　苏哲峰　李　林　李　猛
李　喆　吴　恒　吴晓天　宋春林　张　伟
张　洋　张宁宁　张宏亮　张启博　张晓丹
张婷婷　陈　欣　陈　亮　陈文龙　金　宁
周作宝　郑克俭　孟　野　赵　野　柳永存
袁　强　莫大龙　高艳慧　高铭鸿　戚井富
隋喜会　韩顺平

前　言

普速铁路列车调度员是确保列车安全运行的关键，做好普速铁路列车调度员培训工作是调度所培训工作的重点和难点之一。随着铁路技术装备更新换代，大量的新技术、新设备、新方法应用于行车指挥一线，普速铁路列车调度员的培训内容也逐年增加，但铁路局集团公司层面可直接用于列车调度员培训的教材却基本处于空白状态，多数情况下的培训仅能参考车站值班员、车站调度员等车务系统的培训教材，缺乏专门适合列车调度员培训的内容。随着调度人员新老更替加速，调度所也迫切需要一本完整规范的新职列车调度员培训教材。为此，沈阳局集团公司调度所通过对新职列车调度员近两年来培训工作的摸索，以各项铁路设计和作业标准、《铁路技术管理规程（普速铁路部分）》、《中国国家铁路集团有限公司铁路运输调度规则（普速铁路部分）》等基本规章为依据，编写了《普速铁路列车调度员入门与提高》（共三册），希望能使普速列车调度员的培训工作更上一层楼，也希望能够通过本书将列车调度员的一些优秀传统和做法传承下去，当好时代发展的火车头。

本册内容为调度基础知识,按照列车调度员日常作业所需的知识项点编排,介绍调度员在日常指挥过程中所能接触到的运输设备,主要包括工务、电务、供电、房建、机务、车辆、信息、车务所使用的固定和移动设备。因篇幅所限,驼峰相关设备未做介绍,对于任职列车调度员以前,岗位经历不同的人员可以侧重某一章节进行重点学习。

本书编写过程中得到沈阳局集团公司人事部、职培部、运输部、客运部、沈阳站、沈阳车务段、四平站、吉林车务段、沈阳机务段、苏家屯机务段、鞍山工务段、沈阳工务段、沈阳电务段、沈阳工务机械段、沈阳车辆段、苏家屯车辆段等单位同志的大力支持和指导,以及吉林城市职业技术学院朱琳的无私帮助,在此谨表示衷心的感谢。

由于时间仓促、水平有限,书中难免出现不当之处,恳请广大读者给予批评指正。

编者

2025 年 4 月

目　录

上　册　调度基础知识

上册

调度基础知识

在铁路运输过程中，需要使用各种设备来保证铁路的产品——人或物品位移的生产和安全；同时，作为列车调度员，需要掌握各种固定和移动设备的功能和原理才能在实际的行车指挥中保证运输生产的安全与高效。

和谐
和谐

第一章　工务设备

工务设备是铁路运输设备最基本的组成部分,保证了最基本的铁路运输能力。工务设备主要包括路基、轨道、桥隧建筑物,以及维护工务设备所需的养路工具和机械。

第一节　线路平面和纵断面

铁路线路在空间的位置是用它的线路中心线表示的。线路中心线在水平面上的投影,称作铁路线路的平面,它表示线路的直、曲变化状态。线路中心线纵向展直后在垂直面上的投影,称为铁路线路的纵断面,它表明线路的起伏变化情况,其高程为路肩高程。

一、线路平面

当线路在平面上由一个方向转向另一个方向时,在两条直线之间必须用曲线来连接,这种曲线称为平面曲线。

曲线半径的选择与铁路等级、地形条件、列车最高运行速度等因素有关,曲线半径上限为 12 000 m,最小曲线半径计算公式为

$$R_{min}=\frac{11.8v_{max}^2}{h_{max}+h_{qy}}$$

式中　R_{min}——列车最高行车速度要求的最小曲线半径(m),一般应取 50 m、100 m 的整数倍;

v_{max}——列车最高行车速度(km/h);

h_{max}——最大超高(mm),取 150 mm;

h_{qy}——允许欠超高(mm),一般取 70 mm,困难时取 90 mm。

为保证列车安全,使列车平顺地由直线过渡到圆曲线或由圆曲线过渡到直线,需要在直线与圆曲线之间设置一条曲率半径变化的曲线,这个曲线称为缓和曲线。

因此,铁路线路平面由直线、圆曲线以及连接直线与圆曲线的缓和曲线组成,如图 1-1-1 所示。

二、线路纵断面

铁路的纵断面是因地势不同而由不同坡度的连续直线段连接而成的。平道与坡道、坡道与坡道的交点，称作变坡点。线路在垂面上形成了上凸或下凹的形状。

如果两相邻坡段的坡度代数差很大，列车经过变坡点附近，当两车厢分别处于上凸的相邻坡段时，车钩承受巨大的拉应力，当拉应力超过车钩的承受能力，车钩将会被拉断，造成断钩；当两车厢连接处处于下凹的相邻坡段时，车钩将上下错动，当错动量超过允许值时将会引起脱钩。因此，当两相邻坡度的代数差达到一定的数值时，就应在相邻坡段间用一圆顺的曲线来连接，这种曲线称为竖曲线。竖曲线因坡段转折处形状的不同而分为凸形竖曲线和凹形竖曲线，如图 1-1-2 所示。

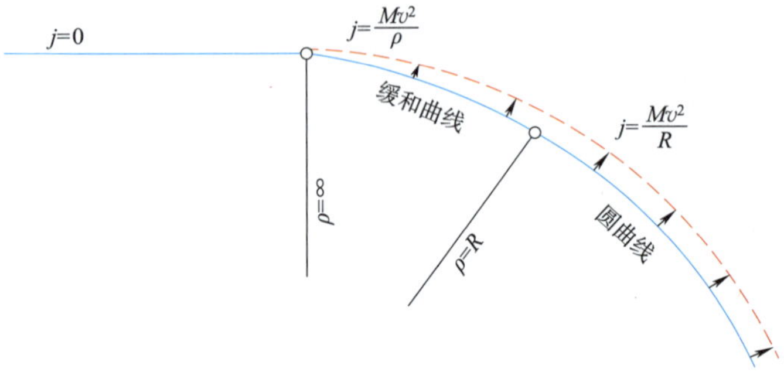

图 1-1-1　铁路平面曲线

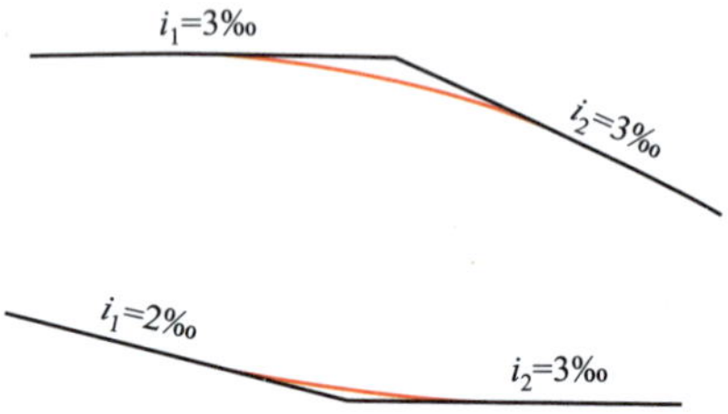

图 1-1-2　线路竖曲线

坡度是指坡道线路中心线与水平夹角的正切值，即一段坡道两端点的高差与水平距离之比，用千分率表示。单机牵引的货物列车以规定的牵引质量在上坡道上以计算速度做等速运行时的坡度叫作限制坡度。而加力牵引坡度是指适应于两台或多台机车牵引的大于限制坡度的坡度。

第二节　路基和轨道

一、路基

铁路路基是为满足轨道铺设和运营条件而修建的土工构筑物。路基必须保证轨顶高程，并与桥梁隧道连接组成完整贯通的铁路线路。路基工程主要由路基本体、路基防护和加固建筑物、路基排水建筑物、路基附属结构物这四部分建筑物组成。

路基常见的两种基本形式是路堤和路堑。路基面两侧无道床覆盖的部分为路肩。

当路肩设计标高高于天然地面时，路基以填筑方式构成，这种路基称为路堤，如图 1-2-1 所示。路堤的组成包括路基顶面、边坡、护道、取土坑等。

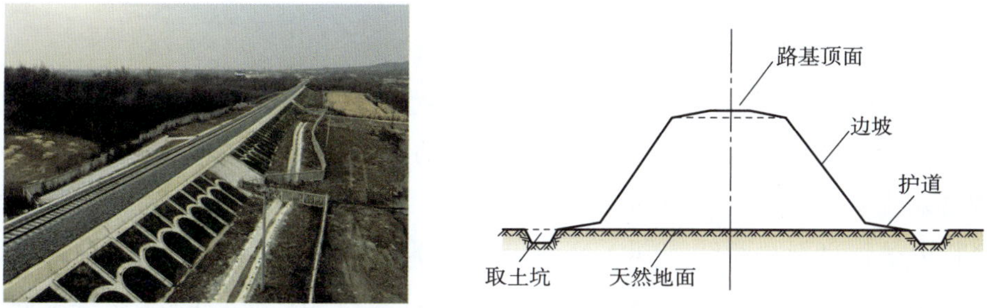

（a）　（b）

图 1-2-1　路堤

当路肩设计标高低于天然地面时，路基以开挖方式构成，这种路基称为路堑，如图 1-2-2 所示。路堑的组成包括路基顶面、边坡、侧沟、弃土堆和截水沟等。

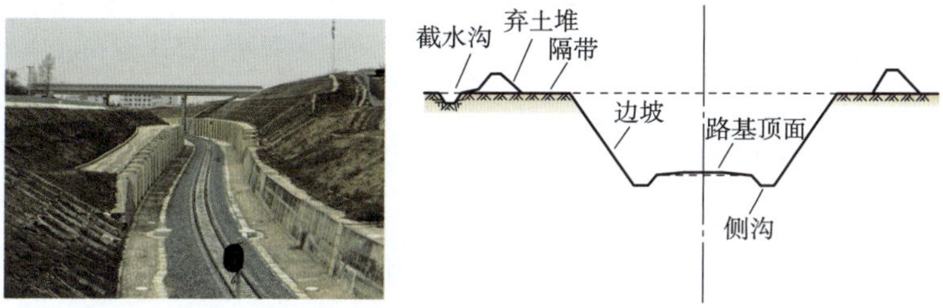

（a）　（b）

图 1-2-2　路堑

其他形式的路基还有半路堤、半路堑或不填不挖路基等。

路基排水设备常用的有纵向排水沟、侧沟、截水沟、矩形水槽、跌水沟、急流槽、明沟、槽沟、渗沟、渗管、渗水隧洞和渗井等。

路基冲刷防护措施主要有草皮护坡、干砌片石护坡、浆砌片石护坡、抛石护坡及柔性混凝土板等防护措施。路基坡面防护如图 1-2-3 所示。

图 1-2-3　路基坡面防护

二、轨道

路基、桥隧建筑物修建完成之后，就可以在上面铺设轨道。轨道由钢轨、轨枕、联结零件、道床(有砟或无砟)、防爬设备、道岔等组成，其功能是引导机车车辆运行，直接承受由车轮传导的巨大压力，并把它传给路基或桥隧建筑物。

铁路轨道结构分为有砟轨道和无砟轨道两种基本形式。结构简单、铺设容易、维修方便和弹性良好且造价相对较为低廉是有砟轨道的优点。无砟轨道的优势则为整体性强，纵、横向稳定性较好，平顺性高；缺点是造价较高且刚度较大，弹性较差。

1. 钢轨

钢轨的主要功能是支持并引导机车车辆按规定的方向运行，将来自车轮的压力和冲击传布于轨枕和扣件之上。在自动闭塞区段，钢轨又成为轨道电路中的一部分，起到信号电流的传输作用；在电气化区段，钢轨还起到电力机车牵引电流的回流导线作用。

钢轨按每米长度的大致质量分类，现行的标准钢轨类型有：75 kg/m、60 kg/m、50 kg/m、43 kg/m。

钢轨按照长度一般分为 100 m、75 m、25 m 及 12.5 m 四种。此外，还有专供曲线地段铺设内股用的标准缩短轨若干种。

轨距是钢轨头部踏面下 16 mm 范围内两股钢轨工作边之间的最小距离，直线轨距标准为 1 435 mm，如图 1-2-4 所示。

为使机车车辆能顺利通过小半径曲线，尽量减少轮轨间的横向水平力，减少轮轨磨耗和轨道变形，需在小半径曲线地段进行轨距加宽。曲线轨距加宽值加在内股，即将内股钢轨向曲线内侧横移。

在直线地段，为了使机车车辆传来的荷载由两股钢轨均匀地承担，保证车辆运行平稳，要求两股钢轨顶面应保持同一水平。

机车车辆在曲线上行驶时，由于离心力作用，将机车车辆推向外侧钢轨，加大了对外股钢轨的压力，同时使旅客感觉不适，同时还会影响行车安全，因此需要将曲线外轨抬高，即设置超高。但因列车是以各种不同的速度通过曲线的，因而对每一列车而言，普遍存在着过超高或欠超高的现象。

2. 轨枕

轨枕的作用是保持钢轨的位置、方向和轨距，并将它承受的来自钢轨的各种作用力均匀地分布到道床上。轨枕按其材质分主要有木枕、混凝土枕、钢枕等种类。

由于混凝土枕具有强度高、道床纵横向阻力大、稳定性好、使用寿命长等特点，所以我国目前主要使用混凝土枕，按用途可分为普通混凝土枕、混凝土岔枕、混凝土桥枕，按型号可分为Ⅰ型、Ⅱ(新Ⅱ)型、Ⅲ型枕。因Ⅰ、Ⅱ型枕不能满足运营需求，目前已基本不再使用。Ⅲ型混凝土枕设计轴重为 25 t，每千米轨枕配置 1 667 根，Ⅲ型轨枕分为有挡肩Ⅲa 型混凝土枕和无挡肩Ⅲb 型混凝土枕。Ⅲa 型混凝土枕如图 1-2-5 所示。

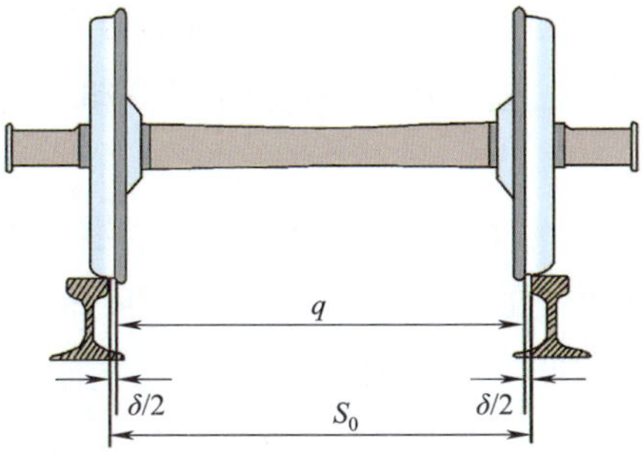

注：S_0—轨距；q—轮对宽度；δ—游间。

图 1-2-4　轨距示意图

图 1-2-5　Ⅲa 型轨枕

3. 联结零件

在铁路线路上，钢轨与钢轨之间、钢轨与轨枕之间要依靠联结零件连成一个整体铺在道床上。联结零件包括接头联结零件和扣件两类。

钢轨与钢轨之间的联结零件称为接头联结零件，钢轨与轨枕之间的联结零件称为扣件。

（1）接头联结零件

钢轨接头一般分为普通接头、异型接头、绝缘接头等。

在自动闭塞区段，闭塞分区分界点的钢轨接头需设置绝缘接头，其作用是保证轨道电路在闭塞分区之间的互相隔断。目前采用的绝缘接头主要有普通绝缘接头和胶接绝缘接头。在非闭塞分区分界点的钢轨接头处必须设置两轨间的导电装置，其作用是保证信号电流和牵引电流通过钢轨传导。导电连接装置目前有塞钉式和焊接式两种。塞钉式连接装置，一般称为塞钉式轨端接续线，它是由两条直径 5 mm 左右的镀锌铁线组成，铁线两端插入截头锥形的插销中，插销则插入于钻在轨腰上的圆孔中。焊接式轨端接续线由一条钢丝索两端焊接于轨道外侧头部的钢套中。

当线路钢轨出现重伤时，临时加固所采用的钢轨急救保护器（图 1-2-6）和鼓包夹板（图 1-2-7），以及绝缘处的加夹板等接头，统称为加强接头。

图 1-2-6　钢轨急救保护器

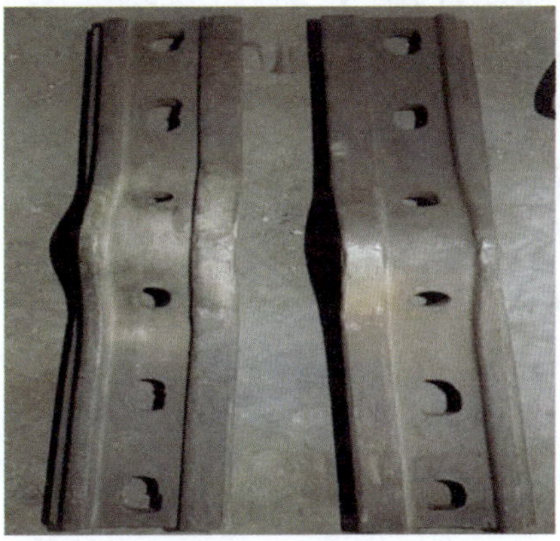

图 1-2-7　鼓包夹板

焊接接头是用电阻焊、小型气压焊或铝热焊的方法将钢轨焊接形成的接头，多用于无缝线路，目前多采用铝热焊工艺进行现场焊接，因工艺限制，待一定时间冷却之后才可坚固。所以，铝热焊维修的作业时间一般不可缩减。

钢轨伸缩调节器，又称温度调节器，是一种调节钢轨伸缩的设备。在轨道上安设钢轨伸缩调节器，可利用尖轨或基本轨相对错动调节轨线的胀缩。常用在大跨度钢梁桥上、桥头上和无缝线路需调节钢轨伸缩量地段。温度伸缩调节器如图 1-2-8 所示。

(2) 扣件

扣件的作用是将钢轨紧扣在轨枕上，以固定钢轨的正确位置，阻止钢轨的纵向爬行和横向位移，防止钢轨倾翻，同时还能提供必要的弹性、绝缘性能等。

中间联结零件因轨枕的不同，有混凝土枕扣件和木枕扣件两类。木枕用扣件包括普通道钉和垫板。

混凝土枕扣件主要有弹条Ⅰ型至弹条Ⅴ型、扣板式、弹片式等类型。

弹条Ⅲ型扣件是无螺栓、无挡肩扣件。这种扣件具有扣压力大、弹性好等优点，特别是取消了混凝土挡肩，从而消除了轨底在横向力作用下发生横移导致轨距扩大的可能性，因此保持轨距的能力很强。

4. 道床

道床是铺设在路基面上的石砟（道砟）垫层。其主要作用是支承轨枕，把轨枕上部的压力均匀地传递给路基，并固定轨枕的位置，阻止轨枕纵向或横向移动，增加轨道的弹性，缓和机车车辆轮对对钢轨的冲击，此外还起到排水的作用。

道床分为有砟道床和无砟道床两种类型。普速铁路大多采用有砟道床，无砟道床主要应用在高速铁路上。有砟轨道如图 1-2-9 所示。

图 1-2-8　温度伸缩调节器

图 1-2-9　有砟轨道

铁路道砟分为特级、一级两个等级。高速铁路采用特级道砟，普速铁路用一级碎石道砟。

5. 防爬设备

因列车运行时纵向力的作用，使钢轨产生纵向移动，有时甚至带动轨枕一起移动，这种现象叫轨道爬行。轨道爬行经常出现在单线铁路的重车方向(运量大的方向)、双线铁路的行车方向、长大下坡道上及进站前的制动距离内。

防止线路爬行的措施是加强轨道中间扣件的扣压力和接头夹板的夹紧力,同时采用以防爬器和防爬支撑组成的防爬设备来共同抵抗钢轨爬行。

目前广泛使用的是穿销式防爬器(图 1-2-10)。防爬器是由带挡板的轨卡和穿销组成。为了充分发挥防爬器的作用,在线路上使用时,在 3 至 5 根轨枕之间安装防爬支撑,形成一个整体,组成一组防爬设备,共同抵抗线路爬行力。

(a)

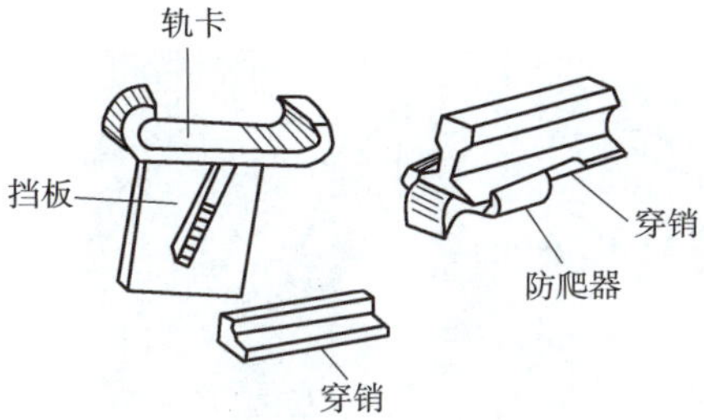

(b)

图 1-2-10 穿销式防爬器

除采用上述防爬措施外,现场有时也采用地锚拉杆(图 1-2-11)的方法来加强线路防爬。

曲线地段受列车横向力作用,钢轨会发生横移式向外倾斜,导致轨距扩大。为保证曲线轨道稳定,可以安装一定数量的轨距杆(图 1-2-12)和轨撑。设有轨道电路的线路,安装轨距杆时,应使用绝缘轨距杆。

图 1-2-11 地锚拉杆

图 1-2-12 轨距杆

6. 道岔

道岔是一种使机车车辆能从一股道转入或越过另一股道的线路连接设备，大量铺设在车站内，以满足各种作业需要。各种道岔均以钢轨类型和辙叉号数区分其规格及标准类型，如 60 kg/m 钢轨 12 号单开道岔。

根据道岔的构造特点、用途和平面的形状，标准道岔主要有以下几种类型。

(1)道岔类型

①普通单开道岔，是指保持主线为直线，侧线在主线的左侧或右侧岔出(面对道岔尖端而言)的道岔。侧线向右侧岔出的，称为右向单开道岔，简称右开道岔，侧线向左侧岔出的，称为左向单开道岔，简称左开道岔，如图 1-2-13 所示。

②对称双开道岔，指自主线向左右两侧对称岔出两条线路的道岔，两辙叉角相等，如图 1-2-14 所示。

图 1-2-13　左向单开道岔

图 1-2-14　对称双开道岔

③对称三开道岔，指主线为直线，可以同时衔接三条线路的道岔。三开道岔具有两套尖轨分别用两组转辙机操纵。

④菱形交叉，由两组锐角辙叉和两组钝角辙叉组成的道岔，如图 1-2-15 所示。菱形交叉没有转辙器部分，机车车辆通过交叉设备时，只能沿着原来线路继续运行而不能转线。

⑤复式交分道岔，指两条线路相互交叉，列车不仅能够沿着直线方向运行，而且能够由一直线转入另一直线的道岔，如图 1-2-16 所示。相当于四组单开道岔和一副菱形交叉设备的结合体，但它需要占用的地面却小得多。

图 1-2-15　菱形交叉

图 1-2-16　复式交分道岔

⑥交叉渡线，指在两条相邻线路上互相交叉过渡的道岔设备。交叉渡线由四组单开道岔、一组菱形交叉及连接轨道组成，如图 1-2-17 所示。不仅可以开较多的方向，而且可以节省用地，是车站内使用较多的一种连接设备。

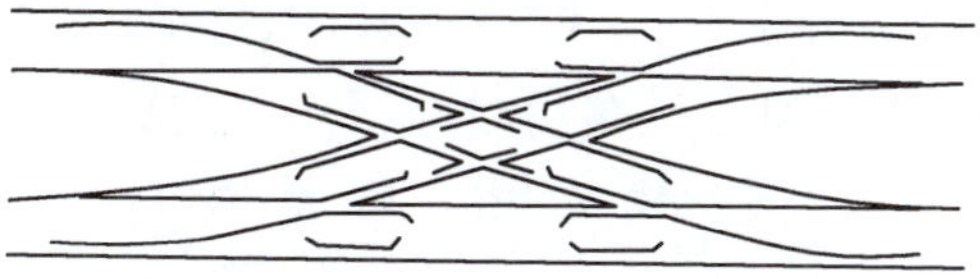

图 1-2-17　交叉渡线

(2)单开道岔

普通单开道岔，由转辙部分、辙叉及护轨部分、连接部分组成，如图 1-2-18 所示。目前道岔主要分为固定辙叉道岔和可动心轨辙叉道岔。

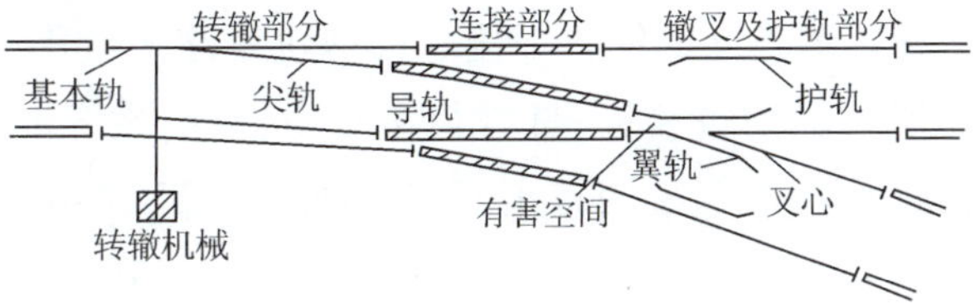

图 1-2-18　普通单开道岔组成

转辙器由两根尖轨、两根基本轨和转辙机械组成。尖轨是转辙器的主要部件，通过连接杆与转辙机械相连，所以操纵转辙机械可以改变尖轨的位置，以确定道岔的开通方向。

道岔的连接部分是用不同长度的钢轨，将前端转辙器与后端辙叉及护轨部分连接起来，以组成整组道岔。在单开道岔中，主线为直线，侧线为曲股(曲股称导曲线)。它包括两根直轨和两根导曲线轨。在导曲线上一般不设缓和曲线和超高，所以列车在侧向过岔时，速度要受到限制。

辙叉及护轨包括辙叉心、翼轨及护轨，其作用是保证车轮安全通过两股轨线的相互交叉处。固定型辙叉从两翼轨最窄处到辙叉心实际尖端之间，存在着一段轨线中断的空隙，称为辙叉的有害空间。当机车车辆通过辙叉有害空间时，轮缘有走错辙叉槽而引起脱轨的可能，因此必须设置护轨，对车轮的运行方向实行强制性的引导，防止车轮进入异线或撞击叉尖，以引导车轮顺利通过辙叉。

道岔上的有害空间是限制列车过岔速度的一个重要因素。为了消灭有害空间，减轻车轮对翼轨和心轨的冲击，适应列车高速运行的要求，国内外都研制了各种可动心轨道岔。

(3)道岔号数及道岔定反位

道岔号数是以辙叉跟端两轨线工作交叉角(辙叉角)的余切(曲线道岔为其切线)表示的数值，以辙叉号数表示。

目前，我国铁路的主要线路上大多使用 9 号、12 号、18 号道岔，它们所允许的侧向通过速度分别为 30 km/h、45 km/h、80 km/h。

每组道岔有定位和反位两个位置。道岔定位是指道岔经常开通的位置,而反位则是排列进路、道岔维修及道岔清扫时临时改变的位置。

(4)道岔编号规则

用阿拉伯数字从车站两端由外向里,由主(主要进路)而次(次要进路)依次编号,上行列车到达一端为双号,下行列车到达一端用单号;每一道岔均应编单独号码,对于渡线道岔、交分道岔以及每一道岔连线(或称梯线)道岔号,应编以连续单号或双号;站内道岔,一般以车站站舍中心线作为划分单号与双号分界线;当车站有数个车场时,每一车场道岔必须单独编号,为与其他车场区别,道岔号码使用三位数字,百位数字表示车场号码,个位数和十位数字表示道岔号码,在同一车场不准有相同道岔号码。

三、无缝线路

无缝线路是由许多根标准长度的钢轨焊接成长钢轨线路。与普通线路相比较,无缝线路在相当长一段线路上消灭了钢轨接头,具有行车平稳,提高旅客舒适度,减少材料消耗,降低维修费用,延长线路设备、机车车辆使用寿命及维修周期,改善行车条件,适应高速行车的要求等优点。

无缝线路按处理长钢轨内部因轨温变化而引起的温度应力方式的不同,分为温度应力式和放散温度应力式两种类型;按长轨节的长度不同可分为普通无缝线路、全区间无缝线路和跨区间无缝线路等三种。

普通无缝线路是指长轨节的长度为 1 000~2 000 m 的无缝线路。

全区间无缝线路是指不跨越车站只跨越闭塞分区,整个区间用一根长钢轨联结的无缝线路。

跨区间无缝线路指轨条长度跨越两个或多个区间,且车站正线上采用无缝道岔的无缝线路,跨区间无缝线路减少了钢轨接头数量,其轨面平顺,结构连续,沿线路纵向弹性均匀,行车舒适平稳,养护维修工作量少,已广泛推广应用。

无缝线路的锁定是通过拧紧长钢轨两端的接头螺栓和上紧钢轨扣件实现的,因此将无缝线路锁定时的轨温称为锁定轨温。要想改变原锁定轨温,就要进行无缝线路应力放散作业,即在轨温适当时将中间扣件、防爬设备松开,采取措施使钢轨伸缩,释放内部应力,再重新锁定。一般采用滚筒配合撞轨法,或滚筒结合拉伸配合撞轨法。

无缝线路的应力调整,一般采用碾压法,即在调整地段适当松动扣件和防爬器,利用列车慢行碾压,将应力调整均匀。

焊轨基地是无缝线路所需的 500 m 长轨条的主要生产地点,如图 1-2-19 所示。配备的主要设备有百米钢轨成组调运设备,钢轨矫直机,钢轨端部除锈机,钢轨焊接接头整形设备,热处理设备,精磨机,数控精铣机床,专用探伤设备,500 m 和 100 m 钢轨组合吊机,钢轨走行辊道线,落锤、静弯试验机,视频监控设备,综合监控系统等。

图 1-2-19 焊轨基地

第三节 桥隧建筑物

一、桥梁

当铁路线路要通过江河、溪沟、谷地以及山岭等天然障碍，或要跨越公路、铁路时，需要修建桥隧建筑物，以使铁路线路得以继续向前延伸。

1. 桥梁的组成

桥梁主要由桥面、桥梁上部结构、支座、墩台及基础等部分组成。

桥面由轨道结构、作业通道、遮板、防护墙、电缆槽、桥面防水层、梁端防水装置和泄水管组成。明桥面应在轨道中心铺设步行板，并设置单侧或双侧作业通道；道砟桥面应设置双侧作业通道。单线桥应在作业通道上按照间隔 30 m 左右交错设置避车台，双线及多线桥应在每一侧各相距 30 m 左右设避车台。

桥梁上部结构是桥梁承受载荷、跨越障碍的部分，上部结构又称为桥跨结构，指梁桥支座以上或拱桥起拱线以上跨越桥孔的结构。

桥跨结构与桥墩或桥台的支承处所设置的传力装置称为支座。它不仅要传递很大的作用力，并且要满足桥跨结构的变位需要。

桥墩、桥台和基础统称为下部结构，墩台是支承桥跨结构并将结构重力和车辆荷载等作用传至地基土层的建筑物。设在桥梁两端与路堤相衔接的结构称为桥台，桥台除具有上述作用外，还有抵御路堤填土的侧压力，防止路堤填土滑坡和坍落的作用。

2. 桥梁相关概念

桥梁全长是指两桥台纵向边缘最外端的距离。梁桥为桥台挡砟前墙之间的长度；拱桥为拱上侧墙与桥台侧墙间两伸缩缝外端之间的长度；刚架桥（或框构桥）为刚架（或框构）顺跨度方向外侧间的长度。

计算跨度是指桥跨两端相邻支座中心之间的距离，对拱式桥是指拱轴线两端点之间的距离。铁路桥梁常以计算跨度作为标准跨度。

桥梁高度是指低水位至桥面的高差，对于跨线桥是指桥下道路路面至桥面的高差。

扩大基础是指将墩（台）及上部结构传来的荷载由其直接传递至较浅的支承地基的一种基础形式。

桥面是指桥梁附属设施中直接承受车辆、人群等荷载并将其传递至主要承重构件的桥面构造系统，它包括桥面铺装、桥面板、纵梁、横梁、遮板、人行道等。

3. 桥梁分类

桥梁的种类很多、形式也多样，一般可按照桥梁的长度、梁拱材质、受力体系及桥面位置等加以区分，具体分类如下：

（1）按桥梁长度（L）分，有特大桥（$L>500$ m）、大桥（100 m$<L\leq500$ m）、中桥（20 m$<L\leq$100 m）、小桥（$L\leq20$ m）。

（2）按梁拱材质分，有钢桥、钢筋混凝土桥、石桥等。

（3）按桥面位于桥跨结构上部分，有梁桥、拱桥、框构桥、斜拉桥等，其中梁桥又分为简支梁、连续梁、悬臂梁桥。

（4）按桥面所在位置分，或根据桥面与主拱相对位置的不同分，有上承式桥、中承式桥和下承式桥。

常见的铁路桥梁如图 1-3-1、图 1-3-2、图 1-3-3 所示。

图 1-3-1 铁路桥梁

图 1-3-2 简支梁桥梁

图 1-3-3 连续梁桥梁

二、涵洞

涵洞设在路堤下部的填土中，是用以通过水流、行人和小型车辆的一种建筑物，如图 1-3-4 所示。涵洞主要由洞身（由若干管节所组成）、基础、进出口建筑物（即端墙或翼墙等）以及导流堤、截水墙、缓流井、上下游吊沟等调节河流建筑物组成。

涵洞按照用途可分为排洪涵、灌溉涵和交通涵；按照水力特征分为无压涵洞、有压涵洞、半有压涵洞；按照结构形式分为圆涵、拱涵、盖板涵、框构涵。

三、隧道

铁路隧道是线路跨越山岭时，为避免开挖很深的路堑或修建很长的迂回线，而修建的

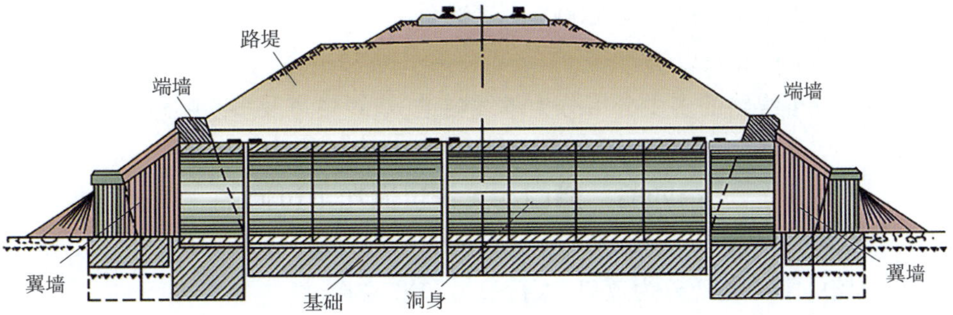

图 1-3-4 涵洞

穿越山岭的建筑物,如图 1-3-5 所示。此外,还有建筑在河床、海峡或湖底下的水底隧道和建筑在大城市地下的地下隧道。明洞是在隧道口部或路堑地段,为防止塌方、落石、雪崩等影响行车,用明挖法修建的掩土建筑物。

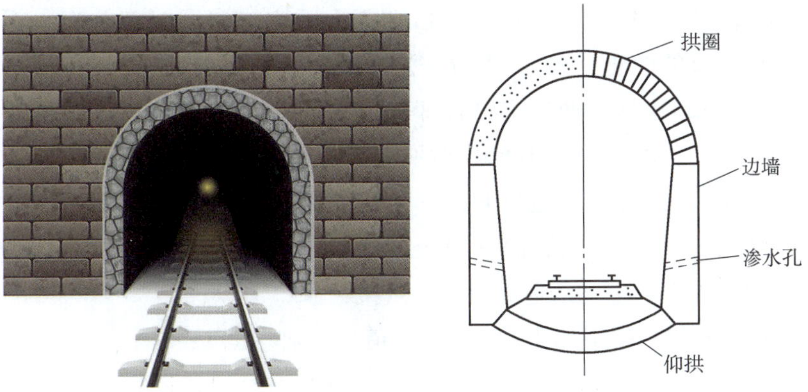

(a) (b)

图 1-3-5 铁路隧道

1. 隧道的组成

铁路隧道结构由主体建筑物和附属构筑物两部分组成。

隧道一般由洞身、洞门、避车洞、设备洞室、各种防排水设施、通风建筑物等组成,此外,在隧道内还可能由于铁路电气化或通信信号等方面的需要而修建相应的附属建筑物。特长隧道还设有紧急救援站、紧急出口或避难所等设施。主体建筑物有洞身衬砌和洞门。洞身衬砌是用来加固隧道洞身,防止洞身周围地层发生风剥落或坍塌的结构物;洞门则用来加固隧道的出入口,阻拦落石。两者共同保证列车在隧道的行车安全。铁路隧道的衬砌常采用由拱圈和边墙组成的拱形结构,在地质条件较差的情况下则常设置仰拱而形成封闭式衬砌。

2. 隧道的分类

(1)隧道按长度分为:

特长隧道:长度 10 000 m 以上;

长隧道:长度 3 000 m 以上至 10 000 m;

中长隧道:长度 500 m 以上至 3 000 m;

短隧道:长度 500 m 及以下。

(2)按洞内行车线路的多少分可分为单线隧道、双线隧道及多线隧道。

第四节　道口、人行过道和平过道

道路与铁路的平面交叉分为道口、人行过道和平过道。

一、道口

道口指铁路上铺面宽度在 2.5 m 及以上,直接与道路贯通的平面交叉,如图 1-4-1 所示。按看守情况分为有人看守道口和无人看守道口。

1. 铁路道口的分类

铁路道口按看守形式分为有人看守道口和无人看守道口。对部分无人看守道口实行监护,不改变铁路道口的性质,仍为无人看守道口。监护道口分为以下几种形式:

(1)地方监护道口:由地方政府道口管理部门或企业负责,设专人监护的道口。

(2)铁路监护道口:由铁路部门派人,对所有客货列车均实施监护的道口。

(3)路地监护道口:地方监护道口非监护的时段,由铁路部门派人监护的道口。

(4)定时监护道口:由地方或铁路部门派人只在旅客列车到达时进行监护的道口。

2. 铁路道口的主要设备

道口的主要设备包括道口拉门、道口铺面、道口名牌、道口警标、停车让行标志、道口折断信号机、道口自动防护信号机、护桩和栅栏等,电气化铁路道口还有限高架设施。

道口报警系统用于铁路与公路交叉口,在列车即将来临时,该设备提前一定时间发出声光报警提醒过往铁路的车辆及行人注意安全,避免交通安全隐患,道口工作人员关闭栅栏,促成有效防护。道口报警系统如图 1-4-2 所示。

图 1-4-1　铁路道口

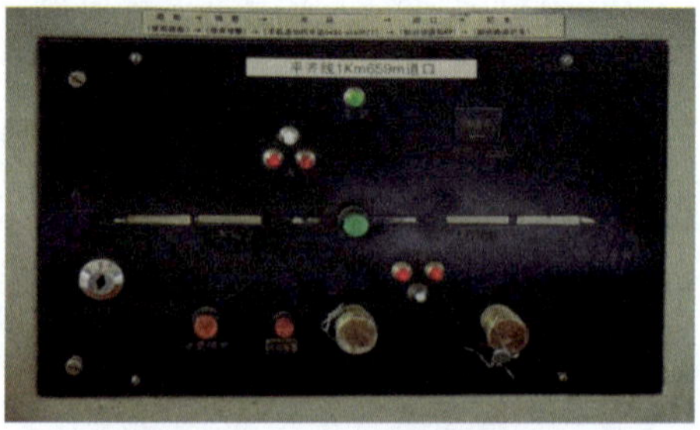

图 1-4-2　道口报警系统

DX1 型道口信号设备由道口信号机、无绝缘轨道电路、室内外音响器、道口控制盘、闪光信号组合架、故障检测盒和道口集中监测设备等组成。列车接近道口,采取一次通知的方法,在追踪列车接近时仍能向道口发出通知信号。

DX2 型道口信号设备相比 DX1 型设备的主要特点:在双线单向运行区段,若有逆向运行的列车时,利用闭路无绝缘轨道电路也能发出报警通知。

DX3 型道口信号设备相比 DX2 型设备的主要特点:实现列车到达道口、出清道口的准确检知,在道口的到达复原检查中采用两点检查方式。

道口安全预警系统(GSM-R 区段道口须配有 800 M 无线预警设备)具备以无线方式向接近列车发出道口故障报警信息,能够记录报警信息和查询、交直流供电自动转换等功能,如图 1-4-3 所示。系统主要由前端监测模块、实时数据传输模块、后台分析处理模块以及预警显示模块组成。

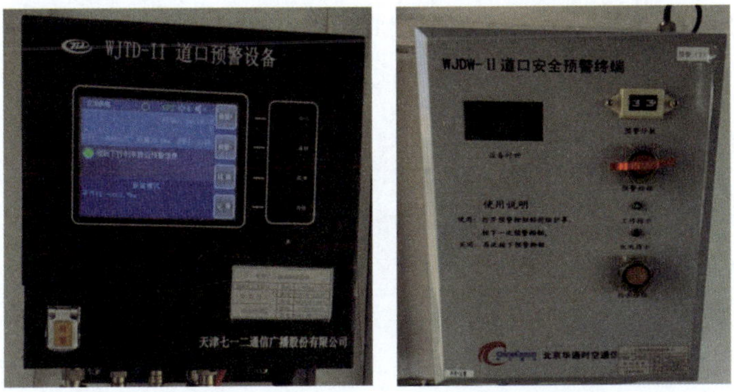

(a) (b)

图 1-4-3 道口安全预警系统

二、人行过道

人行过道指铁路上铺面宽度在 2.5 m 以下(城市一般为 0.75~1.5 m,乡村一般为 0.4~1.2 m),与道路贯通的平面交叉。人行过道只准通过行人、自行车(较宽的人行过道可通过人力车),不准畜力车及机动车辆通过。

三、平过道

平过道指在车站、货场、专用线内,专为内部作业使用,不直接贯通道路的平面交叉。

施工专用通道是指在既有线上专为施工单位单独使用,不直接与道路贯通的平面交叉,铺面宽度应不小于 2.5 m。

第五节 断链、综合图和限界

一、断链

1. 线路运营里程

线路运营里程是指铁路线路交付运营后,起终点间沿线路中心线按数轴方式顺序排列的长度数值，主要用于日常运输组织和设备维护。

线路运营里程值以“公里”为单位，在公里数值前冠以“K”作为标识，并用“+”号分隔整公里和非整公里数值（非整公里数值单位为米）。起点里程值一般为 K0+000，因上下行起点位置不一致，减少断链设置、使用预留里程等原因起点可不为零。

2. 断链的定义

断链是指因线路改造、复测、绕行等原因，使线路运营里程值产生不连续的处所，包括长链、短链两种类型。

3. 长链和短链

线路实际长度长于断链前后里程值之差的为长链，反之为短链。比如某某线路起点里程为 K218+000，止点里程为 K219+000，其长度应该是 1 000 m，但实际长度是 1 900 m，那么这 1 km 线路就叫长链，如图 1-5-1 所示。如果这 1 km 线路实际长度不足少于 1 000 m，这段线路就叫短链。

双线及多线区段因曲线采用同心圆或改变线间距等设计原因产生的各行别线路长度构造差可忽略，一般不作为断链管理。计算线路长度时，必须考虑断链的影响，在进行列车救援或者施工、抢修、发布涉及里程的命令时，应着重注意断链的存在。

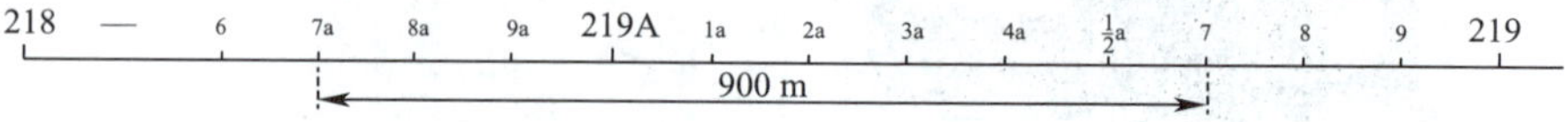

图 1-5-1　长链示意

设置长链或短链是为了整条线路的公里标保持不变。所以通过设置断链的方式，将线路里程关系标示清楚。

断链起、终点位置宜设置在区间路基直线范围内，不宜设置在车站（含线路所）、曲线、桥隧建筑物、分相区、负里程等设备范围内或平交道、信号机等设备处。

（1）短链的设置及标注方法

当线路里程出现短链时，短链的终点里程标设置在扣除短链长度后的位置，并标注终点里程数值。例：某条线路短链起点 K38+960、终点为 K39+000，短链长 40 m，则在原 K38+960 处将里程值直接标注为 K39+000。

（2）长链的设置及标注方法

长链里程数值后一律缀以小写英文字母 a 作为长链标识，长链内的整公里数值采用在普通里程数值后依次缀以 A、B、C、……、Z，AA、AB、……、AZ 等大写英文字母的方式表示连续里程值，如 K218+770a、K218B+101a。

二、综合图

1. 工务线路设备图表

工务线路设备图表是反映工务设备技术状态的基本文件，是工务技术管理的重要组成部分，是安排大中修维修计划、指挥日常生产、事故紧急抢修的主要技术资料，是确定现有设备技术条件和进行设备改造的主要依据。工务线路设备图表必须真实、准确、清晰、完整。

2. 车站配线图表

车站配线图表包括车站配线图、道岔表、股道表，车站配线图图例如图 1-5-2 所示。

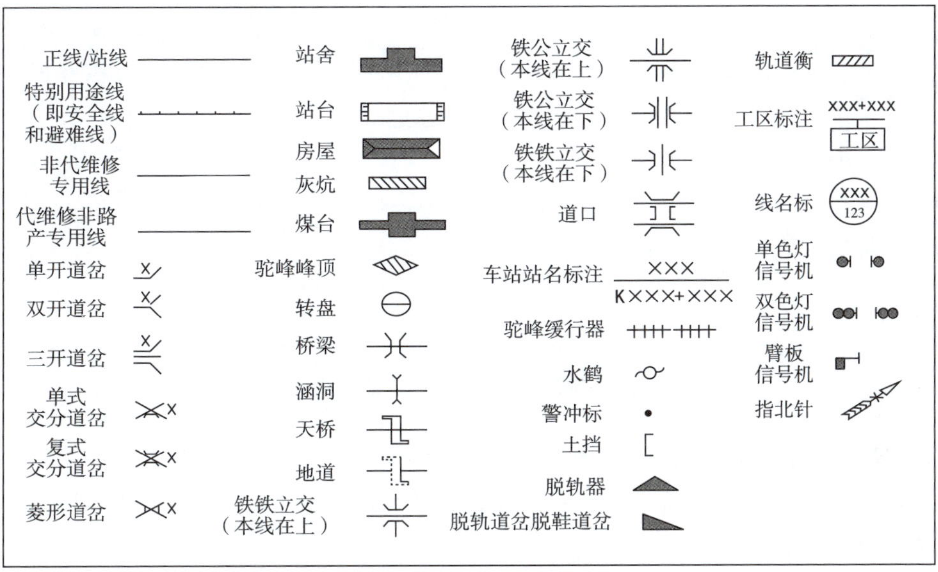

图 1-5-2　车站配线图图例（部分）

车站配线图应注明：进出站信号机、车站（多线时注明各线的里程）、工区（车间）、桥隧涵、道口中心里程、代维修非路产专用线出岔道岔的尖轨尖里程及路产非路产分界里程。正线起终点车站的起终点位置及里程、道岔编号、岔间距离、正线道岔尖轨尖里程、股道编号和有效长、线间距等。

工务设备综合图按每一条正线绘制，双线及以上时分别绘制。原则上每页绘制 4 km，对曲线、道口、桥涵等较密集的线路可每页绘制 2 km。

工务设备综合图分为车站及工区名称栏、线桥设备特征栏、线桥设备及平面示意图栏、轨面标高栏、坡度栏、钢轨栏、轨枕栏、道床栏、路基栏、线路大修栏、线路中修栏、里程，工务设备综合图图例如图 1-5-3 所示。

三、限界

为了确保机车车辆在铁路线路上运行的安全，防止机车车辆撞击邻近线路的建筑物和设备，而对机车车辆和接近线路的建筑物、设备所规定的不允许超越的轮廓尺寸线，称为限界。

铁路限界是一个与线路中心线垂直的横断面，其横向尺寸系指水平宽度，由线路中心

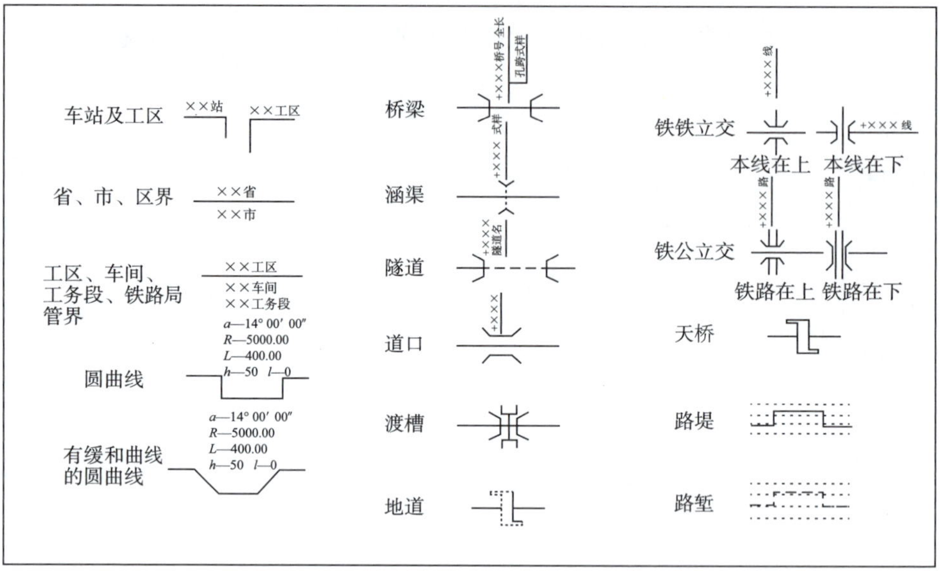

图 1-5-3　工务设备综合图图例

线起算；其高度尺寸为垂直高度，自钢轨面起算，单位均为毫米。

铁路规定了各种专门的限界，如机车车辆限界、基本建筑限界、隧道建筑限界、桥梁建筑限界等。其中，最基本的是机车车辆限界和建筑限界两类。

1. 机车车辆限界

机车车辆限界是一个与平直线路中心线垂直，在线路中心线所在垂直平面两侧尺寸对称的横断面极限轮廓，如图 1-5-4 所示。

机车车辆限界为静态限界轮廓，规定了机车车辆不同部位的宽度、高度的最大尺寸和其零部件至轨面的最小距离。机车车辆无论是空车或重车，无论是具有最大标准公差的新车，或是具有最大标准公差和磨耗限度的旧车，停放在水平直线上，无侧向倾斜与偏移，除使用中需要探出的部分（如受电弓、后视镜、塞拉门等）需符合其他相关规定外，任何部分都应容纳在限界轮廓内，不得超越。机车车辆在新造、技术改造、加装附属品或日常运用中，都须严格注意各部。机车车辆的中心最大高度为 4 800 mm。因此，机车车辆顶部的任何装置，如加高烟囱或天窗的高度等均应在 4 800 mm 之内，以防机车车辆顶部与桥梁、隧道上部相撞。

客货共线铁路机车车辆在钢轨水平面上部 1 250~3 600 mm 范围内其宽度为 3 400 mm，但为悬挂列车尾部的侧灯，在 2 600~3 100 mm 范围内允许两侧各加宽 100 mm。

2. 建筑限界

建筑限界是一个和线路中心线垂直的极限横断面轮廓。建筑限界是确保机车车辆和装载货物在运行时不与线路上的设备和建（构）筑物发生刮蹭、碰撞，能够安全通过的空间。

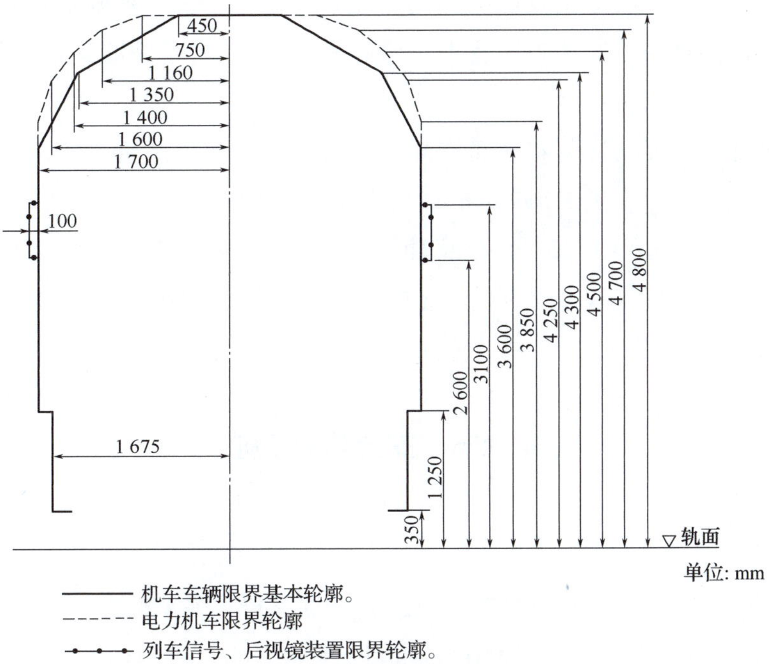

（a）机车车辆上部限界图

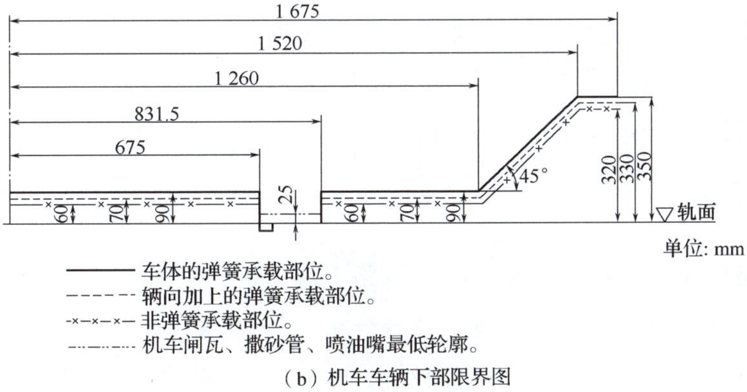

（b）机车车辆下部限界图

图 1-5-4　客货共线铁路机车车辆限界

为确保列车运行安全，规定除与机车车辆有直接相互作用的设备（如车辆减速器、接触线等）外，一切建（构）筑物、设备，均不得侵入铁路建筑限界。建筑限界分为基本建筑限界、隧道建筑限界、桥梁建筑限界等，都是按水平直线线路制定的。

建筑限界与机车车辆限界之间的空间为安全空间。留有安全空间的目的：一是为组织超限货物列车运行；二是为适应运行中的列车横向晃动偏移和竖向上下振动，防止与邻近的建筑物或设备与建筑限界发生摩擦与碰撞。机车车辆限界在装载货物时作为货物的装载限界。当货物装车后，车辆停留在水平直线上，车辆纵中心线与线路中心线处于同一垂直平面上（简称处于理想状态）时，货物的任何部位超出机车车辆限界基本轮廓时，称为超限货物。随着经济的发展，经由铁路运输的长大货物不断增加。超限货物运输条件复杂，运输组织难度高，对铁路运输组织与管理工作有更高的要求，是铁路运输工作中不可忽视的一部分。

隧道、桥梁建筑限界均比基本建筑限界大。这是由于隧道及桥梁的结构、施工特点以及线路的维修、养护、巡查等要求决定的。也就是说，隧道、桥梁建筑限界不应该小于基本建筑限界。在基本建筑限界与隧道、桥梁建筑限界之间，可以安装照明、通信、警告信号等设备，而这些设备不应侵入基本建筑限界之内。特殊情况下，在确定超限车的运行条件时，一定要考虑具体限界尺寸。

第六节　安全防护设施

一、防护栅栏

铁路线路防护栅栏是重要的铁路行车设备，是铁路行车安全的重要屏障，如图 1-6-1 所示。凡铁路线路允许速度大于等于 120 km/h 的既有铁路和客运专线，均需设置栅栏进行封闭；允许速度小于 120 km/h 的线路区段也可根据需要进行封闭。栅栏除具备封闭功能外，还应兼顾与线路的协调、美观。一般地段栅栏顶端和下端纵向平齐（下端距地面不超过 10 cm）；与线路走向基本平行；与桥梁、涵渠以及其他既有建筑物合理顺接，无缺口、不零乱；基础牢固稳定，不松动、不下沉、不阻水。

二、限高防护架

为保护铁路桥梁不受机动车辆的撞击，铁路上跨公路立交桥涵，其净空不足 5 m 的，应设置限高防护架，设置相应的限高、限行及禁令标志，标志要完整、清晰、规范符合相关要求。立交桥非机动车道若不能确保其不通过大型（或中型）机动车辆，也应设置限高防护架及相关标志。限高防护架的设置不能影响其他相邻道路的正常通行，设置宽度不得小于道路路面的实际宽度，距桥梁边缘的距离应满足铁路安全保护区距离的规定（因条件限制无法满足规定距离要求时可适当调整）。限高防护架设置净高（横梁底至路面）在任何情况下都应低于桥下净高 20~100 mm，并与“限高”警示标志一致。除特殊要求外，限高防护架要按规定涂刷黄黑相间警示条纹。限高防护架如图 1-6-2 所示。

三、声屏障

声屏障是线路两侧用以降低列车运行噪声对声环境产生影响的重要设施，纳入铁路行车设备进行管理，如图 1-6-3 所示。

四、公铁并行防护桩

在公铁并行区段，为了保护铁路设备设施不受到汽车行驶过程中出现交通事故的影响，在公铁并行区段加设防护桩，保护铁路设施，如图 1-6-4 所示。

图 1-6-1　防护栅栏

图 1-6-2　限高防护架

图 1-6-3　声屏障

图 1-6-4　公铁并行防护桩

五、上跨结构物防抛网

上跨结构物防抛网广泛用于市政高架桥、公铁立交桥、铁路立交桥、过街天桥等，保护铁路设备设施不受侵害，如图 1-6-5 所示。

图 1-6-5　上跨桥防抛网

第七节　养 路 机 械

铁路线路养护机械是指养护修理铁路线路所使用的机械。随着铁路运输的增长和工业技术水平的提高，养路机械获得迅速的发展，出现了一些重型、高效和自动化的养路机械。养路机械分为小型养路机械和大型养路机械。

一、小型养路机械

小型养路机械是铁路轨道作业的重要设备，主要包括道砟捣固机械、道床整形机械、起拨道机械、钢轨轨枕整修机械、移动照明设备、发电电焊设备及其他需上道使用并涉及行车安全的检测设备等。

日常线路养护维修作业中主要用到以下几种小型养路机械：内燃冲击式捣固镐、内燃振动式捣固镐、切轨机、钻孔机、钢轨仿形打磨机、高精度打磨机、内燃道岔打磨机、多功能道岔打磨机、内燃双头螺栓扳手、单头螺栓扳手等。部分小型养路机械如图 1-7-1～图 1-7-4 所示。

图 1-7-1　内燃冲击式捣固镐

图 1-7-2　电动钻孔机

图 1-7-3　NLB-500 型内燃单头扳手

图 1-7-4　NQG-5 型内燃切轨机

二、大型养路机械

大型养路机械是指在铁路线上用于线路修理作业的重要施工设备。大型养路机械包括:捣固车、动力稳定车、配砟整形车、清筛机、打(铣)磨车、移动焊轨车、路基处理车、物料运输车、除雪车、除沙车、轨道吸污车、线路测量车、大修列车、快速换轨车等。

捣固车用在铁道线路的新线建设、旧线大修清筛和运营线路维修作业中,对轨道进行起道、拨道、抄平、石砟捣固及道床肩部石砟的夯实作业,如图 1-7-5 所示。

配砟整形车用于新建铁路及线路施工维修中的道砟配砟、整形作业,如图 1-7-6 所示。

图 1-7-5　DGL-32K 连续式捣固车

图 1-7-6　SPZ-50 配砟整形车

动力稳定车主要用于对大、中修后线路进行动力稳定作业能够迅速地提高线路的横向阻力和道床的整体稳定性,如图 1-7-7 所示。

清筛机主要用于将铁路道床中的脏污道砟挖出并进行筛分,然后将筛分后的合格道砟回填到线路上的作业,如图 1-7-8 所示。

图 1-7-7　动力稳定车

图 1-7-8　清筛机

钢轨打磨车是一种专门用于维护和修复铁路轨道的设备,通过起装备的打磨机构对钢轨进行精细处理,以改善轨道的平整度和减少列车运行时的振动和噪声,如图 1-7-9 所示。

三、探伤设备

钢轨探伤是防止钢轨折断的重要手段,采取探伤仪、双轨式钢轨超声波探伤仪与探伤车相结合的方式按规定周期对钢轨进行探伤作业。

钢轨探伤仪是指能对钢轨中的各种特定缺陷同时进行检测的小型超声波探伤设备，一般由仪器、探头和作为运载工具的小车等三部分组成。

双轨式探伤仪是自带动力可同时对两股钢轨进行伤损检测的专用超声波检测仪器，可替代现有人工单轨式钢轨探伤仪。

钢轨探伤车是自轮运行的大型专用检测装备，主要对铁路在役钢轨内部伤损进行超声波无损检测，部分探伤车还安装了铁路工务巡检系统。钢轨探伤车如图 1-7-10 所示。

图 1-7-9　钢轨打磨车

图 1-7-10　钢轨探伤车

探伤车分为 GTC-40 型、GTC-60 型、GTC-80 型，其最高检测速度分别为 40 km/h、60 km/h、80 km/h。

探伤车的探轮外表直接与轨面接触的是聚亚胺脂材质的探轮膜，检测期间探轮膜与钢轨表面高速滚动接触，不可避免地产生自然磨耗，导致探轮膜变薄或因岔区、小半径曲线和钢轨轨面状态不良地段等造成探轮破损，都会影响检测精度或造成部分区段漏探。所以钢轨探伤车内都会备有数个备用探轮，一旦探轮膜破损可立即停车更换探轮。钢轨探伤车探轮如图 1-7-11 所示。

（a）　　（b）

图 1-7-11　钢轨探伤车探轮

四、运输设备

1. 轨道车

轨道车是用于铁路修理、检查和抢险等工作的重要运输设备,包括重型轨道车[含起重轨道车(图 1-7-12 所示)]、轨道平车[含收卸钢轨平车(图 1-7-13)、牵引作业车(图 1-7-14 和图 1-7-15)]及轻型轨道车(含轻型轨道平车)。

图 1-7-12 QGC-16 机械传动起重吊轨道车

图 1-7-13 LSD 收轨装置平车

图 1-7-14 GY-220 机械传动牵引轨道车

图 1-7-15 GY-300 Ⅱ 型液力传动牵引轨道车

2. 单轨小车

单轨小车是一种在单根轨道上使用的特殊运输设备,如图 1-7-16 所示。

图 1-7-16 单轨小车

第八节 线路、信号标志

根据行车和线路养护维修的需要,在铁路线路上设置有各种线路标志和信号标志。线路标志用以表明铁路线路里程及铁路建筑物的设备状态和位置,以及各级管理机构管界等。信号标志是对机车车辆操作人员起指示作用的标志。

一、线路标志

线路标志包括:公里标、半公里标,曲线标,圆曲线和缓和曲线的始终点标,桥梁标,隧道(明洞)标,坡度标,以及铁路局集团公司、工务段、线路车间、线路工区和供电段的界标。部分线路标志如图 1-8-1~图 1-8-7 所示。

图 1-8-1 公里标

图 1-8-2 半公里标

图 1-8-3 曲线标

图 1-8-4 坡度标

二、信号标志

信号标志包括:警冲标,站界标,预告标,引导员接车地点标,司机鸣笛标,电气化区段的电力机车禁停标，断电标、合电标，接触网终点标，准备降下受电弓标、升起受电弓标，作业标，减速地点标，补机终止推进标、机车停车位置标，四显示机车信号接通标，四显示机车信号断开标，轨道电路调谐区标志，级间转换标，通信模式转换标，一度停车标，以及除雪机用的临时信号标志等。部分信号标志如图 1-8-8～图 1-8-12 所示。

图 1-8-5　圆缓标

图 1-8-6　直缓标

图 1-8-7　桥梁标

图 1-8-8　警冲标

图 1-8-9　以信号机柱为分界的站界标

图 1-8-10　一度停车标

图 1-8-11　载频转换标

图 1-8-12　接触网终点标

第二章　电务设备

铁路电务设备一直在逐渐发展完善，装备电务设备之后，运输效率实现大幅度提高，并减轻了工人的劳动强度，并且提高了行车安全程度。其中铁路信号设备是指挥列车运行、保证行车安全、提高运输效率、改善行车组织方式、实现行车指挥现代化的关键设施，也是今后现代化铁路发展的主要方向。

第一节　信号的基本概念和分类

一、信号的基本概念

从狭义上来说，铁路信号是指在铁路行车和调车作业过程中，向行车有关人员发出的指示和命令。从广义上来说，铁路信号还包括了在铁路运输系统中保证铁路运输安全、提高运输作业效率的综合自动控制系统。

二、信号的分类

1. 按感官分类

(1)视觉信号

视觉信号是以信号的颜色、形状、位置、显示数目和灯光状态等表达某种意义，如信号机、信号旗、信号灯、信号牌、信号表示器、信号标志、火炬等显示的信号。

视觉信号的基本颜色及要求：

红色——停车；

黄色——注意或减低速度；

绿色——按规定速度运行。

(2)听觉信号

听觉信号是以不同的器具发出的音响及音响长短等表达的信号，如号角、口笛、响墩发出的音响和机车、自轮运转特种设备的鸣笛声。

2. 按使用时间分类

(1)昼间信号

昼间信号根据信号设备的不同形状、数目或位置来表示信号的意义,如信号旗、臂板信号机的臂板等。

(2)夜间信号

夜间信号根据信号设备的不同灯光颜色或数量来表示信号的意义,如信号灯、臂板信号机的灯光等。

(3)昼夜通用信号

昼间通用信号在昼间及夜间,信号显示方式一致,如色灯信号机的灯光显示等。

在昼间或在昼间遇降雾、暴风雨雪等情况时,昼间信号达不到规定的显示距离时,应使用夜间信号。隧道内光线较暗,采用昼间信号不易瞭望,故隧道内只采用夜间或昼夜通用信号。

3. 按设置方式分类

按设置方式,铁路信号可分为固定信号、移动信号。

(1)固定信号

信号的设置地点是固定不变的,如信号机、信号表示器等。

(2)移动信号

随着作业地点或作业人员位置的变化,信号显示的位置也随着变化,如手信号旗(灯)、临时防护信号、火炬等。

4. 固定信号的分类

(1)按设置部位分类,固定信号可分为地面信号和机车信号。

(2)按信号机类型分类,固定信号机可分为色灯信号机、臂板信号机和机车信号机。

(3)按用途分类,固定信号可分为信号机、信号表示器和信号标志等。

①信号机按用途又可分为进站、出站、通过、进路、预告、接近、遮断、驼峰、驼峰辅助、复示、调车信号机。

②信号表示器分为道岔、脱轨、进路、发车、发车线路、调车及车挡表示器。

③信号标志主要包括警冲标、站界标、司机鸣笛标、机车停车位置标和接触网终点标等。

第二节　信号机的设置和编号

一、信号机的设置

我国铁路实行左侧行车制,机车上司机的座位统一设在左侧,为便于司机瞭望,规定信号机也应设在行车方向线路的左侧。装在信号托架和信号桥上的信号机，可设于线路左侧，也可设于所属线路中心线的上方。双线双向自动闭塞区段的反方向进站信号机可设在行车方向的右侧。

在特殊情况下，如线路左侧不具备装设信号机的条件或因曲线、隧道、桥梁等影响，装在右侧比装在左侧显示距离更远，在保证不使司机误认的条件下，经铁路局集团公司批准，也可设于右侧。

二、信号机的命名与编号

信号机、表示器及闭塞分区信号标志牌的命名格式。采用字母、数字或字母与数字相结合的方式，字母使用大写英文字母，数字包括大写罗马数字和阿拉伯数字。

同一车站管辖范围内，信号机、表示器的命名不得重复；同一自动闭塞区段，除线路所通过信号机以外的其他通过信号机，以及闭塞分区信号标志牌的命名不得重复。

1. 进站信号机

以字母"X、S"表示；如需进一步区分，在字母"X、S"后缀以"字母"或"字母+数字"等辅助信息表示，见表 2-2-1。

表 2-2-1　进站信号机命名表

序号	场　景	表　示	举　例
1	下行咽喉	X，或后缀以辅助信息	X、X_D
2	上行咽喉	S，或后缀以辅助信息	S、S_D
3	咽喉区连接区间多个方向	在本表第 1 项、第 2 项的基础上，后缀以表示线路名称的拼音首字母，主要线路可省略后缀	1. 下行咽喉北京方面和东郊方面：X_B、X_D； 2. 如北京方面为主要线路，则"X_B"可简化命名为"X"
4	咽喉区连接的区间某一方向有多条线路	在本表第 3 项的基础上，再后缀以阿拉伯数字序号（下行咽喉为奇数、上行咽喉为偶数）	下行咽喉北京方面的多条线路：X_{B1}、X_{B3}、X_{B5}
5	咽喉区连接双线区间，两条线路分别为正向接车、反向接车，指示反向接车	以正向进站信号机的名称后缀以"F"或"N"	下行咽喉北京方面为双线自动闭塞： 正线进站信号机为"X"时：X_F 或 X_N； 正线进站信号机为"X_B"时：X_{BF} 或 X_{BN}

2. 接车、接发车进路信号机

以字母"XL、SL"表示；如需进一步区分，在字母"XL、SL"后缀以"数字"等辅助信息表示，见表 2-2-2。

表 2-2-2　接车、发车进路信号机命名表

序号	场　景	表　示	举　例
1	下行方向接车	XL，或后缀以辅助信息	XL、XL_1
2	上行方向接车	SL，或后缀以辅助信息	SL、SL_2
3	单车场车站	在本表第 1 项、第 2 项的基础上，后缀以阿拉伯数字序号（下行方向为奇数、上行方向为偶数），阿拉伯数字序号按列车运行方向由小到大编号；如某方向仅有一架，则阿拉伯数字后缀可省略	1. 下行方向：XL_1、XL_3、XL_5……。如下行方向仅有一架时：XL。 2. 上行方向：SL_2、SL_4、SL_6……。如上行方向仅有一架时：SL
4	多车场车站中各场	在本表第 1 项、第 2 项的基础上，后缀以车场号（大写罗马数字）和阿拉伯数字序号（下行方向为奇数、上行方向为偶数），阿拉伯数字序号按列车运行方向由小到大编号；如某方向仅有一架，则阿拉伯数字后缀可省略	1. Ⅱ 场下行方向：$XL_{Ⅱ1}$、$XL_{Ⅱ3}$、$XL_{Ⅱ5}$……。如仅有一架时：$XL_{Ⅱ}$。 2. Ⅲ 场上行方向：$SL_{Ⅲ2}$、$SL_{Ⅲ4}$、$SL_{Ⅲ6}$……。如仅有一架时：$SL_{Ⅲ}$
5	多车场车站，不属某特定车场的（如车站入口、出口处）	同本表第 3 项	—

3. 出站信号机、发车进路信号机、出站兼发车进路信号机

以字母“X、S”后缀以“数字”等辅助信息表示，见表 2-2-3。

表 2-2-3　出站、发车进路、出站兼发车进路信号机命名表

序号	场　景	表　示	举　例
1	下行方向发车	X，后缀以辅助信息	X_1、$X_{Ⅱ}$、X_3
2	上行方向发车	S，后缀以辅助信息	S_1、$S_{Ⅱ}$、S_3
3	单车场车站	在本表第 1 项、第 2 项的基础上，后缀以股道编号	3G 上行方向：S_3
4	多车场车站中各场	在本表第 1 项、第 2 项的基础上，后缀以车场号（大写罗马数字）和股道编号	Ⅰ 场 Ⅱ G 下行出站兼发车进路信号机：$X_{ⅠⅡ}$
5	车站出口处的总出站信号机	在本表第 1 项、第 2 项的基础上，后缀以字母“Z”和阿拉伯数字序号（下行方向为奇数、上行方向为偶数）；如某方向仅有一架，则阿拉伯数字后缀可省略	1. 下行方向：X_{Z1}、X_{Z3}、X_{Z5}……。如下行方向仅有一架时：X_Z。 2. 上行方向：S_{Z2}、S_{Z4}、S_{Z6}……。如上行方向仅有一架时：S_Z
6	线群出站信号机	在本表第 1 项、第 2 项的基础上，后缀以所属线群的股道号	5G-11G 的下行线群出站信号机：$X_{5\text{-}11}$

4. 调车信号机

以字母“D”后缀以阿拉伯数字表示，见表 2-2-4。

5. 线路所通过信号机

线路所通过信号机的命名方式与进站信号机相同。

表 2-2-4 调车信号机命名表

序号	场景	表示	举例
1	下行咽喉	D,后缀阿拉伯数字奇数序号(按距信号楼或值班室由远及近顺序编号)	D_1、D_3、D_5……D_{99}、D_{101}、D_{103}……
2	上行咽喉	D,后缀阿拉伯数字偶数序号(按距信号楼或值班室由远及近顺序编号)	D_2、D_4、D_6……D_{100}、D_{102}、D_{104}……
3	多车场车站中各场	D,后缀阿拉伯数字,数字序号首位为车场号,其余位为顺序号(同本表第1、2项	1. Ⅱ场下行咽喉:D_{201}、D_{203}、D_{205}……。 2. 超过50架时:D_{2001}、D_{2003}、D_{2005}……D_{2099}、D_{2101}、D_{2103}……
4	同一坐标处	在本表第1项、第2项、第3项的基础上: 并置的:指示向站外方向调车的先编号 其他:按距信号楼或值班室由近及远顺序编号	—

6. 自动闭塞区段,除线路所通过信号机以外的其他通过信号机以及闭塞分区信号标志牌

以阿拉伯数字表示,如需进一步区分,在阿拉伯数字后缀以“字母”等辅助信息表示,见表 2-2-5。

表 2-2-5 自动闭塞区段信号机命名表

序号	场景	表示	举例
1	通常情况	1. 所在位置公里标的阿拉伯数字序号(下行方向为奇数、上行方向为偶数); 2. 个位数为百米数,十位数及以上为公里数	K123+456 处: 下行:1235 上行:1234
2	同一运行方向并置多架	在本表第1项的基础上,后缀以表示线路名称的拼音首字母	K123+456 处的下行并置通过信号机: 客车线的:1235_K 货车线的:1235_H

7. 遮断信号机

以字母“Z”表示,如需进一步区分,在字母“Z”后缀以“字母”或“字母+数字”等辅助信息表示,见表 2-2-6。

表 2-2-6 遮断信号机命名表

序号	场景	表示	举例
1	单独	Z	—
2	多架	1. 指示下行方向列车运行:Z_X; 2. 指示上行方向列车运行:Z_S	—
3	同方向有多架	在本表第2项的基础上,再后缀以阿拉伯数字序号(下行方向为奇数、上行方向为偶数)	1. 下行方向的多架:Z_{X1}、Z_{X3}、…… 2. 上行方向的多架:Z_{S2}、Z_{S4}、……

8. 预告信号机

以字母“Y”后缀以主体信号机的名称表示。例如:X 进站信号机的预告信号机命名为“Y_X”;Z_{X1} 遮断信号机的预告信号机命名为“Y_{ZX1}”。

9. 复示信号机

以字母“F”后缀以主体信号机的名称表示。

(1)某一信号机的复示信号机仅有一架。例如:X 进站信号机的复示信号机命名为“F_X”;$S_{Ⅱ}$ 出站信号机的复示信号机命名为“$F_{SⅡ}$”;D_1 调车信号机的复示信号机命名为“F_{D1}”。

(2)如某一信号机的复示信号机有多架,则在上述名称的基础上再前缀以阿拉伯数字,数字序号按运行方向由小到大顺序编号。例如 X_D 进站信号机有两架复示信号机,则按列车运行方向依次命名为“$1F_{XD}$、$2F_{XD}$”。

10. 接近信号机

以字母“J”后缀以主体信号机的名称表示。例如 X_D 进站信号机前方的接近信号机命名为“J_{XD}”。

11. 驼峰信号机

以字母“T”表示。如需进一步区分,在字母“T”后缀以推送线的顺序号表示。例如:驼峰长仅有一架驼峰信号机时,命名为“T”;驼峰场有多架驼峰信号机,则按各信号机所属的推送线分别命名为“T_1、T_2、……”。

12. 驼峰辅助信号机

以字母“TF”后缀以所属股道编号表示。例如ⅠG 的驼峰辅助信号机命名为“$TF_{Ⅰ}$”。

13. 发车线路表示器

以字母“XB”后缀以相应出站信号机的名称表示,或以字母“XB”后缀以调车场的股道号表示。例如:$S_{Ⅱ}$ 出站信号机的发车线路表示器命名为“$XB_{SⅡ}$”;调车场 5 股道的调车线路表示器命名为“XB_5”。

三、信号机的关闭时机

1. 集中联锁车站的进站、进路、出站信号机,线路所通过信号机及自动闭塞区段通过信号机,当机车或车辆第一轮对越过该信号机后自动关闭。

2. 调车信号机在调车车列全部越过调车信号机后自动关闭,当调车信号机外方不设轨道电路或虽设轨道电路而占用时,应在调车车列全部出清该调车信号机内方第一轨道区段后自动关闭,根据需要也可在调车车列第一轮对进入调车信号机内方第一个轨道区段自动关闭。

3. 引导信号应在列车头部越过信号机后及时自动关闭。

第三节　信号显示的含义

一、固定信号

(一)进站色灯信号机显示的信号

1. 三显示自动闭塞、半自动闭塞、自动站间闭塞区段进站色灯信号机。

(1)一个绿色灯光——准许列车按规定速度经正线通过车站,表示出站及进路信号机在开放状态,进路上的道岔均开通直向位置,如图 2-3-1 所示。

(2)一个绿色灯光和一个黄色灯光——准许列车经道岔直向位置,进入站内越过次一架已经开放的信号机准备停车,如图 2-3-2 所示。

图 2-3-1　进站信号机(一绿灯)

图 2-3-2　进站信号机(一绿一黄灯)

(3)一个黄色灯光——准许列车经道岔直向位置,进入站内正线准备停车,如图 2-3-3 所示。

(4)一个黄色闪光和一个黄色灯光——准许列车经 18 号及以上道岔侧向位置,进入站内越过次一架已经开放的信号机且该信号机防护的进路经道岔直向位置或 18 号及以上道岔侧向位置,如图 2-3-4 所示。

(5)两个黄色灯光——准许列车经道岔侧向位置[但不满足上述第(4)项条件]进入站内准备停车,如图 2-3-5 所示。

(6)一个红色灯光——不准列车越过该信号机,如图 2-3-6 所示。

2. 四显示自动闭塞区段进站色灯信号机。

(1)一个绿色灯光——准许列车按规定速度经道岔直向位置进入或通过车站,表示运行前方至少有三个闭塞分区空闲,如图 2-3-1 所示。

(2)一个绿色灯光和一个黄色灯光——准许列车按规定速度经道岔直向位置进入站内,表示次一架信号机经道岔直向位置开放一个黄灯,如图 2-3-2 所示。

图 2-3-3　进站信号机(一黄灯)

图 2-3-4　进站信号机(一黄闪加一黄灯)

图 2-3-5　进站信号机(两黄灯)

图 2-3-6　进站信号机(一红灯)

(3)一个黄色灯光——准许列车按限速要求经道岔直向位置进入站内正线准备停车,如图 2-3-3 所示。

(4)一个黄色闪光和一个黄色灯光——准许列车经 18 号及以上道岔侧向位置,进入站内越过次一架已经开放的信号机且该信号机防护的进路经道岔直向位置或 18 号及以上道岔侧向位置,如图 2-3-4 所示。

图 2-3-7　进站信号机(一红及一月白灯)

(5)两个黄色灯光——准许列车按限速要求越过该信号机,经道岔侧向位置[但不满足上述第(4)项条件]进入站内准备停车,如图 2-3-5 所示。

(6)一个红色灯光——不准列车越过该信号机,如图 2-3-6 所示。

3. 进站及接车进路、接发车进路色灯信号机的引导信号显示一个红色灯光及一个月白色灯光——准许列车在该信号机前方不停车,以不超过 20 km/h 速度进站或通过接车进路,并须准备随时停车,如图 2-3-7 所示。

(二)出站色灯信号机显示的信号

1. 半自动闭塞或自动站间闭塞区段

(1)一个绿色灯光——准许列车由车站出发,如图 2-3-8 所示。

(2)两个绿色灯光——准许列车由车站出发,开往次要线路,如图 2-3-9 所示。

图 2-3-8 出站信号机(一绿灯)

图 2-3-9 出站信号机(两绿灯)

(3)一个红色灯光——不准列车越过该信号机,如图 2-3-10 所示。

(4)在兼作调车信号机时,一个月白色灯光——准许越过该信号机调车,如图 2-3-11 所示。

2. 三显示自动闭塞区段

(1)一个绿色灯光——准许列车由车站出发,表示运行前方至少有两个闭塞分区空闲,如图 2-3-12 所示。

(2)一个黄色灯光——准许列车由车站出发,表示运行前方有一个闭塞分区空闲,如图 2-3-13 所示。

图 2-3-10 出站信号机(一红灯)

图 2-3-11 出站信号机(一月白灯)

(3)两个绿色灯光——准许列车由车站出发,开往半自动闭塞或自动站间闭塞区间,如图 2-3-14 所示。

(4)一个红色灯光——不准列车越过该信号机,如图 2-3-15 所示。

图 2-3-12　出站信号机(一绿灯)

图 2-3-13　出站信号机(一黄灯)

图 2-3-14　出站信号机(两绿灯)

图 2-3-15　出站信号机(一红灯)

(5)在兼作调车信号机时,一个月白灯光——准许越过该信号机调车,如图 2-3-16 所示。

图 2-3-16　出站兼调车信号机(一月白灯)

3. 四显示自动闭塞区段

(1)一个绿色灯光——准许列车由车站出发,表示运行前方至少有三个闭塞分区空闲,如图 2-3-17 所示。

(2)一个绿色灯光和一个黄色灯光——准许列车由车站出发,表示运行前方有两个闭塞分区空闲,如图 2-3-18 所示。

图 2-3-17　出站信号机(一绿灯)

图 2-3-18　出站信号机(一绿一黄灯)

(3)一个黄色灯光——准许列车由车站出发,表示运行前方有一个闭塞分区空闲,如图 2-3-19 所示。

(4)两个绿色灯光——准许列车由车站出发,开往半自动闭塞或自动站间闭塞区间,如图 2-3-20 所示。

图 2-3-19　出站信号机(一黄灯)

图 2-3-20　出站信号机(两绿灯)

(5)一个红色灯光——不准列车越过该信号机,如图 2-3-21 所示。

(6)在兼作调车信号机时,一个月白色灯光——准许越过该信号机调车,如图 2-3-22 所示。

(三)调车色灯信号机显示的信号

1. 一个月白色灯光——准许越过该信号机调车,如图 2-3-23 所示。

2. 一个月白色闪光灯光——装有平面溜放调车区集中联锁设备时,准许溜放调车,如图 2-3-24 所示。

图 2-3-21　出站信号机(一红灯)

图 2-3-22　出站兼调车信号机(一月白灯)

图 2-3-23　调车信号机(一月白灯)

图 2-3-24　调车信号机(一月白闪灯)

3. 一个蓝色灯光——不准越过该信号机调车,如图 2-3-25 所示。

图 2-3-25　调车信号机(一蓝灯)

不办理闭塞的站内岔线,在岔线入口处设置的调车信号机,可用红色灯光代替蓝色灯光,如图 2-3-26(a)所示。

起阻挡列车运行作用的调车信号机,应采用矮型三显示机构,增加红色灯光或用红色灯光代替蓝色灯光，如图 2-3-26(b)、2-3-26(c)所示。当该信号机的红色灯光熄灭、显示不明或显示不正确时，应视为列车的停车信号。

(a) 调车信号机情况1　　(b) 调车信号机情况2　　(c) 调车信号机情况3

图 2-3-26　调车信号机

新设尚未开始使用及应撤除尚未撤掉的信号机，均应装设信号机无效标，并应熄灭灯光。信号机无效标为白色的十字交叉板。高柱色灯信号机的无效标装在机柱上，矮型色灯信号机的无效标装在信号机构上，臂板信号机的无效标装在臂板上。

在新建铁路线上，新设尚未开始使用的信号机(进站信号机暂用作防护车站时除外)，可撤下臂板或将色灯机构向线路外侧扭转 90°，并熄灭灯光，作为无效。

二、机车信号机显示

四显示自动闭塞区段连续式机车信号机显示含义如下：

1. 一个绿色灯光——准许列车按规定速度运行，表示列车接近的地面信号机显示绿色灯光，如图 2-3-27 所示。

图 2-3-27　机车信号显示一个绿色灯光，通过信号机显示一个绿色灯光

2. 一个半绿半黄色灯光——准许列车按规定速度注意运行，表示列车接近的地面信号机显示一个绿色灯光和一个黄色灯光，如图 2-3-28 所示。

图 2-3-28　机车信号显示一个半绿半黄色灯光，通过信号机显示一个绿色灯光和一个黄色灯光

3. 一个带“2”字的黄色闪光——要求列车减速到规定的速度等级越过接近的显示一个黄色灯光的地面信号机，并预告次一架地面信号机开放经 18 号及以上道岔侧向位置的进路，且列车运行前方第三架信号机开通直向进路或开放经 18 号及以上道岔侧向位置的进路，如图 2-3-29 所示。

图 2-3-29　机车信号显示一个带“2”字的黄色闪光，通过信号机显示一个黄色灯光

4. 一个带“2”字的黄色灯光——要求列车减速到规定的速度等级越过接近的显示一个黄色灯光的地面信号机，并预告次一架地面信号机开放经道岔侧向位置的进路（但不满足上述第 3 项条件），如图 2-3-30 所示。

图 2-3-30　机车信号显示一个带"2"字的黄色灯光，
通过信号机显示一个黄色灯光

5. 一个黄色灯光——要求列车减速到规定的速度等级越过接近的显示一个黄色灯光的地面信号机，并预告次一架地面信号机处于关闭状态，如图 2-3-31 所示。

图 2-3-31　机车信号显示一个黄色灯光，通过信号机显示一个黄色灯光

6. 一个双半黄色闪光——要求列车限速运行，表示列车接近的地面信号机开放经 18 号及以上道岔侧向位置的进路，且次一架信号机开通直向进路或开放经 18 号及以上道岔侧向位置的进路；或表示列车接近设有分歧道岔线路所的地面信号机开放经 18 号及以上道岔侧向位置的进路、显示一个黄色闪光和一个黄色灯光，如图 2-3-32 所示。

7. 一个双半黄色灯光——要求列车限速运行，表示列车接近的地面信号机开放经道岔侧向位置的进路（但不满足上述第 6 项条件）、显示两个黄色灯光或其他相应显示，如图 2-3-33 所示。

8. 一个半黄半红色闪光——表示列车接近的进站、接车进路或接发车进路信号机显示引导信号或通过信号机显示容许信号，如图 2-3-34 所示。

图 2-3-32　机车信号显示一个双半黄色闪光，
通过信号机显示一个黄色灯光

图 2-3-33　机车信号显示一个双半黄色灯光，
进站信号机显示两个黄色灯光

9. 一个半黄半红色灯光——要求及时采取停车措施，表示列车接近的地面信号机显示红色灯光，如图 2-3-35 所示。

10. 一个红色灯光——表示列车已越过地面上显示红色灯光的信号机，如图 2-3-36 所示。

11. 一个白色灯光——不复示地面上的信号显示，机车乘务人员应按地面信号机的显示运行，如图 2-3-37 所示。

12. 无显示时，表示机车信号机在停止工作状态，如图 2-3-38 所示。

图 2-3-34　机车信号显示一个半黄半红色闪光，进站信号显示一个红色灯光和一个月白色灯光

图 2-3-35　机车信号显示一个半黄半红色灯光，通过信号机显示一个红色灯光

图 2-3-36　机车信号显示一个红色灯光，已越过显示一个红色灯光的信号机

LKJ 屏幕显示器的机车信号显示应与机车信号机的显示含义相同。

三、信号显示距离

各种信号机及表示器，在正常情况下的显示距离如下：

1. 进站、通过、接近、遮断信号机，不得少于 1 000 m。
2. 高柱出站、高柱进路信号机，不得小于 800 m。
3. 预告、驼峰、驼峰辅助信号机，不得少于 400 m。

图 2-3-37　机车信号显示一个白色灯光，
地面信号机显示一个绿色灯光

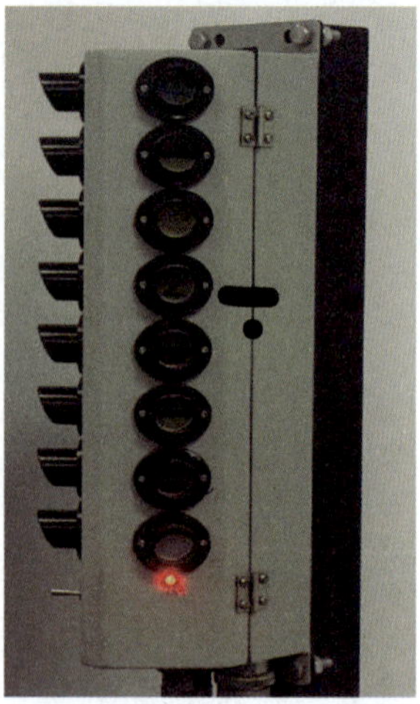

图 2-3-38　机车信号无显示

4. 调车、矮型出站、矮型进路、复示信号机，容许、引导信号及各种表示器，不得少于 200 m。

5. 在地形、地物等影响信号显示的地方，进站、通过、预告、遮断信号机的显示距离，在最坏条件下不得小于 200 m。

四、信号显示定位

进站、出站、进路、调车、驼峰、驼峰辅助信号机均以显示停车信号为定位；线路所的通过信号机以显示停车信号为定位，其他通过信号机以显示进行信号为定位。

接近信号机、进站预告信号机、非自动闭塞区段通过信号机的预告信号机，以显示注意信号为定位。

遮断、遮断预告、复示信号机以无显示为定位。

在自动闭塞区段内的车站（线路所），如将进站、正线出站信号机及其直向进路内的进路信号机转为自动动作时，以显示进行信号为定位。

第四节　道岔转辙设备和轨道电路

一、道岔转辙设备

道岔转辙装置是带动道岔尖轨转换位置并能将尖轨固在定位或反位的设备，转辙机是最常见的道岔转换和锁闭设备之一，如图 2-4-1 所示。除转辙机本身外，还包括外锁闭装置和各类杆件、安装装置，它们共同完成道岔的转换和锁闭。

图 2-4-1 转辙机

1. 转辙机的作用

(1)转换道岔的位置,根据需要转换至定位或反位。

(2)道岔转至所需位置而且密贴后,通过转辙机实现锁闭,防止外力转换道岔。

(3)能正确地反映道岔的实际位置。道岔的尖轨密贴于基本轨后,转辙机给出相应的表示。

(4)道岔被挤或因故处于“四开”(两侧尖轨均不密贴)位置时,及时给出报警及表示。

2. 转辙机的分类

(1)按动作能源和传动方式分类

按动作能源和传动方式,转辙机可分为电动转辙机、电动液压转辙机和电空转辙机。

(2)按供电电源种类分类

按供电电源种类分类,转辙机可分为直流转辙机和交流转辙机。

(3)按动作速度分类

按动作速度分类,转辙机分为普通动作转辙机和快动转辙机。

大多数转辙机转换道岔时间在 3. 8 s 以上,属于普通动作转辙机。ZD7 型电动转辙机和 ZK 系列电空转辙机转换道岔时间在 0. 8 s 以下,属于快动转辙机。快动转辙机主要用于驼峰调车场,以满足分路道岔快速转换的要求。

(4)按锁闭道岔的方式分类

按锁闭道岔的方式分类,转辙机可分为内锁闭转辙机和外锁闭转辙机。内锁闭转辙机依靠转辙机内部的锁闭装置锁闭道岔尖轨,是间接锁闭的方式。ZD6 系列等大多数转辙机均采用内锁闭方式。

外锁闭转辙机虽然内部也有锁闭装置,但主要依靠转辙机外的外锁闭装置锁闭道岔。将密贴尖轨直接锁于基本轨,斥离尖轨锁于固定位置,是直接锁闭的方式。用于提速道岔的 S700K 型电动转辙机和 ZYJ7 型电液转辙机均采用外锁闭方式。

(5)按是否可挤分类

按是否可挤分类,转辙机分为可挤型转辙机和不可挤型转辙机。

3. 转辙机的设置

一组道岔由一台转辙机牵引的称为单机牵引,由两台转辙机牵引的称为双机牵引,由两台以上转辙机牵引的称为多机牵引。转辙机的数量视道岔号码、锁闭方式、固定辙叉、是否为可动心轨以及转辙机类型而定。

二、轨道电路

轨道电路是以铁路线路的两根钢轨作为导体,在两端加以机械绝缘(或电气绝缘)并接上送电和受电设备而构成的电路。现有的轨道电路不仅能检查线路的空闲与否,还可以用来传递行车信息,成为机车信号和列控车载设备工作的基础。轨道电路是铁路信号系统的重要基础设备,它的性能直接影响行车安全和运输效率。

轨道电路是由钢轨、钢轨绝缘、轨端接续线、引接线、送电设备和受电设备等主要元件组成的。

1. 轨道电路的原理

当轨道电路内钢轨完整,且没有列车占用时,轨道电流从电源正极经钢轨、轨道继电器线圈回到负极而构成回路,轨道继电器吸起,表示轨道电路空闲。此状态称为轨道电路的调整状态。

轨道电路被列车占用时,它被列车轮对分路,轮对电阻远小于轨道继电器线圈电阻,流经轨道继电器的电流大大减小,轨道继电器落下,表示轨道电路被占用。此状态称为轨道电路的分路状态。

当轨道区段内发生断轨或断线等故障时,流经继电器线圈的电流中断,使继电器失磁落下。此状态称为轨道电路的断轨状态。

轨道电路工作原理如图 2-4-2 所示。

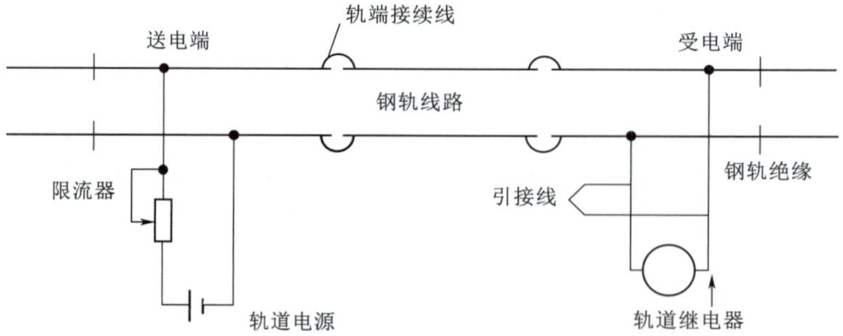

图 2-4-2　轨道电路工作原理

2. 轨道电路的作用

(1)监督列车的占用。利用轨道电路可以监督列车是否在区间以及列车和调车车列在站内的占用。由轨道电路反映该段线路是否空闲,为开放信号、建立进路或构成闭塞提供依据,还利用轨道电路的被占用关闭信号,把信号显示与轨道电路是否被占用结合起来。

(2)传递行车信息。例如,移频自动闭塞利用轨道电路中传递不同的低频频率来反映前行列车的位置,决定各通过信号机的显示,为列车运行提供行车命令。轨道电路中传送的行车信息,还为列车运行自动控制系统直接提供控制列车运行所需要的前行列车位置、运行前方信号机状态和道岔号码等有关信息,以决定列车运行的目标速度,控制列车在当前运行速度下是否停车或减速。

3. 轨道电路设置地点

自动闭塞区间的轨道电路通常是与自动闭塞制式相一致的轨道电路,按照自动闭塞通过信号机的设置划分闭塞分区,每个闭塞分区就有其轨道电路。

半自动闭塞区间一般不设轨道电路,只有在进站信号机的外方设有接近区段的轨道电路,以通知列车的接近以及构成接近锁闭。在提速半自动闭塞区段,进站信号机外方设第一接近区段和第二接近区段轨道电路。

自动站间闭塞区间,为了监督区间是否空闲,根据实际情况装设长轨道电路。

位于区间的道口,其接近区段必须装设轨道电路。

集中联锁的车站,列车进路和调车进路都必须安装轨道电路,牵出线、机待线、出库线、专用线及其他用途的尽头线入口处和调车信号机前方虽不在进路之内,也应装设一段长度不小于 25 m 的轨道电路,用来保证信号开放后机车车辆接近时完成接近锁闭,及时了解上述线路是否有车接近或占用。

4. 轨道电路及轨道区段单元的命名规则

(1)轨道区段及轨道区段单元的命名格式

①采用数字加字母的组合方式;

②“数字”包括大写罗马数字“Ⅰ、Ⅱ、Ⅲ……”和阿拉伯数字;

③“字母”使用大写英文字母“G”,或前缀以其他表示辅助信息的字母“A、B、C……”或“D、W”。

一个轨道区段只包含一个轨道区段单元时,两者的命名相同;一个轨道区段包含多个轨道区段单元时,轨道区段单元的命名以轨道区段名称后缀以大写英文字母序号“A、B、C……”表示。

同一集中管辖范围内,轨道区段的命名不得重复。

车站咽喉区的道岔区段以轨道区段内道岔的“编号”加字母“DG”表示;一个道岔区段包含多组道岔的,道岔的编号形式为“道岔最小编号-道岔最大编号”。例如 1 号道岔、7 号道岔、9号道岔共同所在的道岔区段命名为"1-9DG"。

股道的轨道区段的命名以股道"编号"加字母"G"表示。正线股道的编号使用大写罗马数字，非正线股道的编号使用阿拉伯数字；股道由多个轨道区段组成时：

道岔区段的命名应符合规定，例如3股道设有一组编号为15的道岔，则道岔区段命名为"15DG"。

各无岔区段以股道编号后缀的阿拉伯数字表示，如"3G1、3G2"。

车站接发车口处与区间相邻的无岔区段以其所连接股道的"编号"加字母"A"或"B"再加字母"G"表示，位于下行咽喉最外侧的取"A"、位于上行咽喉最外侧的取"B"。例如：对于下行正线，股道区段命名为"ⅠG"时，则ⅠG所属线路下行咽喉最外侧、上行咽喉最外侧的无岔区段分别命名为"ⅠAG""ⅠBG"。

车站咽喉区的无岔区段以其两端相邻道岔的"编号"加字母"WG"或"G"表示；道岔编号的形式为"较小编号、较大编号"；当两个无岔区段两端相邻的道岔均相同时，辅以阿拉伯数字"1、2……"区分。例如两端分别连接9号道岔和11号道岔的无岔区段命名为"9/11WG"或"9/11G"；当9号道岔和11号道岔连接的无岔区段有两个时，则分别命名为"9/11WG1、9/11WG2"或"9/11G1、9/11G2"。

（2）信号机的接近区段的命名方式

①非自动闭塞区段进站信号机接近区段，以"进站信号机名称"加字母"JG"表示。

a. 进站信号机设置一个接近区段的，例如非自动闭塞区段 X_D 进站信号机的接近区段命名为"X_DJG"；

b. 进站信号机设置两个接近区段的，在"进站信号机名称"与"JG"两者之间辅以阿拉伯数字（数字序号按列车运行方向由小到大顺序编号）；例如非自动闭塞区段 X_D 进站信号机的双接近区段，按下行方向分别命名为"X_D1JG、X_D2JG"。

②尽头式调车信号机的接近区段以"调车信号机名称"加字母"G"或"JG"表示，例如 D_{15} 信号机的接近区段可命名为"D_{15}G"或"D_{15}JG"。

联络线上的无岔区段以其所衔接的两个车场的"车场编号-车场编号"加字母"G"表示；两个车场之间有多条联络线的，再后缀以阿拉伯数字，数字序号按距信号楼或值班室由近及远编号。例如：Ⅲ场、Ⅳ场之间的场间联络线上的无岔区段可命名为"Ⅲ-ⅣG"；Ⅲ场、Ⅳ场之间存在并行的两条联络线时，各联络线上的无岔区段可分别命名为"Ⅲ-ⅣG1、Ⅲ-ⅣG2"。

自动闭塞区段，区间闭塞分区以其防护信号机或入口处闭塞分区信号标志牌的"名称"加字母"G"表示。例如通过信号机1234防护的闭塞分区可命名为"1234G"。

5. 计轴设备

计轴设备是利用安装在钢轨的闭环传感器监督列车车轮对经过数，经过设在室内的计算机系统与门检测后将本站的轮对数利用半自动设备发送至对方站，列车到达对方站后，对方站收到轮对数与发车站的相同时自动开通区间的一种设备。

计轴设备主要组成部分包括：轨旁计轴点、信息传输部分、计轴处理部分、输入输出部分。计轴设备如图 2-4-3 所示。

图 2-4-3　计轴设备

单线铁路加装计轴设备，作为区间检查的手段之一，进一步保证单线铁路行车安全。许多单线铁路将区间半自动闭塞设备与计轴设备结合构成计轴站间闭塞设备系统，提高了区间通过能力和行车安全性。计轴设备不仅可以在区间闭塞中使用，在站内轨道电路使用不良的区段，如分路不良或经常红光带区段，也可以用计轴设备代替轨道电路，在轨道电路不适宜地区，甚至可以完全用计轴设备作为区段检查设备。

第五节　车站联锁系统

一、联锁的基本概念

联锁是保证行车安全的重要技术措施，指的是信号设备与相关因素的制约关系。通过控制车站内的信号机、道岔、轨道电路等信号设备，以保证列车或调车作业在站内安全进行。由以上不难看出，为了保证行车安全，在进路、道岔和信号机之间存在某些互相制约的关系。通常，我们把这种互相制约的关系叫作联锁。

1. 联锁基本要求

联锁的基本内容包括：防止建立会导致机车车辆相冲突的进路；必须使列车或调车车列经过的所有道岔均锁闭在与进路开通方向相符合的位置；必须使信号机的显示与所建立的进路相符。

2. 进路相关概念

进路是车站内列车或调车车列由一点运行至另一点的全部径路。列车用的进路称为列车进路，调车用的进路称为调车进路。

列车进路分为接车进路、发车进路和通过进路。接车进路指列车进入车站(车场)所经过的进路，始于进站信号机(或接车进路信号机)，止于另一端咽喉的出站信号机(或进路信号机)。发车进路指列车由车站(车场)驶出所经过的径路，起于出站信号机，止于出站。通过进路指列车经正线(侧线)不停车通过车站(车场)的进路。进路示意如图 2-5-1 所示。

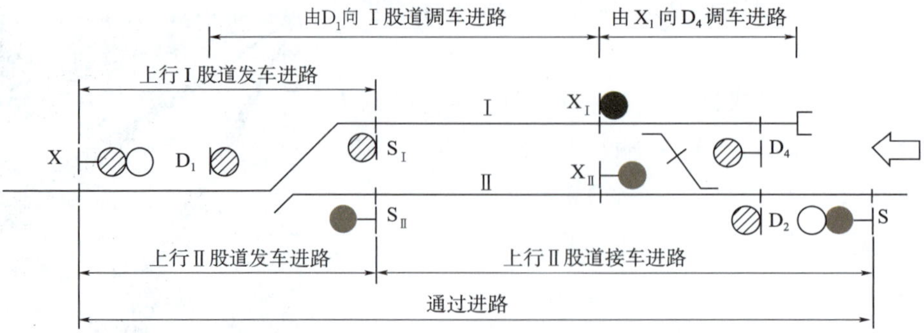

图 2-5-1　进路示意图

车站内由一点到达另一点，往往有多条进路。通常把一条两点间最近的、对其他进路作业影响最小的进路称为基本进路，选择进路时优先选择基本进路。基本进路以外的其余进路叫作变通进路（又称迂回进路）。

需要连续开放几架同方向调车信号机的调车进路称为长调车进路，它是由两条或多条调车基本进路所构成。所谓长调车进路是指由几条调车基本进路构成，并非指调车进路的实际长度，因此也可称复合调车进路。

进路有建立和未建立之分。通常说建立了进路，即指利用该进路排列了进路，就是把进路上的道岔扳到进路所要求的位置上，然后再将该进路的防护信号机开放。没有建立进路，即指没有利用该进路排列进路。

进路解锁指解除对道岔和敌对进路的锁闭，有四种方式：

（1）取消进路：在信号开放后，列车或调车车列尚未驶入其接近区段的期间，称此时的进路锁闭为预先锁闭。解除这种锁闭的方式叫取消进路。

（2）正常解锁：正常解锁指当列车或车列压入进路后，进路进行自动解锁。正常解锁又分为一次解锁和分段解锁制两种方式。前者是指列车或车列完全通过进路后，进路上的各个区段同时自动解锁。后者指列车或车列每通过一个区段，该区段就自动解锁。

两点和三点检查的概念：

为了证明列车或调车车列确实通过了某一区段，仅用该区段的轨道电路的动作来证明不是十分可靠的。为了保证安全，至少要用相邻的两段轨道电路的协同动作来证明列车已通过本区段。这种技术措施，称为两点检查法。为了进一步提高解锁的安全性，原则上应采用三点检查法。即除了本区段轨道电路外，还要利用该区段左右（按运行方向说是前后）两个轨道电路区段协同动作来证明列车确实通行了该区段。

（3）人工延时解锁：信号开放后列车或调车车列驶入接近区段后，由于某种特殊原因需要取消已建立的进路而采取的一种解锁方式。

（4）故障解锁：进路不应该锁闭却锁闭了，或者应该解锁而没有解锁，都叫作故障锁闭。故障解锁即指解除故障锁闭而言。

二、侵限绝缘与警冲标

为了确保进路安全，在两会合线路线间距离为 4 m 的中间设警冲标，用来提醒列车停车。由于车头和轮对不在一个垂直面，车头到轮对中心线最大距离为 3.5 m，所以在此规定轨道绝缘应装在警冲标里面不小于 3.5 m 处，否则车虽未压到区段但车头会对主进路产生安全隐患。但有的车站由于地形因素和道岔配置造成绝缘设置不能满足上述要求，此称之为侵限绝缘，侵限绝缘相邻的两个区段任意一个区段被占用都会导致经由另一个区段的进路不能建立。

1. 常见的侵限绝缘

(1)当某一道岔区段与相邻轨道区段的绝缘节到该道岔警冲标距离小于 3.5 m 时，此绝缘节为侵限绝缘，经过该道岔区段办理进路时必须检查相邻区段的空闲条件。

(2)某一道岔区段与相邻道岔区段的绝缘节到该道岔警冲标距离小于 3.5 m，当相邻区段的道岔开通本道岔区段或道岔失去表示时，该绝缘节为侵限绝缘；当道岔不开通本区段时，该绝缘节就不是侵限绝缘，即根据道岔位置条件来决定，此叫条件侵限绝缘。

侵限绝缘如图 2-5-2 所示，侵限绝缘室外标识如图 2-5-3 所示。

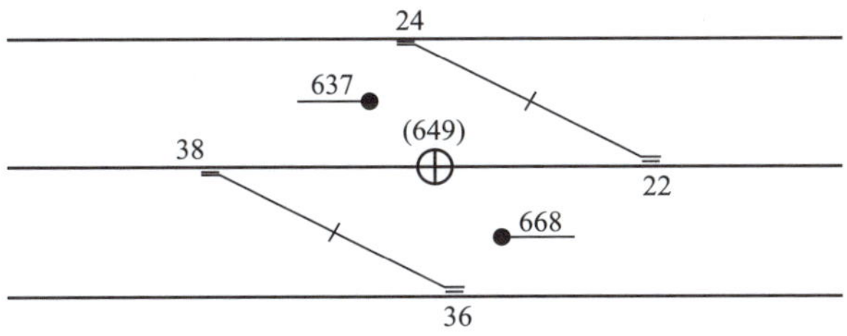

图 2-5-2　侵限绝缘示意

图 2-5-3　侵限绝缘室外标识

2. 检查侵限绝缘条件

(1)条件侵限绝缘的检查

①道岔开通侵限检查方向，模拟占用超限区段轨道电路，排列进路，信号不能开放。

②信号开放后，占用侵限区段，信号关闭。

③道岔开通非侵限绝缘方向，占用侵限区段，排列进路，信号开放。

(2)无条件侵限绝缘的检查

①道岔开通任何位置，占用侵限区段，信号不能开放。

②信号开放后，占用侵限区段，信号关闭。

3. 警冲标位置的确定

(1)警冲标应安设在两汇合线路中心线间垂直距离为 4 m 处。按照上述规定，当警冲标内方停有机车车辆时，列车或机车车辆可沿邻线安全通过。4 m 是根据机车车辆限界再加一些富余间隙确定的。

(2)信号机钢轨绝缘与警冲标的相互位置。

当信号机处设有轨道电路时，还应考虑出站信号机、钢轨绝缘与警冲标的相互位置。其设置原则如下：

①信号机处于钢轨绝缘节位置，原则上应与信号机设在同一坐标处，为了避免在安装信号机时造成串轨、换轨或锯轨等，钢轨绝缘允许设置在出站信号机前方 1 m 或后方 6.5 m 的范围内。

②警冲标与钢轨绝缘的距离，取为 3.5~4 m，这样可保证车轮停在该钢轨绝缘节内方时，车钩不致越过警冲标。

在确定出站信号机、钢轨绝缘和警冲标的位置时，首先应考虑在不影响到发线有效长的条件下，按现有的钢轨接缝设绝缘节和信号机的安设位置，然后再将警冲标移设至距钢轨绝缘 3~4 m 的距离。如现有的钢轨接缝安装绝缘不能保证到发线有效长或不宜设置信号机时，应以短轨拼凑等办法安装绝缘，以满足各方面的要求。

三、联锁图表

联锁图表是铁路车站信号设备联锁关系的说明图表。

1. 信号设备平面布置图的主要内容

编制联锁表的主要依据应是信号设备平面布置图，图中应包含下列主要内容：

联锁区、非联锁区中与铁路信号设备有关的线路布置及编号。联锁道岔、信号机、表示器、轨道电路区段(含侵入限界绝缘区段)等有关设备及其编号和符号。正线和到发线的接车方向、区间线路及机走线的运行方向。信号楼(或值班员室)中心公里标。联锁道岔和信号机距信号楼(或值班员室)中距离。进站信号机外列车制动距离了内有超过6‰下坡道时的换算坡度数。局部控制盘编号及局部控制道岔号。道岔握柄、转换锁闭器等。

2. 联锁表的内容

(1)方向栏：填写进路性质(通过、接车、发车、转场、调车、延续近路)和运行方向。

(2)进路号码栏：按全站列车进路和调车进路顺序编号，亦可按咽喉区、场分别编号。通过进路由正线接、发车进路组成不另编号，仅将接、发车进路号码以分数形式填写。如接车进路为“2”，发车进路为“8”，则通过进路写作“2/8”。

(3)进路栏：逐条写出车站范围内的全部列车和调车的基本进路。较大的电气集中车站，当列车进路同时存在两条或两条以上进路方式时，除列出基本进路外还应列除一条主要变更进路作为第二种进路方式。

(4)信号机栏：填写排列进路时，应写明开放信号机的名称和显示。

(5)道岔栏:顺序填写所排进路上的全部道岔以及有关防护和带动道岔的编号和位置。

其中:1——1 号道岔在定位;

(1)——1 号道岔在反位;

【1】——1 号道岔防护在定位;

【(1)】——1 号道岔防护在反位;

{1}——1 号道岔带动在定位;

{(1)}——1 号道岔带动在反位。

(6)敌对信号栏:填写所排进路的全部敌对信号。

(7)轨道区段栏:填写排列进路时应检查的轨道区段名称。

(8)迎面进路栏:应填写同一到发线(或场间联络线)上,对向的列车和调车进路的敌对关系,以线路区段名称表示。

(9)其他联锁栏:应以相应的文字符号表示。

四、实现联锁的主要方式

依据所采用技术的不同,车站信号联锁系统先后经历了人工联锁、机械联锁、继电联锁、电气集中联锁和计算机联锁等几个发展阶段。目前,我国广泛应用的是 6502 电气集中联锁系统(图 2-5-4)和计算机联锁系统(图 2-5-5)。

图 2-5-4　6502 电气集中联锁

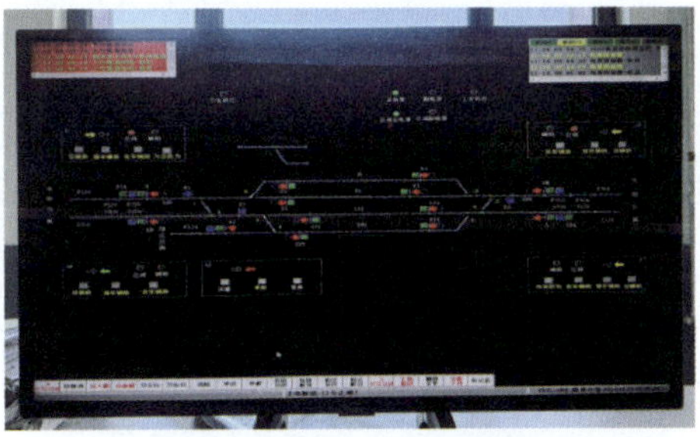

图 2-5-5　计算机联锁

(一)6502 电气集中联锁系统

1. 6502 电气集中联锁系统的定义

6502 电气集中联锁系统,是以继电联锁电路为基础来实现车站信号设备联锁关系的实时控制系统。计算机联锁系统是建立在计算机技术基础上的实时控制系统。其联锁机构由计算机及其外围设备构成,通过计算机系统的实时运行来完成联锁功能。

2. 6502 电气集中联锁设备的特点

安全程度高,道岔、信号机采用集中操纵,采用双按钮进路式选路法,进路采用分段解锁方式,调车中途折返进路能自动解锁,道岔位置不需要保持定位。

3. 6502 电气集中联锁设备满足的主要技术条件

进路锁闭应设有预先锁闭和接近锁闭;信号机的开放必须要经车站值班人员的操作,并应能自动检查进路空闲、有关道岔位置正确、敌对进路未建立及进路已锁闭等条件。信号开放后,仍必须对上述条件进行不间断的检查。但对已开放的调车信号机,在调车车列进入信号机内方后,不再检查进路空闲而仍保持开放状态,待调车车列全部进入信号机内方后,信号才关闭,当进站信号机在关闭状态,并且红灯灯丝良好时,才能开放引导信号。

集中控制道岔应受到进路锁闭、区段锁闭及单独锁闭方式的控制。当受到上述其中任一锁闭方式控制时,有关道岔都不能转换。

4. 6502 电气集中联锁设备的组成

6502 型大站电气集中联锁设备分为室外设备和室内设备两大部分。室外设备主要有色灯信号机、电动转辙机、轨道电路及电缆线路等组成。室内设备主要有控制台、区段人工解锁按钮盘、继电器组合及组合架、分线盘及大站电源屏等组成。

控制台盘面是由各种用途的按钮、表示灯、光带等标准单元块拼装组成。

5. 6502 电气集中联锁设备的主要按钮和表示灯说明

(1)列车进路按钮:对应每架进站、出站间调车信号机处的模拟线路上,各设一个。有的地方虽未设置列车信号机,也需设一个,作为列车进路的终端按钮用,列车按钮用于排列列车进路、重复开放信号或配合其他按钮兼作取消进路、人工解锁进路等。

(2)调车进路按钮:对应每架调车信号机和出站间调车信号机处的复示器旁,均设一个。在进站信号机内方虽然没有无岔区段和同方向的调车信号机,但此处可作为调车进路的终端,故设一个调车进路终端按钮。调车按钮用于排列调车进路、重复开放信号或配合其他按钮兼做取消进路、人工解锁进路等。

(3)变通按钮:设在变通进路中关键位置的模拟线路上。用于排列列车或调车变通进路。

(4)通过按钮:凡是有通过进路的车站,为了简化办理通过进路的操作手续,在对应进站信号机(或出站口)处设置。

(5)道岔按钮:每组道岔设一个。按压时为单独操作道岔,拉出时为单独锁闭道岔,该按钮内红色表示灯点亮。

(6)道岔总定位和总反位按钮:每个咽喉区各设一个。按钮上方有绿色和黄色表示灯。在单独操纵道岔时,除按压道岔按钮外,还必须同时按压总定位按钮或同时按压总反位按钮。

(7)引导按钮:每架进站信号机设一个。按压该按钮,可开放引导信号,同时按钮上方白色表示灯亮灯,进路解锁后熄灭。

(8)引导总锁闭按钮:每个咽喉区设一个。当采用引导总锁闭接车时,按下该按钮,将本咽喉区道岔全部锁闭,该按钮上方白色锁闭表示灯亮灯,拉出该按钮,咽喉区道岔全部解锁,表示灯熄灭。

(9)总取消按钮:每个咽喉区设一个,用于取消由于误碰按钮所造成的记录或取消排列的进路。若取消进路,需同时按压该按钮和进路始端按钮。按压该按钮时,其上方红色表示灯亮灯。

(10)总人工解锁按钮:每个咽喉区一个,用于办理进路人工解锁及办理故障解锁。按压该按钮时,其上方红色总人工解锁表示灯亮灯,在总人工解锁按钮的左上方设有 30s 表示灯和右上方设有 3min 表示灯。他们亮灯时,表示不同性质的进路延时解锁时间。

(11)道岔表示按钮:每个咽喉区设一个。在每个道岔按钮上方,设有两个道岔表示灯,平时不点灯。当车站值班人员需要了解全咽喉道岔所处位置时,可按下该按钮,所有道岔的定位或反位表示灯亮灯。如道岔在定位,绿灯点亮;在反位则黄灯点亮。道岔在转换过程中或者道岔被挤及表示电路故障时,道岔表示灯熄灭;拉出该按钮,全咽喉区的道岔表示灯均熄灭。

(12)接通光带按钮:每个咽喉区设一个。车站值班员人员需了解整个咽喉区进路开通状况时,可按压该按钮,轨道光带表示灯依照道岔开通位置,按轨道区段点亮白光带。

(13)信号复示器:为使车站值班人员了解信号机的显示状态,对应每架信号机处均设置一个信号复示器,并按各信号机的名称命名。当红灯灯丝断丝时,其复示器的红灯闪光。当进站信号机开放允许信号时,其复示器点亮绿灯;允许信号灯丝断丝时,进站信号机改点红灯,其复示器也点亮红灯。当进站信号机开放引导信号时,其复示器也点亮红灯和白灯。

(14)轨道表示灯:轨道表示灯以光带的形式设在模拟站场线路上。平时灭灯,当进路锁闭后,该进路即点亮一条白光带;进路解锁后白光带熄灭;有车占用或轨道电路故障时,该区段点亮红光带。

(15)排列进路表示灯:每个咽喉区设一个。当按压进路始端按钮时,红色表示灯点亮,在点灯期间,该咽喉区内不能再排列其他进路。进路选出,该表示灯熄灭。

(16)接近、离去表示灯:当列车占用接近或离去区段时,该区段红色表示灯点亮;列车出清时,表示灯熄灭。

(17)事故按钮:在区段人工解锁按钮盘上设有事故按钮,对应每个道岔区段和无岔区段均设一个。每个按钮的命名与相应的轨道区段一致。当某区段发生故障不能按进路方式解锁或停电恢复时,用它与人工解锁按钮配合,实现个别区段的故障解锁,用取消进路办法不能关闭信号时,也可用它来关闭信号。

6. 6502 电气集中联锁设备的进路办理与解锁

6502 电气集中车站采用双按钮进路式选路方法。在排列进路时,只要顺序按压进路始、终端按钮(先按压的为进路始端按钮、后按压的为进路终端按钮)。该进路中有关道岔自动转换到所需开通位置,进路排通并锁闭后,防护该进路的信号机随之自动开放。

进路办理分为正常办理、变通进路、重复开放信号及办理引导信号。

(1)正常办理

①接、发车进路

先按压列车进路始端按钮,再按压列车进路终端按钮。进路办理完毕后点亮白光带,应当注意,在办理接车进路时,终端按钮是反方向的列车按钮。

②通过进路

先按压接车咽喉区的通过按钮,再按压发车咽喉区的列车进路终端按钮。进路办理完毕后点亮白光带,办理通过进路也可以分别办理接车进路和同方向的发车进路。

③调车进路

调车进路分短调车进路和长调车进路。短调车进路是调车进路的一个基本单元,长调车进路则是由两条或者更多条短调车进路组成的。

先按压调车进路始端按钮,再按压调车进路的终端按钮,进路办理完毕后点亮白光带。其中办理以差置(在咽喉区无岔区段两端设置的不同方向的两架调车信号机)或并置(在咽喉区某一个信号点设置两架不同方向的调车信号机)调车信号机为阻拦信号的调车进路时,进路的终端按钮不是阻拦信号机的调车按钮,而是背向调车按钮,办理以单置(在咽喉区某一个信号点设置一架调车信号机)调车信号机为阻拦信号的调车进路时,进路的终端按钮就是该单置调车信号机的调车按钮,需要注意的是该单置调车信号机调车按钮不能作为反方向调车进路的终端按钮。

长调车进路也可以按短调车进路分段办理。

(2)变通进路

①列车变通进路

先按压列车进路始端按钮,再按压变通按钮,最后按压列车进路终端按钮。进路办理完毕后点亮白光带,在办理列车变通进路时,除采用进路中的变通按钮外,还可以利用咽喉中间的并置、差置或单置调车信号机的调车进路按钮,来兼做列车进路的变通按钮。

②调车变通进路

仅长调车进路才存在变通进路的情况。办理长调车变通进路的方法有三种。

长调车变通进路中,如有变通按钮,可作为长调车变通进路的变通按钮。

分段办理,可先后办理经由变通进路的短调车进路。

利用反方向的单置调车信号机的调车按钮,作为长调车进路的变通按钮。

(3)重复开放信号

当信号开放后,由于某种原因如轨道电路被瞬间分路,道岔瞬间失去表示,使已开放的信号关闭。进路仍处于锁闭状态(整条进路仍然亮白光带),如需重新开放信号时,再次按压进路始端按钮,信号即可重复开放。

(4)办理引导信号

办理引导信号接车时,对进路也要实行锁闭,称为引导锁闭,分为两种,一是引导进路锁闭,二是引导总锁闭。

①引导进路锁闭

因进站信号机或轨道电路发生故障不能开放信号时,应采用引导进路锁闭的方式开放引导信号。办理时先单独操纵道岔至所需位置将进路开通,再将发生故障轨道电路区段内的道岔按钮拉出,实行单独锁闭,然后破封按压引导按钮,该按钮上方白色表示灯亮灯,进路办理完毕后点亮光带。列车进入股道后,进路仍处于解锁状态。按压总人工解锁按钮和该进路的始端按钮(引导按钮),进路即刻解锁。需要特别注意的是,进站信号机内方第一个轨道区段发生故障,须持续按压引导按钮,待列车头部驶入进站信号机内方后,方可停止按压。

②引导总锁闭

因道岔失去表示或向非固定的接车线接车时,应采用引导总锁闭方式开放引导信号。办理时先单独操纵道岔至所需开通位置,再按压接通光带按钮来检查进路是否正确,然后破封按下引导总锁闭按钮以及引导按钮,该按钮上方白色表示灯亮灯。进路办理完毕后不点亮光带,全咽喉区的道岔均被锁闭。列车进入股道后,将引导总锁闭按钮拉出,该咽喉区的道岔即可全部解锁。

进路解锁方式分为正常解锁和非正常解锁两种。非正常解锁包括取消进路解锁、人工解锁和故障解锁等。

a. 正常解锁

进路采用逐段解锁方式(也称为分段解锁)。即以每个道岔区段作为解锁单元,列车或调车车列沿进路运行的过程中,每出清一个道岔区段,该道岔区段就立即解锁。整条进路的解锁是分段顺序进行的。

b. 取消进路解锁

当信号开放后,列车或调车车列未驶入接近区段,进路处于预先锁闭状态。如因某种原因要取消该进路,需同时按压该咽喉区的总取消按钮和进路始端按钮,进路解锁,白光带熄灭。

取消已锁闭的通过进路时,应分别取消发车进路和接车进路。取消长调车进路时,应按取消段调车进路的方法,使进路分段解锁。

c. 人工解锁

当信号开放后,列车或调车车列已驶入接近区段,进路处于接近锁闭状态、如因某种原因要解锁该进路,应破封按压总人工解锁按钮和进路始端按钮,接车进路和正线发车进路延时 3 min 解锁,到发线发车进路和调车进路要延时 30 s 解锁,白光带熄灭。

d. 故障解锁

在下列情况下,应采用故障解锁:

一是在排列进路时,因设备故障使进路中某些区段不能被锁闭,信号不能开放。为了能改排进路,需将已锁闭的区段进行解锁。

二是在信号开放后,虽列车或调车车列已沿着进路通过,但由于某个轨道区段发生故障,而使该区段及其他区段不能正常解锁,待故障排除后,需办理故障解锁手续,使进路中未解锁区段解锁。

三是电务部门人员更换器材等引起个别区段锁闭,在维修工作结束后,需采用故障解锁的方法,使个别区段解锁。

四是当交流停电恢复时,整个车站的道岔仍处于被锁闭状态,此时应该对各个轨道区段分别办理故障解锁手续,使各区段一一解锁。

办理故障解锁时,一人按压区段人工解锁按钮盘上相应故障区段的事故按钮,另一人按压控制台盘面上总人工解锁按钮,该区段即可解锁。

(二)计算机联锁系统

计算机联锁系统(CBI)是以信号机、转辙机、轨道电路作为室外三大基础设备,以电气设备和电子设备(计算机)实现联锁功能以及采用集中控制方式对信号机和道岔进行控制的系统。计算机联锁系统由硬件设备和软件设备构成。硬件设备包括联锁计算机(完成联锁功能和显示功能),安全检验计算机(用以检验联锁计算机的运行情况,发现故障可导向安全),彩色监视器,微型集中操纵台,安全继电器输入输出接口柜,计算机联锁专用电源屏以及现场信号机、转辙机、轨道电路等室外设备。软件设备是实现进路、信号机和道岔相互制约的核心部分,由两部分组成:一是参与联锁运算的车站数据库;二是进行联锁逻辑运算,完成联锁功能的应用程序。车站数据库包括车站赋值表、车站联锁表、按钮进路表、车站显示数据等。应用程序由多个程序模块组成,即系统管理程序模块、时钟中断管理程序模块、表示信息采集及信息处理程序模块、操作命令输入及分析程序模块、选路及转岔程序模块、信号开放程序模块、解锁程序模块和站场彩色监视器显示程序模块等。

按钮和表示灯的设置及表示意义以及进路的办理和解锁与6502电气集中联锁设备几近相同,不再重复表述。

第六节　闭塞设备和区间逻辑检查

一、闭塞设备

用于办理行车闭塞的设备叫作闭塞设备。闭塞设备必须保证在同一时间里一个区间内只能允许一个列车占用的基本原则。闭塞设备是用来保证列车在区间内的运行安全,并提高区间通过能力的区间信号设备。

行车闭塞设备大致经历了电报或电话闭塞路签—路签或路牌闭塞—半自动闭塞—自动闭塞的发展过程。目前我国铁路中,双线多采用自动闭塞,单线多为半自动闭塞,电话闭塞则是当上述基本闭塞设备不能使用时，根据列车调度员的命令所采用的代用闭塞方法。

1. 半自动闭塞

半自动闭塞是我国铁路广泛采用的一种闭塞方式。半自动闭塞是指人工办理闭塞手续，列车凭出站信号机显示发车后，出站信号机自动关闭；列车到达对方站后，人工解除闭塞的闭塞方式。半自动闭塞又分为单线半自动闭塞和双线半自动闭塞，两者的区别是单线半自动闭塞发车站收到对方站同意发车条件后，发车站开放出站信号，而双线半自动闭塞发车站收到对方站发送的前次列车到达复原信号后，发车站开放出站信号。

(1)半自动闭塞的技术要求

人工确认两站(所)间区间空闲后，仅一个车站(所)的出站信号机允许开放，闭塞建立后开放进出站信号机前，允许利用站内正线调车，发车站发车闭塞后，开放出站信号机前，允许取消闭塞，集中联锁车站出站信号机开放后，列车越过出站信号机前，发车进路解锁后才能取消闭塞，允许关于已开放的出站信号机，改变发车进路，不需要重新办理闭塞手续，列车出发后，出站信号机应自动关闭，闭塞解除前两站(所)出站信号均不应再次开放。

目前，我国单线铁路主要采用的是 64D 型继电半自动闭塞。64D 型继电半自动闭塞由闭塞机、轨道电路、操纵和表示设备、闭塞电源以及闭塞外线等部分组成。

半自动闭塞机是闭塞设备的核心，由继电器和电阻、电容器等元器件组成。在每个车站两端进站信号机的内方装设一段不小于 25 m 的轨道电路。一是用来监督列车的出发，使发车站闭塞机闭塞，二是监督列车的到达，然后由接车站值班员办理到达复原。操纵和表示设备有闭塞(复原)按钮、事故按钮、接车表示灯、发车表示灯、电铃和计数器等。

(2)半自动闭塞的闭塞办法与复原

以 64D 型单线继电半自动闭塞为例，办理方法分为正常办理、取消复原和事故复原三种。

①正常办理

甲站为发车站，乙站为接车站，甲站向乙站发车。

甲站按压闭塞按钮，向乙站发送请求发车信号；乙站收到甲站请求发车信号，甲站发车表示灯亮黄灯，乙站接车表示灯亮黄灯。

乙站按压闭塞按钮，乙站接车表示灯亮绿灯，甲站发车表示灯亮绿灯。

甲站开发出站信号机，列车出发进入甲站轨道电路区段，甲站发车表示灯改点红灯，乙站接车表示灯改点红灯。

乙站开放进站信号机，列车到达进入乙站轨道电路区段时，乙站的接、发车表示灯均点亮红灯，表示列车到达。

列车整列到达后，乙站拉出闭塞按钮(按压复原按钮)，乙站接、发车表示灯均熄灭，甲站发车表示灯熄灭。

②取消复原

出站信号机开放以前，若甲站办理请求发车手续后，甲站发车表示灯和乙站接车表示灯均点亮黄灯;或乙站已同意接车,甲站发车表示灯和乙站接车表示灯均点亮绿灯时,但出站信号机尚未开放,这时欲取消闭塞,甲站值班员只要拉出闭塞按钮(按压复原按钮),两站表示灯均熄灭,闭塞机即可复原。

出站信号机开放以后,电气集中联锁的车站,出站信号机开放后,此时要取消闭塞,经双方站联系并确认列车没有出发,发车站值班员先关闭出站信号机,再拉出闭塞按钮(按压复原按钮),两站表示灯均熄灭,闭塞机即可复原。

③事故复原

当轨道电路发生故障或由于停电后恢复供电、列车返回发车站等原因,使闭塞机不能复原时,采用事故复原,在办理事故复原前,两站值班员通过闭塞电话联系,必须共同确认区间无列车占用,双方出站信号机在关闭状态,然后由使用故障按钮的一方按规定登记,拉出事故按钮,闭塞机复原。

2. 自动闭塞

自动闭塞是将两个相邻车站之间的区间正线划分成若干个小段,即闭塞分区(其长度一般为 1 200~1 300 m),每个分区的起点设置一架通过信号机进行防护,闭塞分区内钢轨上装设轨道电路,能够正确反映列车的运行情况和钢轨是否完整,并及时传给通过信号机显示出来,向接近它的列车指示运行条件。因为通过色灯信号机的显示随着列车的运行通过列车自动控制的,不需要人工操作,所以叫作自动闭塞。

(1)自动闭塞的技术要求

车站(所)间应划分一个或多个闭塞分区;站内正线的进站信号机、出站信号机、进路信号机的设置宜满足闭塞分区划分的需要;闭塞分区作为列车追踪的空间间隔单元;闭塞分区应具备轨道占用或空闲状态检查功能;闭塞分区防护信号应具备连续反映所防护闭塞分区的占用或空闲的功能;相邻的车站(含线路所)不应同时向同一自动闭塞线路开放出站信号(或线路所通过信号);双方向运行线路应具备通过车站发车进路的办理自动改变运行方向功能;应具备区间占用逻辑检查功能。

允许信号灯丝断丝的区间通过信号机宜为灭灯状态或降为较低级别的显示,允许信号灯丝断丝的通过信号机前方相邻信号机的显示宜保持原有状态,以地面信号显示为行车凭证的自动闭塞区段的区间,进站信号机、线路所通过信号机、区间通过信号机的红灯因故障熄灭或不能点亮时,红灯熄灭的信号机外方相邻闭塞分区入口处的区间通过信号机应显示红灯。闭塞分区发码时,自动闭塞系统的闭塞分区发码不宜检查区间通过信号机允许信号灯丝断丝条件。

(2)自动闭塞系统的组成

自动闭塞系统主要由区间轨道占用检查装置、控制电路、区间通过信号机或标志牌、光电缆等组成。

(3)自动闭塞的分类

自动闭塞可分为两类:固定闭塞、移动闭塞。

①固定闭塞

固定闭塞系统是将轨道分成若干个闭塞分区，每个闭塞分区只能被一列车占用，而且闭塞分区的长度必须满足司机确认信号和列车停车制动距离的要求。闭塞分区的长度取决于列车的最大速度、刹车曲线以及信号显示的数目等。其中固定闭塞按行车组织方法分为：单线双向自动闭塞、双线单向自动闭塞、双线双向自动闭塞。按通过信号机的显示制式分为：三显示自动闭塞和四显示自动闭塞。

②移动闭塞

移动闭塞技术则在对列车的安全间隔控制上更进了一步。通过车载设备和轨旁设备不间断的双向通信，控制中心可以根据列车实时的速度和位置动态计算列车的最大制动距离。保证了列车前后的安全距离，两个相邻的移动闭塞分区就能以很小的间隔同时前进，这使列车能以较高的速度和较小的间隔运行，从而提高运营效率。

ZPW-2000 系列无绝缘移频自动闭塞具有较高的安全度，可靠的分路保证、断轨检查功能，能抗电气化大电流干扰，传输特性好，适用于无缝线路、双方向、四显示以及发展列车自动控制的要求，因此成为我国自动闭塞的主流制式。

ZPW-2000 系列自动闭塞包括：ZPW-2000A、ZPW-2000R、ZPW-2000H。其中大部分为 ZPW-2000A。

3. 自动站间闭塞

自动站间闭塞是指随着发车进路的建立自动构成站间闭塞状态，列车凭出站信号显示进入发车进路及区间，待列车出清区间后自动解除闭塞的闭塞方式。自动站间闭塞原理是利用轨道传感器、计数器来记录和比较驶入和驶出轨道区段的轴数，以此确定轨道区段的占用或空闲状态。

(1) 自动站间闭塞的技术要求

两站（所）间的区间线路作为区间检查范围；区间应具备列车占用或空闲状态检查功能；出站信号机开放，应持续检查闭塞状态正确及区间空闲；两车站不得同时向同一区间开放出站信号机；区间占用或列车出发后闭塞解除前，防护区间的出站信号机不得开放；自动站间闭塞解除应符合以下要求：列车到达接车站，经检查区间空闲后自动解除闭塞；取消发车进路且发车进路解锁后自动解除闭塞；发车进路解锁前，不得自动解除闭塞；双方向运行线路宜具备改变运行方向功能。

(2) 自动站间闭塞系统的组成

自动站间闭塞系统主要由区间轨道占用检查装置、控制电路、光电缆组成。

(3) 自动站间闭塞系统的区间轨道占用检查

自动站间闭塞系统的区间轨道占用检查装置可采用轨道电路或计轴轨道占用检查装置，实现区间的空闲、占用检查。

正方向为自动闭塞、反方向为自动站间闭塞的区间，应利用正方向自动闭塞系统的轨道占用检查装置。

仅自动站间闭塞的区间，当控制电路基于半自动闭塞电路进行改造时，自动站间闭塞系统可保留半自动闭塞功能。

因计轴轨道占用检查装置故障造成区间占用时，车站人工确认列车完整到达、区间空闲后，自动站间闭塞系统应具备经两相邻站共同办理切换为半自动闭塞方式，两车站应有相应的闭塞方式表示。

采用半自动闭塞方式后，计轴轨道占用检查装置恢复正常，自动站间闭塞系统应给出相应的提示，两相邻站人工确认区间空闲后，同时办理切换未自动站间闭塞的方式。

二、区间占用逻辑检查功能

1. 区间逻辑检查基本原理

继电式逻辑检查按列车在区间正方向运行时根据闭塞分区列车占用、出清的顺序关系，对区间闭塞分区的状态进行逻辑检查，即“三点检查”。当判断闭塞分区出现占用丢失时自动对该闭塞分区进行安全防护，防护该闭塞分区的通过信号机点红灯，同时将该闭塞分区轨道电路显示为红光带占用状态，从而达到对后方列车的安全防护。

继电式逻辑检查按照闭塞分区占用逻辑检查原则进行状态的判定，闭塞分区的四种状态分别为：空闲、正常占用、故障占用、占有丢失四种状态。

（1）空闲状态：表示列车未占用该闭塞分区且闭塞分区轨道电路所反映的线路状态为空闲。

（2）正常占用状态：表示列车占用该闭塞分区且闭塞分区轨道电路所反映的线路状态为占用。

（3）故障占用状态：表示列车未占用该闭塞分区、但闭塞分区轨道电路所反映的线路状态为占用。

（4）占用丢失状态：表示列车占用该闭塞分区、但闭塞分区轨道电路所反映的线路状态为空闲。

当闭塞分区占用丢失逻辑检查报警自动或人工解除后，防护该闭塞分区的信号机及本区段的占用状态及码序恢复正常。

2. 逻辑检查人工解锁盘表示灯及按钮（图 2-6-1）

（1）区间轨道继电器状态表示灯（QGJD）：绿灯亮表示区间轨道电路设备输出闭塞分区空闲信息；绿灯熄灭表示区间轨道电路设备输出闭塞分区占用信息。

（2）报警灯：红灯点亮表示本闭塞分区出现逻辑检查报警；红灯熄灭表示本闭塞分区无逻辑检查报警。

（3）人工解锁按钮：当对应的闭塞分区 QGJD 绿灯亮并出现逻辑检查报警时，按下人工解锁按钮，其人工解锁灯黄灯点亮，解除该闭塞分区的防护状态及报警状态；解除防护状态

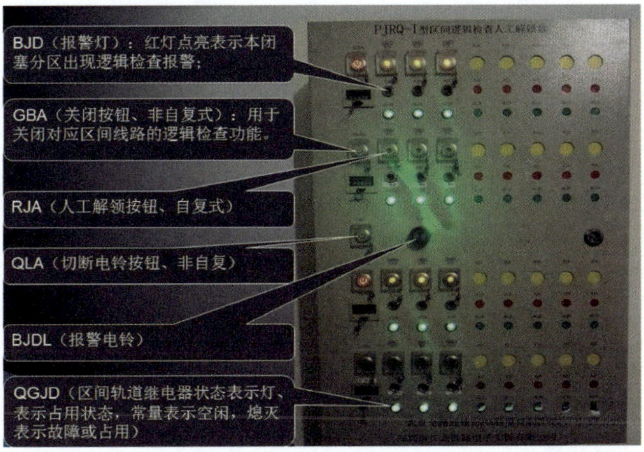

图 2-6-1　逻辑占用检查设备

后，报警灯熄灭，其防护信号机（出站信号机除外）自动改点允许灯光。

（4）关闭按钮：用于关闭对应区间线路的逻辑检查功能。其对应关闭表示灯（常态熄灭），关闭按钮按下时，对对应区间人工解锁灯黄灯点亮，关闭表示灯红灯点亮。

3. 产生逻辑报警的情况

当正常占用的闭塞分区轨道电路恢复空闲，而其区间闭塞方向前方闭塞分区轨道电路未被正常占用时，判定该闭塞分区为占用丢失，逻辑检查人工解锁盘给出声光报警。

产生逻辑检查报警时，报警灯红灯点亮，QGJD 绿灯亮，表示该闭塞分区发生占用丢失。

4. 解锁逻辑报警方式

（1）自动解锁：根据本闭塞分区及前方闭塞分区顺序占用、出清状态变化，当达到安全防护自动解锁条件时，自动解除对该闭塞分区的安全防护。

（2）人工解锁：按下 RJA 按钮后，应保持至本区段逻辑检查报警复原（报警灯红灯熄灭）方可松手。

5. 自动闭塞区间继电式逻辑检查的防护功能不适用情况

（1）列车跨压区间通过信号机时，其尾部所在的轨道区段占用丢失。

（2）列车紧追踪运行时，后续列车所在的闭塞分区占用丢。

（3）列车在本闭塞分区占用丢失，且列车前方相邻闭塞分区同时发生故障占用。

（4）列车断钩或分部运行时，遗留车辆所在的闭塞分区同时处于占用丢失状态。

（5）区间反方向行车。

（6）发车站正向发车进路最后一个轨道区段占用丢失。

（7）接车站正向接车进路第一轨道区段占用丢失。

（8）闭塞分区占用丢失、故障占用、通过信号机（进站信号机）红灯断丝等故障构成的多重故障。

第七节　列车运行控制系统

一、机车信号

1. 机车信号的定义

机车信号是一种能够自动显示列车运行前方地面信号机显示的机车车载系统，它可以反映列车的运行条件，通过对接收到的地面信号进行处理，得到列车运行前方信号机的显示信息，并将该信息通过相应的显示机构显示出来。

2. 机车信号的分类

机车信号安装在司机室内，按照从地面向机车传递信息方式的不同，机车信号分为连续式和接近连续式两类。

接近连续式多用于非自动闭塞区段，在进站信号机外方接近区段及站内正线接车进路和侧线股道设置发送设备，使机车信号机连续复示进站信号机及出站信号机的显示。连续式机车信号没有距离限制，除了站内侧线接、发车进路的咽喉部分，只要列车在轨道上行驶，装在机车上的感应器就能够接收到信号，并经过解码使机车信号机不断地复示运行前方地面信号机的显示。

3. 机车信号车载系统

机车信号车载系统设备由机车信号主机、机车信号机、双路接收线圈等构成。

(1)机车信号主机

机车信号主机从接收线圈接收钢轨轨面信息，通过 A/D 芯片转换，DSP 数字信号处理进行译码分析，控制相应的输出显示，使机车前方运行条件传送到机车上的机车信号机显示给司机，同时把机车信号信息输出到监控装置作为控车基本条件。

(2)机车信号双路接收线圈

机车信号双路接收线圈安装在机车转向架前端，通过与钢轨的电磁耦合接收钢轨上的信号，然后传送给机车信号主机。

(3)机车信号机及开关

机车信号机与载频切换开关一体化设计。信号机显示机车信号主机译码后的点灯输出及制式输出；信号机下端设有载频切换开关和载频组指示灯，指示灯可显示机车信号主机正在接收的载频组状态。

二、电码化

1. 电码化的定义

电码化是由轨道电路转发或叠加机车信号信息技术的总称。电码化可使列车在系统覆盖范围内行驶时能连续不间断地接收机车信号信息,防“冒进”、防“冒出”确保行车安全。

移频自动闭塞区段,区间采用移频轨道电路,机车信号设备能直接接收移频信息。而站内轨道电路不能发送移频信息,当列车在站内运行时机车信号将中断工作。为了保证行车安全和提高运输效率,使机车信号在站内也能连续显示,需在站内原轨道电路的基础上进行电码化。

2. 电码化的基本要求

电码化不应降低原有轨道电路的基本技术性能,列车冒进信号时,至少其内方第一区段发禁止码或不发码;股道占用时不终止发码;有效电码中断的最长时间,不应大于机车信号允许中断的最短时间;钢轨内应提供正确的机车信号信息;已发码的区段,当区段空闲后,电码化轨道电路应能自动恢复到调整状态;非交流计数电码化制式的车站正线应采用预叠加电码化,到发线的股道采用叠加电码化。

3. 电码化的分类

电码化类型分为固定切换电码化、脉动切换电码化、叠加移频电码化、预叠加移频电码化、车站接发车进路电码化、闭环电码化六种,因切换电码化由于传输继电器有 0.6 s 的落下时间造成“掉码”,使机车信号不能连续工作,现已不再采用,闭环电码化因电路复杂,效果不明显,亦不再发展。

目前正线多采用逐段预叠加方式,侧线采用叠加方式。

叠加方式是将移频信息叠加在原轨道电路上。叠加方式为“占用发码”,在被占用时原轨道电路和移频轨道电路同时起作用,列车占用下以相邻轨道电路区段后恢复原轨道电路。预叠加方式采用逐段预发码技术,将“占用发码”改为“预先发码”,提前在列车占用前一相邻轨道电路区段时移频轨道电路叠加使用,提前一个区段发码,保证机车信号及时、连续接收移频信息,不会造成“掉码”。

实施车站预叠加电码化的范围:经道岔直向的接车进路,为该进路中的所有区段;半自动闭塞、自动站间闭塞区段,包括进站信号机的接近区段;自动闭塞区段,经道岔直向的发车进路,为该进路中的所有区段。

4. 电码化发码主要设备

电码化发码主要设备包括站内电码化机柜、电码化发送器、电码化发送检测盘、防雷单元等。

5. ZPW-2000 制式机车信号部分信息定义(以 CTCS2/3 级区段为例)

L5 码:人机界面显示一个带“5”字的绿色灯光,表示列车运行前方至少有 7 个闭塞分区空闲,发码频率 21. 3 Hz。

L4 码:人机界面显示一个带“4”字的绿色灯光,表示列车运行前方至少有 6 个闭塞分区空闲,发码频率 23. 5 Hz。

L3 码:人机界面显示一个带“3”字的绿色灯光,表示列车运行前方有 5 个闭塞分区空闲,发码频率 10.3 Hz。

L2 码:人机界面显示一个带“2”字的绿色灯光,表示列车运行前方有 4 个闭塞分区空闲,发码频率 12.5 Hz。

L 码:人机界面显示一个绿色灯光,表示列车运行前方有 3 个闭塞分区空闲,发码频率 11.4 Hz。

LU 码:人机界面显示一个绿黄灯光,表示列车运行前方有 2 个闭塞分区空闲,发码频率 13.6 Hz。

U2 码:人机界面显示一个带“2”字的黄色灯光,预告列车接近的 地面信号(机)所防护区段开通发送“UUS 码”的进路,发码频率 14.7 Hz。

U 码:人机界面显示一个黄色灯光,表示列车运行前方有 1 个闭塞分区空闲,发码频率 16.9 Hz。

UU 码:人机界面显示一个双半黄色灯光,表示列车以不高于 45 km/h 的速度通过接近的地面信号机,发码频率 18.0 Hz。

UUS 码:人机界面显示一个双半黄色闪光,表示列车接近的地面信号机开放经 18 号及以上道岔侧向位置进路,且次一信号机开通直向进路或开放经 18 号及以上道岔侧向位置进路,或表示列车接近的地面信号机开放经 18 号及以上道岔侧向位置进路,并开往站间无显示的区间,发码频率 19.1 Hz。

U2S 码:人机界面显示一个带“2”字的黄色闪光,预告列车接近的地面信号(机)所防护区段开通发送“UUS”码的进路,发码频率 20.2 Hz。

HB 码:人机界面显示一个半黄半红色闪光,表示列车接近的地面信号机开通引导进路,发码频率 24.6 Hz。

HU 码:人机界面显示一个半黄半红色灯光,表示列车接近的地面信号机未开通进路,发码频率 26.8 Hz。

H 码:人机界面显示一个红色灯光,表示列车已进入未建立的进路,或表示列车所在区段有灾害发生,发码频率 29.0 Hz。

三、列车运行监控装置

列车运行监控记录装置(LKJ)是机车、动车组的组成部分,用于防止列车冒进信号、运行超速事故和辅助机车司机提高操纵能力的重要行车设备。

LKJ2000 型列车运行监控记录装置是 1998 年铁道部的重点项目,经过多年研究和不断完善,成为铁路运输领域主导型的行车安全装备。其能准确地记录列车运行状况、信号设备状况及机车乘务员操纵状况,并采用双机热备冗余工作方式,装置的屏幕显示器以图形、曲线、文字等方式来显示前方线路状况、运行情况等信息,并在列车超速、冒进信号等危险情况时自动采取紧急制动。LKJ2000 型列车运行监控装置屏幕显示如图 2-7-1 所示。

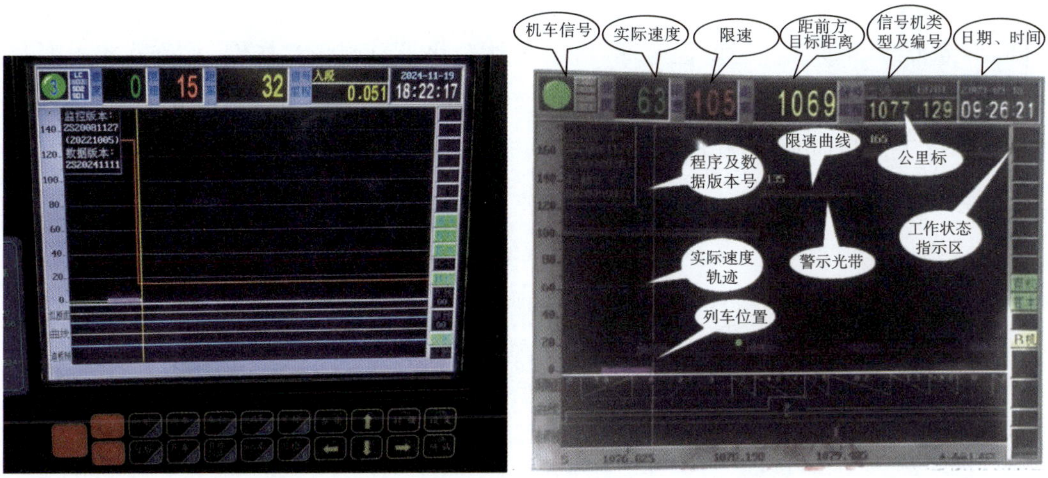

（a）　　　　（b）

图 2-7-1　LKJ2000 型列车运行监控装置

（一）LKJ 基本组成结构

LKJ2000 型基本组成结构主要由监控主机箱、人机交互单元（又称屏幕显示器）、LKJ 功能扩展盒、GPS 信息接收装置、压力传感器、速度传感器、鸣笛转换器、本/补切换装置、事故状态记录器、调车灯显接口盒、专用连接线缆等组成。

监控主机为系统控制中心，其内部由 A、B 二组完全相同的控制单元组成，每组有八个插件位置，各插件位置以机箱垂直中心线为基准对称排列，从中心线开始往左、右，各插件排列顺序依次为：监控记录、地面信息、通信、模拟输入输出、扩展通信、数字输入、数字输出、电源。

屏幕显示器以动态图形方式预示前方线路的弯道、坡道、桥梁、隧道、道岔以及信号机布置情况，当机车运行时，显示器窗口的机车图标静止不动，各信号机、各站标、道岔及限速曲线等逐渐向机车图标方向运行，并伴随界面及相应窗口显示变化。

（二）LKJ 主要功能

LKJ 主要有监控功能、记录功能、显示及语音提示功能。

1. 监控功能

在列车速度超过安全行车允许的速度时启动制动设备；依据机车信号信息进行限速控制，以防止列车越过关闭的信号机；防止列车超过线路允许速度、机车允许速度、车辆允许速度及其他允许速度中的最低值；可按揭示命令要求监控列车在规定的施工区段速度不超过临时限速；防止列车超过规定的调车限速；根据车载数据和输入条件，计算产生输出不同控制指令的控制曲线；防止列车溜逸运行；启动制动设备实施列车制动后，对于紧急制动方式，必须停车后才可缓解，对于常用制动方式，提供人工缓解条件。

2. 记录功能

LKJ 能够记录日期、时间、里程坐标、机车条件变化、运行状态、按键、检修人员/司机输入、系统自检、揭示控制、点式信息等内容；通过转储器、专用 IC 卡或无线传输方式转录到地面计算机系统中，通过相应的软件进行统计、分析及打印等工作。

LKJ 部分记录事件名称、含义和记录时间见表 2-7-1。

表 2-7-1　LKJ 部分数据记录表

序号	记录事件名称	记录事件含义及记录时间
1	区间停车	当 LKJ 工作在通常工作状态且运行数据位于区间，采集的机车速度从非 0 变为 0 时
2	机外停车	当 LKJ 工作在通常工作状态且运行数据位于进站信号机外方，采集的机车速度从非 0 变为 0 时
3	站内停车	当 LKJ 工作在通常工作状态且运行数据位于站内，采集的机车速度从非 0 变为 0 时
4	机车信号变化	当 LKJ 接收的机车信号中的色灯信息或速度等级信息发生变化时
5	信号突变	当机车信号从进行状态变为关闭状态并符合 LKJ 控制模式设定规范要求时

3. 显示及语音提示功能

LKJ 屏幕显示器的显示界面能显示如下信息：日期和时间；机车信号信息；列车运行速度与限速；前方目标信号机的类型、编号；距前方信号机距离；机车所在位置的里程坐标；工作状态和列车制动状态；列车最近走过的不少于 1 km 以内的运行速度值轨迹曲线；机车当前位置至前方不少于 3 km 以内的线路允许速度曲线；运行所在闭塞分区及运行前方闭塞分区模式限速值曲线；以曲线、符号和文字形式，沿线路里程的延展显示机车运行前方不少于 3 km 以内的线路曲线、坡道坡度、道口、桥梁、隧道及车站、信号机、电气化铁路接触网分相标等设置情况；警示光带及放大标尺窗口显示。

LKJ 屏幕显示器可以进行下列各类信息的声音提示：LKJ 报警；机车信号变化；前方限速变化；解除牵引力、常用制动或紧急制动；允许缓解；车机联控；侧线股道或支线的选择；季节性防洪地点提示。

（三）LKJ 的工作状态

LKJ 根据不同工作条件后需求分为通常工作状态、出入段工作状态、调车工作状态、非本务工作状态、20 km/h 限速工作状态、降级工作状态和与其他 ATP 结合工作状态等多种控制状态。LKJ 模式控制方式转换表见表 2-7-2。

（四）LKJ 数据和控制指令

1. 相关概念

（1）LKJ 基础数据是指纳入铁路局集团公司《列车运行图技术资料》中的线路、信号、接触网、站场等设备、设施基础线路数据，以及车站接发车经由股道、开车对标距离特殊地点、机车（动车组）担当区段等基础运行组织数据。

表 2-7-2 LKJ 模式控制方式转换表

当前模式	转换模式						
	降级模式	段内走行	调车模式	通常模式	重载模式	无防冒	随时停车
降级模式	—	人工 停车	人工 停车	人工	人工	人工	人工 停车
段内走行	人工	—	人工 停车	—	—	—	—
调车模式	人工	人工 停车	—	—	—	—	—
通常模式	人工 自动	人工 停车	人工 停车	—	—	—	人工 停车
重载模式	人工 自动	人工 停车	人工 停车	—	—	—	人工
无防冒	人工 自动	人工 停车	人工 停车	自动	—	—	—
随时停车	人工 停车	—	—	—	—	—	—

(2)LKJ 基础数据原文件是通过专用 LKJ 基础数据文件编制软件编辑 LKJ 基础数据和有关 LKJ 控制模式参数形成的,用于编译生成 LKJ 车载基础数据文件的区域数据集合。

(3)数据交路是指 LKJ 基础数据源文件中,为便于管理和使用而划分的与列车运行交路有关的数据子集。一个数据交路由上行数据和下行数据组成。

(4)监控交路是指对 LKJ 基础数据源文件按照列车实际运行径路理出并与列车控制条件相关联的数据排布逻辑方式。

(5)数据径路是指通过监控交路组织的按顺序排列对应列车运行径路的数据集合。

(6)数据(监控)交路号是指为区分不同的数据(监控)交路进行的编码。

(7)LKJ 车载基础数据文件是指对 LKJ 基础数据源文件使用专用软件编译生成,存储于 LKJ 主机内,参与计算和控制的数据文件。

(8)LKJ 显示器数据文件是指对 LKJ 基础数据源文件使用专用软件编译生成,存储于 LKJ 屏幕显示器内,支持 LKJ 运行显示的数据文件。

(9)开车对标是指在规定地点通过人工操作或 LKJ 对特定信息的识别,LKJ 开始调用车载基础数据,并标定列车位置与 LKJ 车载基础数据相对应的行为或过程。

(10)LKJ 临时数据文件是指依据运行揭示调度命令等资料,通过专用软件录入相关信息数据,编制、编译形成的载入 LKJ 对列车实施一次减速控制或改变行车方式、提示有关操作的数据集合。

(11)线路允许速度是指根据设计文件或固定技术条件经工务、供电、电务、房建管理部门确定,由《列车运行图技术资料》明确的列车运行依据的速度。

(12)移动设备允许速度是指在铁路管理部门根据设备技术条件确定的机车、动车组、车辆等各项运行依据速度基础上,LKJ 按列车编组中各项移动设备运行依据速度最低值确定的监控列车运行的速度。

(13)政策允许速度是指根据运输政策要求由铁路管理部门确定的列车运行速度。

(14)固定模式限速值是指 LKJ 用于计算防止列车超速运行的基准值。

(15)车载数据是指存储于 LKJ 车载设备的数据文件(包括 LKJ 车载基础数据文件、LKJ 临时数据文件、LKJ 车载控制文件)。

(16)过渡支线是指货物列车遇线路运输基础设备、设施技术数据变化或行车组织变化引起 LKJ 基础数据调整,为适应变化过程中 LKJ 基础数据应用,作为特定行车办法,允许将一个实际列车走行径路按不同启用时间拆分为若干 LKJ 过渡数据径路,分别对应变化前后的 LKJ 基础数据。

2. LKJ 基础数据相关内容

LKJ 基础数据源文件中数据元素按作用性质分为控制类和提示类,按编制依据性质分为编辑类和设定类。

LKJ 车站站型分类根据列车通过车站(线路所)的经路不同,车站一般以车场或车站中某股道进路信号机分布情况划分,LKJ 车站由进站信号机、股道信息、出站信号机、车站信息、进出站信号机等主要部分组成。LKJ 车站按数据构成情况分为标准车站、简易车站、复杂车站和扩展车站。

LKJ 数据用图分为车站数据用图和交路(区间)用图。

LKJ 基础数据源文件中信号机数据类型分为预告、2 预告、通过、容许、进站、进出站、出站 7 种。

因断链或工务线路改编造成的里程不连续,应在变化位置对应编制里程突变数据。

3. LKJ 临时数据相关内容

(1)LKJ 临时数据分类

LKJ 临时数据文件可分为限速控制类(临时限速、股道限速、乘降所)、行车变化控制类(停基改电、绿色许可证、特定引导)、路况提示类(防汛提示)。

(2)LKJ 临时数据文件编制要求

编制依据明确封锁施工且封锁前或开通后时间段内对列车运行限速的,封锁时段纳入封锁前、开通后限速最低值的"临时限速"类临时数据文件时间段范围。封锁前、开通后未明确具体时间段(如第一趟列车、第二趟列车等),由列车调度员针对具体列车发布限速运行调度命令的,不编制临时数据文件。

"股道限速"临时数据,行别按"上下行"编制临时数据文件。

信联闭停用类临时数据,按行别单独编制临时数据文件,不得按"上下行"编制。

4. 控制指令

(1)控制指令类型分为语音提示、解除牵引力、常用制动和紧急制动4种。

(2)一般情况下机车牵引的列车控制指令输出撤除时机:

①运行速度-固定模式限速值≥2 km/h,输出语音提示指令;运行速度-固定模式限速值<2 km/h,撤除语音提示指令。

②运行速度-固定模式限速值≥3 km/h,输出解除牵引力指令;运行速度-固定模式限速值<2 km/h 时,撤除解除牵引力指令。

③运行速度-固定模式限速值≥5 km/h 时,输出常用制动指令;运行速度-固定模式限速值<-5 km/h 时,提供撤除常用制动指令的条件。

④运行速度-固定模式限速值≥8 km/h 时,输出紧急制动指令;运行速度=0 km/h 时,撤除紧急制动指令。

道岔侧向允许速度、临时限速、病害桥和曲线半径为400 m 及以下的地段等原因引起的列车运行速度限制与以上有所不同。

(3)按列车类别设定各色灯出口限制值见表2-7-3。

表2-7-3　列车类别设定各色灯出口限制值表　(单位:km/h)

色灯类别	L	LU	U2S	U2	U	UU、UUS	HU
部分特快	140	120	120	80	80	道岔限速	0
快速普客	120	120	120	80	80	道岔限速	0
快速班列	120	100	100	60	60	道岔限速	0
货　车	90	90	90	60	60	道岔限速	0
单　机	80	80	80	60	60	道岔限速	0

(五)相关监控装置知识

1. 固定模式限速值

固定模式限速值确定:LKJ 按照监控装置模式参数设置的最高监控限速、监控交路限速、机车构造速度以及车速等级限速值的低值确定最高限速;程序自动上浮5 km/h 确定常用固定模式限速值。

车速等级:货车(80 km/h),货车其他(1~120 km/h),客1(160 km/h),客2(140 km/h),客3(120 km/h),客4(100 km/h),客5(80 km/h),回送客车底车速等级最高120 km/h,单机车速等级80 km/h。

2. 参数输入时机

在监控装置无控制指令(常用、紧急)输出且不处于防溜报警状态时,涉及区段号、车站号、车次种类、车次编号、总重、辆数、计长参数,在机车信号为双黄灯(含降级状态下的双黄闪灯),速度<45 km/h 时输入;在机车信号为双黄灯以外的其他进行信号时,速度<60 km/h

时输入。其他情况均应在停车状态下输入。

3. 列车种类选择

货物列车、特快货物班列的“列车种类”为客车。

旅客列车、快运货物班列、回送客车底、单机、救援列车的“列车种类”为货车。

路用、试验列车的“列车种类”“车速等级”根据文电和现场指挥人要求确定。

其中车次种类“X”“0X”或“FX”,临时限速控制时 LKJ 不分客车揭示或货车揭示均会起控(与输入的交路号无关),对于临时限速中同时存在客车限速和货车限速值时,LKJ 按客车限速和货车限速的低值控制。

4. 侧线 126 和侧线 127 的含义

侧线 126:列车在进站信号机前,机车信号显示双黄闪灯,如监控装置自动读取车载数据中该站默认的高速道岔限速值和对应股道的距离控制列车,不需输入侧线股道号。如在进站前已输入侧线股道号后,机车信号转为双黄闪灯,监控装置不再自动调用车载数据中高速道岔股道数据。

侧线 127:未输入股道号或输入无效股道号时,监控装置自动读取车载数据中该站默认的最低道岔限速值和最短股道距离控制列车。

5. 部分解锁场景

(1)自动闭塞通过分区

地面信号显示允许运行或停车的信号,监控装置按停车模式控制时,停车 2 min 后,自动解锁,限速 21 km/h 至下一闭塞分区。

地面装有容许信号的通过信号机显示停车信号,监控装置按停车模式控制时,自动解锁,限速 21 km/h 至下一闭塞分区。

(2)线路所通过信号机

地面通过信号机故障,半自动、自动站间闭塞比照车站停基改电开车操作。自动闭塞比照车站使用绿色许可证开车操作。

地面通过信号机正常,监控装置按停车模式控制时,速度 20 km/h 以下,人工解锁,限速 21 km/h 不变至下一闭塞分区。

(3)进站(接车进路、接发车进路)分区

地面信号机正常,监控装置按停车模式控制时,速度 20 km/h 以下,人工解锁,限速 21 km/h 不变进站至次一信号机。

地面信号机引导接车,监控装置按停车模式控制时,速度 20 km/h 以下,人工解锁,限速 21 km/h 不变进站至次一信号机。

地面信号机引导接车,机车信号显示红黄闪灯,自动解锁,限速 21 km/h 进站至次一信号机,除停车信号外,可随机车信号变化运行。

地面信号机特定引导接车,监控装置按停车模式控制时,速度 60 km/h 以下,人工解锁,限速 61 km/h 不变进站至次一信号机。

(4)出站分区

地面信号机正常,监控装置按停车模式控制时,停车后,人工解锁,按侧向道岔允许速度越过出站信号机。

地面信号机正常,监控装置已设置为固定无码侧线股道,按停车模式控制时,距出站信号机 400 m 以内,人工解锁,按侧向道岔允许速度越过出站信号机。

(5)绿色许可证发车

有计划绿证发车,速度低于 45 km/h,人工输入绿证号并解锁,按侧向道岔允许速度越过出站信号机(最高不超过 45 km/h)。

临时绿证发车,停车接凭证,人工输入绿证号并解锁,按侧向道岔允许速度越过出站信号机(最高不超过 45 km/h)。

有计划的电码化停用,进站按引导解锁方式办理,站内停车解锁后出站。

(6)停基改电行车

有计划停基改电,速度低于 60 km/h,人工输入路票号码并解锁,运行至下一站进站信号机前。

无计划停基改电,停车接凭证,人工输入路票号码并解锁,运行至下一站进站信号机前。

旅客列车按照该次列车最高限速和车载数据中对该区间信号机设置的限速值的低值 80% 作为固定模式限速值监控列车运行,该区间限速值低于上述取值的按低值控制;对货物列车,按规定速度监控列车运行。

(7)反方向行车

有计划路票反方向,停车输入参数,人工输入路票号码并解锁,按开车键监控运行。

无计划路票反方向,停车输入参数,人工输入路票号码并解锁,按开车键监控运行。

不使用路票反方向,监控装置未按停车模式控制时,速度低于 60(45)km/h,人工输入数据,按开车键监控运行。

不使用路票反方向,监控装置按停车模式控制时,停车人工输入数据,按开车键监控运行。

三站两区间有计划使用路票时,速度低于 60 km/h,人工输入路票号码并解锁,无计划路票反方向,停车人工输入路票号码并解锁。

旅客列车无论何种情况,均需停车操作。

旅客列车无反方向数据时,转入 20 km/h 限速工作状态运行,不使用电话闭塞反方向运行时,监控装置按最高允许速度不超过 120 km/h 确定固定模式限速值监控列车运行,该区间限速值低于上述取值的按低值控制,使用电话闭塞反方向运行时,按照该次列车最高限速和车载数据中对应反方向区间信号机设置的限速值的低值 80% 作为固定模式限速值监控列车运行,该区间限速值低于上述取值的按低值控制;对货物列车进入反方向运行时,按最高速度不超过 80 km/h 监控列车运行。

(8)恢复正方向

监控装置未按停车模式控制时,速度低于 60(45)km/h,人工输入数据,按开车键监控运行。

监控装置按停车模式控制时,停车人工输入数据,按开车键监控运行。

旅客列车无论何种情况,均需停车操作。

(9)区间救援

①进入区间救援

自动闭塞正方向,区间运行 LKJ 处于通常工作状态,在接近被救援列车或车列 2 km 时(或在显示停车信号的信号机前)停车,转入调车工作状态。

自动闭塞反方向、半自动闭塞区间及自动站间闭塞区间,区间运行 LKJ 处于调车工作状态。

②区间救援返回

自动闭塞正方向、半自动闭塞区间,输入相关参数就地按压开车键。

其他情况,LKJ 按调车状态运行。

6. 特殊前行场景

列车在距出站信号机距离不小于 70 m 处停车,LKJ 提供特殊前行的操作条件;按规定方法操作后,LKJ 解除停车控制并以 15 km/h 确定为固定模式限速值监控列车运行,允许运行的距离为输入 LKJ 的前行距离值,最大不超过 100 m,允许重复进入特殊前行模式。

7. 信号突变的控制

(1)自动闭塞区段信号突变,LKJ 计算列车距前方信号机距离不超过 50 m 时,遇机车信号信息由 LU2、U、UU、UUS 码突变为 HU 码、白灯的,LKJ 自动解除针对当前信号机的停车控制,并将计算的剩余距离消除。

(2)半自动闭塞区段信号突变,LKJ 计算列车距前方信号机距离不超过 100 m 时,遇机车信号信息由 U、UU 码突变为 HU 码、白灯的,LKJ 输出语音提示指令;输出语音提示指令 7 s 内得到司机按键应答信息或列车头部越过前方信号时,LKJ 撤除语音提示指令;输出语音提示指令时间达 7 s 且列车头部未越过前方信号机的,LKJ 按前方信号机关闭监控列车运行。

8. 机车信号故障判断

(1)地面信号为进行信号,机车信号灭灯、多灯、乱变。

(2)站内地面信号为进行信号,机车信号为红黄灯。

(3)自动闭塞区段,地面信号为进行信号,机车信号连续两架不上码(固定不发码的信号机除外)。

(4)自动闭塞区间地面信号为进行信号,机车信号连续两架显示红黄灯。

(5)半自动闭塞区段,地面信号为进行信号,进站、出站信号机前机车信号连续两架不上码(机车信号固定不上码的车站或无码区段除外)。

9. 监控装置故障判断

运行中监控装置自动转为降级状态时,监控装置显示的速度上下波动频繁或无实际速度显示并经人工切换速度通道无效时;运行中监控装置发生故障无法正常使用时,如定屏、黑屏等;运行中监控装置发生系统故障、声光报警时。

10. 部分机车信号信息的控制内容

(1)机车信号信息由 L5,L4,L3,L2,L,LU,U2,U2S 码变为白灯时,LKJ 监控列车按规定速度越过其运行前方的信号机;列车头部越过该信号机后机车信号信息仍为白灯时,LKJ 按运行前方信号机关闭监控列车运行。

(2)机车信号信息由 UUS 码变为白灯,并且车载数据已设置股道号为 126 的股道信息数据或控制代号为 131 特殊语音数据的,LKJ 监控列车按规定速度越过其运行前方的信号机;列车头部越过该信号机后机车信号信息仍为白灯的,LKJ 按运行前方信号机关闭监控列车运行。

机车信号信息由 UUS 码变为白灯,并且车载数据未设置股道号为 126 的股道信息数据和未设置控制代号为 131 特殊语音数据的,LKJ 按运行前方信号机关闭监控列车运行。

(3)机车信号信息由 LU2,U,UU 码变为白灯,LKJ 按运行前方信号机关闭监控列车运行。

(4)机车信号信息为 H 码且列车运行速度不为 0 km/h 时,LKJ 输出紧急制动指令。

(5)当 LKJ 不处于走停走、引导接车、引导发车、停用基本闭塞法改用电话闭塞法、调度命令发车、使用绿色许可证或发车进路通知书行车等控制时,机车信号信息为 HU 码转无码时间维持 4 s 且列车运行速度不为 0 km/h 的,LKJ 输出紧急制动指令。

(6)机车信号信息为灭灯、多灯时,LKJ 按运行前方信号机关闭监控列车运行。

(六)LKJ-15 型简介

LKJ-15 型包括主机单元、DMI、扩展单元、应答器信息接收单元、轨道电路信息读取单元(机车信号)、压力传感器、速度传感器、隔离模块等。根据运用需求,可增配雷达传感器、司法记录器。

主要功能同 LKJ2000 型,具备监控功能、记录功能、显示及语音提示功能。

四、轨道车运行控制设备(GYK)

1. GYK 基本组成结构

GYK 设备由主机(含主控及记录模块、轨道电路信息读取器(TCR)、BTM 通信模块、语音记录模块、接口模块、电源模块)、人机界面单元(DMI)、机车信号机和外部接口(主机与压力传感器、机车信号接收线圈、速度传感器、电磁阀、熄火装置、列调电台、轨道车工况、公用数据箱、BTM 设备的接口、无线调车监控设备的接口）等组成。轨道车运行控制设备屏幕显示如图 2-7-2 所示。

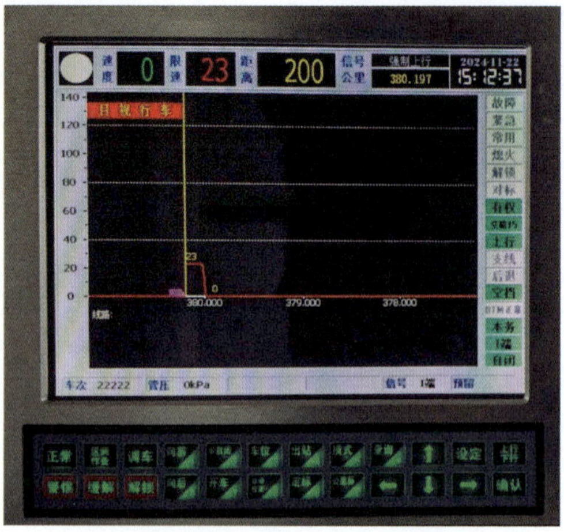

图 2-7-2　轨道车运行控制设备

GYK 根据数据、机车信号信息、应答器信息（安装 BTM 设备时）和前方目标距离，自动生成目标距离速度控制曲线，采用连续或分级速度控制方式，监控轨道车安全运行。当轨道车速度达到控制模式曲线时，GYK 对轨道车实施常用制动、熄火及紧急制动，防止轨道车“两冒一超”。GYK 适用于各类工务轨道车、作业车以及大型养路机械。

2. GYK 主要功能

GYK 与 LKJ 功能大致相同，具有轨道电路信息接收、运行监控、警醒、数据记录、语音记录及人机交互等功能。

3. GYK 的控制模式

GYK 具有正常监控模式、调车模式、目视行车模式、区间作业模式、非正常行车模式等五种控制模式。

（1）正常监控模式用于轨道车正常运行控制，根据机车信号信息、速度信息、以进入闭塞分区后 700 m 处为目标点，计算产生控制曲线。

（2）非正常行车模式具有地面信号确认、绿色许可证行车、路票行车、引导进站、调度命令发车等五种非正常行车状态。

（3）调车模式是轨道车进行调车作业的固定限速模式，具有牵引、推进、连挂、出入库 4 种状态。

（4）目视行车模式是司机控车的固定限速模式，按 20 km/h 限速曲线控制轨道车运行。

（5）区间作业模式用于轨道车进入封锁区间进行区间作业的模式，区间作业模式具有区间作业进入、区间作业返回、区间作业防碰、区间作业编组、5 km/h 连挂五种状态。

第八节 CTCS、TDCS和CTC

一、中国列车运行控制系统(CTCS)

CTCS是Chinese Train Control System的缩写,即中国列车运行控制系统。CTCS以分级的形式满足不同线路运输需求,在不干扰机车乘务员正常驾驶的前提下有效地保证列车运行的安全和提高行车的效率。

1. CTCS的构成

CTCS有两个子系统,即车载子系统和地面子系统。地面子系统由以下部分组成:车—地通信、列车控制中心/无线闭塞中心;车载子系统由以下两部分组成:CTCS列控车载设备、无线系统车载模块。

2. CTCS的分级

CTCS根据《CTCS技术规范总则》分为5级,依次为CTCS-0级~CTCS-4级,可以实现多种应用级别向下兼容。

CTCS-0级为普速铁路的现状,是由通用式机车信号和列车运行监控装置组成的系统。

CTCS-1级是由主体化机车信号、安全型列车运行监控装置和点式应答器组成的系统。

CTCS-2级是基于轨道电路(模拟或数字轨道电路)传输信息的列车运行控制系统。

CTCS-3级是基于无线(GSM-R)传输信息,并采用轨道电路等方式检查列车占用的列车运行控制系统。

CTCS-4级则是完全基于无线(GSM-R)传输信息的列车运行控制系统。

《CTCS技术规范总则》中各应用等级的速度控制模式均采取目标距离式,各应用等级是根据设备配置来划分的,其主要差别在于地对车信息传输的方式和线路数据的来源。CTCS等级比较表见表2-8-1。

表2-8-1 CTCS等级比较表

CTCS等级	C0级	C1级	C2级	C3级	C4级
地面设备	轨道电路	轨道电路 应答器 LEU	车站列控中心 轨道电路 应答器 LEU	车站列控中心 GSM-R地面设备 轨道电路 应答器 LEU	车站列控中心 GSM-R地面设备 无线闭塞中心
车载设备	通用机车信号 LKJ	主体机车信号 应答器信息接收模块 安全型运行监控装置	ATP LKJ	GSM-R接收模块 ATP	GSM-R接收模块 ATP

续上表

CTCS 等级	C0 级	C1 级	C2 级	C3 级	C4 级
地—车传输	多信息轨道电路	多信息轨道电路 应答器	多信息轨道电路 应答器 数字轨道电路	无线通信双向 信息传输	无线通信双向 信息传输
适用区段	160 km/h 及以下	160 km/h 及以下	200 ~ 250 km/h 提速干线和高速新线	300 ~ 350 km/h 高速新线	特殊线路

二、列车调度指挥系统(TDCS)

TDCS 是实现各级行车调度的集中管理、统一指挥和实时监督，覆盖国铁集团[①]的铁路列车调度指挥系统，是铁路运输调度指挥的基础设施，实现了铁路运输组织的科学化、现代化，增加运能，提高效率，减轻了调度人员的劳动强度，改善了调度指挥的工作环境。

TDCS 系统是铁路运输生产的重要技术设备，由国铁集团中心系统、铁路局集团公司中心系统、车站系统三级构成。并实现与车站联锁、区间闭塞、信号集中监测、调度集中、列控系统、编组站综合自动化等相关信号系统及运输信息集成平台、无线通信系统等系统接口。

1. 铁路局集团公司 TDCS 中心系统构成

铁路局集团公司 TDCS 主用系统包括数据库服务器、应用服务器、通信前置服务器、接口服务器、对外信息提供服务器、对外时钟服务器等服务器设备；包括调度员工作站、值班主任工作站、计划员工作站、调度维护工作站等用户终端设备。另外还包括卫星授时、网络通信、网络安全、通信质量监督、电源、防雷等配套设备，以及根据需要设置的大屏幕投影系统和绘图仪设备。

2. 铁路局集团公司 TDCS 中心系统功能

(1)站场信息管理(调监显示)

具备显示管辖范围内车站信号设备状态、列车运行状态、线路布局、临时限速命令执行状态等监视信息功能，并提供监视信息的历史回放。

信号设备状态包括以下内容：进站、出站、进路、区间通过、调车等信号机显示，道岔位置及状态，轨道电路的空闲、锁闭、占用，接近、离去区段的空闲及占用。

列车运行状态包括以下内容：列车运行位置、列车车次、列车牵引类型、列车运行方向、列车运行早晚点、列车停稳状态、牵引的机车类型和机车号、司机姓名和工号。

线路布局应包括以下内容：车站及线路所中心里程、进站信号机里程、车站高低站台、分相里程标、RBC 切换点。

其他监视信息应包括以下内容：电气化区段接触网供电状态、区间封锁、股道封锁、轨

---

① 中国国家铁路集团有限公司，下同。

道区段使用限制、分路不良状态。

(2)停电人工标记

具备管辖范围内接触网供电臂管理,及接触网供电状态人工标记功能。

(3)列车计划管理(行车指挥)

具备从运输信息集成平台接收基本图、日班计划和阶段调整计划功能。

具备以行车调度命令方式接收运输信息集成平台下达的日班计划功能。

具备以基本图或日班计划为依据,生成列车运行调整计划功能,调度员可根据实际运行情况调整运行计划,系统实时进行合理性检测,经调度员调整确认后可下达到管理范围内有关车站,调整列车运行计划遵循单一指挥、按图行车、确保重点等原则,应为调度员压缩停站时间、调整列车区间运行时分,变更越行站和会让站等提供操作方式。

列车运行调整计划的操作界面根据当前时刻线分为四个区域:实际运行区、邻近计划区、调整计划区、日班计划区。实际运行区是当前时刻之前已经完成的列车运行记录区域,不应进行更改;临近计划区是当前时刻之后特定时间段内已经下达车站将要执行的列车运行调整计划区域;调整计划区是邻近计划区以外的列车运行调整计划区域,是列车调度员重点调整的区域;日班计划区是调整计划区以远的列车运行计划区域。

具备邻台计划传递和邻台(含集团公司间)运行图复示功能。

可根据基本图、日班计划以及运行路径批量铺画,并提供人工铺画和调整手段,完成列车运行调整计划的编制。

具备区间退行、区间折返、区间停车、机外停车、反方向运行、合并运行、分部运行、区间救援等作业标志设置功能。

依据相关管理规定提供对超限列车、重点列车等特殊列车标记功能。

具备从运输信息集成平台获取车站封锁(慢行)、区间封锁(慢行)、维修天窗等施工标记并自动上图功能或人工标注功能;提供人工标注的施工标记与相关施工调度命令关联功能;具备施工标记取消功能。

具备计划操作合理性检测功能,在实时调整、下达计划时对不符合相关规定和违反安全要求的操作进行分级别提示和报警。如列车在办客、货站停车变通过,列车进入车站、区间封锁区段,电力机车接入无电区段,超限车与动车组列车区间禁会,超限车与超限车区间禁会,出入库线别错误,列车同时发往同一区间,相对方向列车同时接入同一区间线路。

具备阶段记事编制与下达,调度信息记录与储存,列车速报编制,存储和查询等功能。

具备分方向、分车种显示运行线功能,具备营业状态、待避线以及早晚点信息显示与隐藏功能,具备列车运行线快速查找及列车基本情况查询功能。

具备列车径路管理、运行时分管理、机车型号管理、界面设置等参数管理功能,调度员可以根据运输组织需求灵活设置需要的参数。

具备信息共享条件时系统具备站存车以及列车确报、乘务、载客和售票等信息查询显示功能。

具备在行调台按照列车运行线对分界口过车列数统计功能。

(4)车次追踪和自动采点

具备列车车次号人工输入、自动校核以及人工校正等功能。车次号以列车自动追踪为主,辅以列车运行调整计划和无线车次号校核信息,如不一致时,由调度员或车站值班员进行人工校正。

在列车车次号自动追踪的基础上,实现自动采点功能。对于列车到达,可采用列车完整进入股道时刻适当延后作为到达点;对于列车出发,可采用列车压出站信号机时刻适当提前作为出发点;对于列车通过,可采用列车压入股道和列车压过出站信号机时刻的中间值作为通过点。

TDCS 从 450 MHz 无线通信系统或 GSM-R 系统实时接收无线车次号信息,并将接收到的信息与系统中的列车车次号、位置信息进行核对,若不一致则产生报警。

(5)自动生成列车实际运行图

具备通过自动采点实现列车运行实绩的自动记录,自动生成列车实际运行图功能。遇设备故障、施工等特殊情况无法自动采点时,按照相关规定由人工报点。分界口车站报点信息应采用共享机制,严格限制列车运行实绩的人工修改。

(6)行车调度命令管理

具备行车调度命令模板维护及通过模板生成行车调度命令功能。

提供自由编辑和格式化输入两种模式进行行车调度命令的输入,具备行车调度命令管理功能。

具备接收运输信息集成平台施工计划功能,并可将施工调度命令转存。

能通过有线或无线方式,向管辖区段的各受令单位以及在辖区内运行的列车进行行车调度命令下达。

受令方接收到行车调度命令后,系统提示用户接收行车调度命令并给出自动回执,用户签收后,给出手动回执。行车台应显示行车调度命令的接收情况。

具备行车调度命令查询、显示、统计和打印功能。

具备行车调度命令邻台间、邻局间转发功能。

具备受令组和常用词汇维护功能,并保存维护受令组的记录。

支持无线调度命令最长 75 个汉字,普通调度命令最长 10 000 个汉字,标题不应超过 128 个汉字。

(7)紧跟踪报警

具备列车紧跟踪报警功能。当系统检测到区间运行列车前方相邻区段占用且在指定时间内未出清时,应在相关调度台和车站的终端上产生列车紧跟踪报警。

3. 各系统间交互内容

（1）铁路局集团公司间交互内容：向邻局集团公司传递分界口相关区域内属于本局集团公司范围车站的站场表示、车次号（列车属性、小编组等）信息、列车计划、报点、行车调度命令等信息，接收显示邻局集团公司 TDCS 发送过来的局界口相关区域内属邻局集团公司范围车站的站场表示、车次号（列车属性、小编组等）信息、列车计划、报点、行车调度命令等信息。

（2）国铁集团与铁路局集团公司间交互内容：铁路局集团公司 TDCS 中心系统、高铁 CTC 中心系统向国铁集团传递本局集团公司管内站场表示、车次号（列车属性、小编组等）、运行计划、行车调度命令、站存车等信息。

（3）铁路局集团公司 TDCS 中心系统与高铁 CTC 中心系统交互内容：台间车站的站场显示、车次号（列车属性、小编组等）、行车调度命令、阶段计划等。

（4）与其他系统交互内容：

从联锁系统获取信号机显示状态、道岔位置和状态、区段状态、各种表示灯状态以及其他所需要的采集信息。

向车站列控中心发送时间同步信息；车站列控中心向 TDCS 发送区间闭塞分区状态、区间逻辑检查状态信息。

向 TSRS 发送临时限速调度命令以及临时限速调度命令的校验、执行、临时限速状态的初始化指令；TSRS 向 TDCS 发送限速命令校验结果、执行结果以及临时限速状态信息。

从区间闭塞设备获取区间轨道电路状态、区间信号机显示状态以及其他 TDCS 所需要的采集信息。

向信号集中监测系统提供信号设备状态信息、TDCS 内部状态和报警信息。

向 GSM-R 发送无线调度命令、无线进路预告等信息；GSM-R 向 TDCS 发送无线车次校核信息以及调度命令、进路预告的接收、签收状态信息。

向无线通信系统发送无线调度命令等信息；无线通信系统向 TDCS 发送无线车次校核信息以及调度命令的接收、签收状态信息。

TDCS 提供行车相关基础数据字典、列车运行调整计划、列车实际运行图、列车实际到发时刻、行车调度命令等数据；获取基本图、日班计划、施工计划等数据。交换国铁集团业务主管部门规定的满足通信协议的其他数据。

相互传递接口车站的站场表示、车次号、报点、站间预告信息。TDCS 向编组站综合自动化下达阶段计划、行车调度命令信息；编组站综合自动化向 TDCS 发送计划、调令接收自动回执和人工回执信息。

4. 系统容量

数据库应能保存所管辖范围的运行图、行车日志、调度命令等数据不少于两年时间。

数据库应能保存所管辖范围的监视信息数据不少于 2 个月时间。

三、调度集中系统(CTC)

CTC 是对管辖区段内的列车和调车作业进行指挥和管理,通过联锁、列控、区间闭塞等信号设备,实现集中控制的铁路信号技术装备。采用分散自律设计原则,采用分布式计算和控制技术,在列车运行调整计划的基础上,识别列车作业与调车作业在时间与空间上的冲突,实现列车和调车作业的统一控制。以列车调度系统为基础实现列车运行指挥功能,并可与列车调度指挥系统互联互通。

调度集中系统具备分散自律控制和非常站控两种模式。分散自律控制模式是通过调度集中设备,实现进路自动和人工办理的模式;非常站控模式是遇行车设备故障、施工、维修需求时,脱离调度集中系统控制转为车站联锁控制台人工办理的模式。进路的自动和人工办理满足分散自律约束条件,并适用于铁路运输不同牵引动力、运行速度、运量、线路类型的区段与枢纽地区。

1. CTC 系统构成

(1)调度集中系统设备包括铁路局集团公司中心系统设备、车站系统设备及相关辅助配套系统设备。

(2)铁路局集团公司中心系统设备包括服务器、工作站、网络通信以及配套设备。

服务器包括数据库服务器、应用服务器、通信前置服务器、接口服务器、对外信息提供服务器、对外时间服务器等。

工作站包括调度员工作站、助理调度员工作站、综合维修工作站、站场显示工作站、综合查询工作站、值班主任工作站、计划员工作站、调度维护工作站等、

网络通信设备包括核心交换机、核心路由器、接入交换机等。

配套设备包括信息安全、通信质量监管、电源、防雷、授时、机房综合监控等配套设备。

2. CTC 系统相关要求

实施调度集中的必要条件是车站具备计算机联锁,区间具备自动闭塞或自动站间闭塞,调度员、司机、车站值班员之间应具备良好的语音通信条件。

调度集中系统对车站实行分散自律控制时,联锁关系由车站联锁设备保证,区间闭塞由区间设备保证,列车运行控制由列控系统保证。调度集中系统实现各种功能时,不影响既有联锁、闭塞以及列控系统的完整性。

调度集中系统原则上应将同一调度区段内、统一联锁控制范围内所有车站(车场、线路所、区间中继站)的信号、联锁、闭塞设备纳入控制范围。

调度集中区段的两端站、编组站、区段站和动车段(所),以及调车作业较多、有去往区间岔线列车或中途返回补机的中间站,可不列入调度所中心控制,应能通过调度集中车务终端进行自动或者人工控制。

3. CTC 控制模式

(1)控制模式类型

调度集中系统具备分散自律控制和非常站控两种模式。调度集中系统应设置调度终端和车务终端,分别为调度员和车站操作人员提供分散自律控制模式下的操作界面,并设置正确的操作权限。

调度集中系统的分散自律控制模式包括中心操作方式、车站调车操作方式和车站操作方式,具体方式如下:

①在中心操作方式下,调度终端具有信号设备的全部控制权,列车调度员对列车及调车进路均有操作权,车站对列车及调车进路均无操作权。

②在车站调车操作方式下,列车调度员对列车进路有操作权,对调车进路无操作权;而车站对调车进路有操作权,对列车进路无操作权,对于道岔单锁和设备封锁操作,遵循“谁封谁解”的原则。

③在车站操作方式下,车务终端具有信号设备的全部控制权,车站对列车及调车进路进路均有操作权,列车调度员对列车及调车进路均无操作权。

在分散自律控制模式下,车站联锁系统应确保车站联锁控制台的控制按钮(除非常站空按钮外)无效;在非常站控模式下,车站联锁系统应确保调度集中系统的控制指令无效。

调度集中系统调度终端上应设置状态表示灯,显示含义如下:红灯——非常站控模式;绿灯——分散自律控制模式;黄灯——允许转回分散自律控制模式。

(2)控制模式转换

控制模式的转换在车站联锁系统控制台进行操作,调度集中系统对控制模式转换操作应有明确记录并产生语音提示。

分散自律控制模式转换至非常站控模式时,调度集中系统和联锁系统不检查任何条件,但应在调度、车务终端上产生报警提示。

由非常站控模式转回分散自律控制模式时,在满足调度集中系统设备正常、非常站控模式下车站联锁控制台没有正在执行的按钮操作的情况下,调度集中系统应允许转回分散自律控制模式,并给出“允许转回分散自律控制模式”的表示。

调度集中系统、车站联锁系统应保证在控制模式转换时不影响已办理的列车进路和调车进路,并防止形成预排进路。

调度集中系统由非常站控模式转回分散自律控制模式后,可转为中心操作方式、车站调车操作方式或车站操作方式。

4. CTC 列车计划管理功能

对于有特殊运行要求的列车,由调度员通过调度终端设置列车运行线属性,电力牵引列车,超限列车等还应有明显的标记,系统可根据牵引机车机型产生电力/非电力牵引属性,由调度员确认后生成相应的列车运行调整计划。

调度集中系统应具备对人工计划调整的有效性检查功能，当操作不合理时，可及时产生报警提示。计划有效性检查功能包括：

(1)在营业或有技术作业的车站不应调整为通过；

(2)接车股道的允许接发车类型(客车、货车、动车、超限车)应与列车类型匹配；

(3)旅客列车安排股道应与基本图一致；

(4)列车不应经过封锁的股道、区间；

(5)不应存在同一股道、同一区间的多列车冲突使用情况；

(6)电力牵引机车不应经过停电的股道/区间；

(7)其他有效性检查。

调度集中系统应具备列车运行调整计划的下达功能，计划的接收方包括自律机、车务终端等。列车运行调整计划是自律机自动排列进路的依据，自律机只接收唯一来源的计划，遵循单一指挥的原则。

调度集中系统在列车调整计划下达前应进行计划有效性的检查，并将检查结果向调度员明确提示，计划的下达应经调度员确认。

调度集中系统列车计划操作界面应具备直接变更指定列车自动触发标志的功能。

调度集中系统列车计划操作界面上应可显示进路触发状态，对于已经触发进路的列车，在计划调整操作时应受到一定限制，对于已经报点完成的列车运行实绩不准许修改。

调度集中系统列车计划操作界面应具备设置各种施工、限速、封锁、停电标记的功能，并可作为计划有效性检查的条件。

调度集中系统应具备自动采集列车到发时刻的功能，并可据此自动生成实际运行图。采集列车到发时刻应采用可靠的列车停稳、启动信息，当不具备条件时，可采用以下逻辑检查推算方法：

(1)列车到达时刻，列车完全进入股道后，旅客列车延后 1 min，货物列车延后 2 min。

(2)列车出发时刻，列车压过出站信号机后，提前 1 min。

(3)列车通过时刻，列车进入股道和列车压过出站信号机的中间时刻。

(4)对于特殊站形情况，延后或提前时间参数可按照具体要求配置。

调度集中系统应具备邻台计划复示、发送和接收功能。在接收邻台计划时，应检查列车属性、股道、到发属性、径路等信息；当邻台计划与本台计划不一致时应产生相应提示，不做自动更改，当接收到的列车计划时刻不一致时，经人工确认后可根据邻台时刻更改本台计划时刻。

对于作业复杂的车站，调度集中系统可按照实际运输需求提供车站操作方式下的车站列车计划，并经车站值班员确认后下达至自律机或者车站其他岗位的功能。

5. CTC 列车进路控制功能

调度集中系统应具备按照列车运行计划自动排列列车进路的功能。

调度集中系统在自动排列列车进路时,应检查车次号、列车种类、是否超限、牵引类型、线路接触网供电状态、区段分路不良状态、线路设备封锁状态、股道属性、道岔辙叉号等因素,系统需要确认满足分散自律约束条件,包括但不限于以下约束条件:

(1)旅客列车应接入具备接发客车条件的股道,办理客运时应接入有站台的股道,发车应发往允许办理旅客列车的方向。

(2)动车组列车应接入具备接发动车组条件的股道,办理客运的动车组应接入有高站台的股道,发车应发往允许办理动车组列车的方向。

(3)超限列车应接入具备接发超限列车条件的股道,两超限车不应在禁止同时接入超限车的股道交会,超限车发车应满足区间交会条件。

(4)电力牵引列车应仅向电力牵引接触网有电的区段、区间排列进路。

(5)列车进路不应经过未确认空闲的分路不良区段;列车进路不应经过封锁的线路和设备。

调度集中系统检测出两列车进路存在空间冲突时,应严格按照计划确定的顺序办理进路,计划时间在前的列车进路优先办理,并且列车完全进入股道后才能办理同方向后续通过列车进路。

前后两进路有交叉时,重叠区段占用出清后不少于 6 s,调度集中系统方可下达下一条进路的执行命令。

对于满足自动排路时机,但不满足信号逻辑检查条件时,调度集中系统应产生报警,并后续再次尝试办理。

调度集中系统判断进路完整锁闭且信号开放作为进路办理成功的条件,当命令发往联锁系统后,若判断在 45 s 内进路办理成功条件不满足,应产生报警。

调度集中系统自动排列进路为基本进路,因某种原因无法排列基本进路时,系统应产生报警,并提供人工干预手段。

对有延续进路的车站,调度集中系统应按照列车运行调整计划和联锁进路表自动选择和办理延续进路。调度集中系统自动选择延续进路时,应考虑本列车后续发车计划,尽量减少对其他列车的影响,并提供人工选择延续进路的手段。

调度集中系统排列进路的时机,应依据列车运行位置、列车运行调整计划合理确定。时机执行中必须考虑列车类型、区间闭塞方式、邻站发车时刻、区间运行时分和完整到达停稳以及前行列车位置等因素,同时要考虑信息处理、进路办理的时间以及列车的速度等因素。

调度集中系统自动排列接车(通过)进路应按照不同类型列车选择合适的时机,应满足时间触发条件或者地点触发条件。

(1)时间触发条件:指根据列车计划指定的时刻,结合列车类型,提前若干分钟开始办理,同时还应考虑列车位置和相邻车站的发车进路办理情况。对于 CTCS-3 级区段动车组列车可提前 9 min 办理,其他区段动车组列车可提前 8 min 办理,特快旅客列车可提前 8 min 办理,一般旅客列车可提前 6 min 办理,货物列车可提前 5 min 办理。

(2)地点触发条件:指根据列车运行的位置,结合列车类型,提前若干闭塞分区开始办理,相邻车站间闭塞分区数不足时,车站等同闭塞分区处理,同时还应检查该相邻车站的发车进路办理情况。对于 CTCS-3 级区段动车组列车可提前 15 个闭塞分区办理,其他区段动车组列车可提前 9 个闭塞分区办理,特快旅客列车通过可提前 6 个闭塞分区办理,一般旅客列车通过可提前 5 个闭塞分区办理,货物列车通过可提前 4 个闭塞分区办理,一般旅客列车进站停车可提前 4 个闭塞分区办理,货物列车进站停车可提前 3 个闭塞分区办理。

调度集中系统自动排列发车进路应在计划指定的发车时刻基础上,按不同类型列车提前指定时间办理,对于发车进路,客车提前 3 min 开始办理,货车提前 1 min 开始办理,并且还应满足以下条件:

(1)办理发车的联锁条件。

(2)对于到开作业的列车,应判断列车停稳且避让列车的发车进路全部出清。

调度集中系统对于计划通过列车,可以采用接发车进路分开办理或者一次性办理通过进路的方式。应按照以下要求:

(1)接发车进路均满足触发条件时,先办理发车进路,再办理接车进路,或一次性办理通过进路。

(2)接车满足条件,发车不满足时,先办理接车进路,当发车满足条件时,再办理发车进路,办理接车进路的前提为同一股道不存在其他列车的发车进路(含正在办理)。

(3)接车不满足条件时,接车进路和发车进路均不办理。

调度集中系统对于自动站间闭塞区段的自动排路应满足以下条件:

接车进路的自动触发时机可根据车站具体情况设置为以下三个条件之一:列车已进入接车区间,列车越过邻站出站信号机;列车在邻站的发车进路已排列或者邻站已报发车点。

发车进路自动出发时需检查闭塞办理条件是否满足发车条件。

调度集中系统站场实时监视界面应可直观显示当前进路序列状态。

调度集中系统应具备列车进路的人工控制功能,包括进路序列控制和按钮控制。人工控制的操作权限严格受限于当前车站的控制模式和操作方式。

进路序列控制包括进路序列的人工触发、变更自动触发标志、变更股道、删除进路等操作。除运行时刻外,人工变更的进路序列不应随列车运行调整计划变更。

人工触发进路序列中的列车进路时,由操作者确认办理时机和条件,并且办理前应输入正确列车车次号、系统应可按照列车车次号、办理进路状态自动对进路序列进行更新。

调度集中系统不应具备自动取消进路的功能,取消进路应由人工通过按钮操作完成。

对于已人工取消的列车进路,调度集中系统不应再行自动办理,需恢复时,应由人工干预操作。

6. CTC 无线接车进路自动预告功能

在分散自律模式下应具备自动发送接车进路预告功能,通过数字无线通信系统,以文字方式向司机提供接车进路预告信息。

进路预告信息发送条件:系统检查进路序列中的进路状态,进路办理成功;当列车运行于接车方向的区间,列车运行前方无其他车次且闭塞分区空闲;收到正确的无线车次校核信息。

在 15 s 内收到机车的自动回执视为发送成功,否则系统应重发进路预告,直到发送成功或列车压过进站信号机发送条件不满足为止。如果进路状态发生变化,则根据变化后的进路状态再次发送进路预告。当系统发送接车进路预告信息未成功时应在车务终端和调度终端报警。

7. CTC 发车预告功能

集控站应具备和相邻 TDCS 车站办理自动发车预告的功能。在自动办理发车进路时,提前指定时间向列车前方 TDCS 车站自动发送发车预告信息,并可接收、显示对方的响应信息;取消发车预告或者其他特殊情况,应由人工办理。

8. CTC 列车车次号处理功能

列车车次号是调度集中系统实现调度指挥、列车运行追踪、自动排列进路的重要基础信息,应保证及时、准确无误。

车次号优先级由高到低依次为:人工输入、系统内部信息交换和计划自动生成、无线车次校核、系统假车次。低优先级的车次号不应修改、覆盖高优先级的车次号。在具备无线车次校核设备时,系统可自动对假车次号进行校核更正,自动校核更正后的车次号需人工确认。

调度集中系统提供车次号的人工输入、修改、确认功能,当发生车次号与计划不一致,车次号丢失或产生假车次号时,系统应报警,应能通过调度终端或车务终端人工输入、修正、确认车次号。只有人工确认后的车次号才能作为自动排路的依据。

9. CTC 列车停稳处理功能

列车停稳是到开列车自动办理发车进路的必要条件。

调度集中系统可通过无线车次号校核系统、RBC 系统等相关系统获取可靠的列车停稳信息。当系统采集不到列车停稳信息时,可采用列车整列进入股道并延时指定时间作为停稳条件。对于旅客列车(含动车组列车),列车整列进入股道后延时 1 min 为停稳;对于货物列车,列车整列进入股道后延时 2 min 为停稳。调度集中系统应具备人工设置确认列车停稳信息的功能并通过车次号的显示区分列车是否停稳的状态。

10. CTC 牵引供电接触网状态处理功能

调度集中系统应能显示线路的接触网的有网、无网、有电、无电状态,无网和无电线路在站场界面以醒目显示。

调度集中系统应人工设置接触网有电、无电状态，设置方式包括供电臂设置和区段设置两种：

（1）供电臂设置方式是指通过一次操作将一组位于同一供电臂的区段同时设置为有电、无电状态。供电臂设置方式仅在调度终端可操作。

（2）区段设置方式是指在站场控制界面上选择某一区段，然后单独设置其有电、无电状态，对于道岔区段应按道岔定反位分别设置。区段设置方式可在调度终端、车务终端操作。

调度集中系统应通过人工操作设置列车运行线（可分段设置）和列车车次号的电力牵引属性，当二者不一致时应产生报警。

调度集中系统在办理电力牵引列车进路时，应检查进路所经过区段以及进路前方区间是否为无网或无电状态，如果是无网或无电状态，则进路不应办理并且产生报警提示。

11. CTC 分路不良区段处理功能

调度集中系统应具备站内轨道电路区段分路不良的人工标记、显示、确认空闲等功能。道岔区段可以按照岔前、定位和反位分别进行标记。当检测到站内分路不良区段锁闭或占用后，自动设置为“未确认空闲”状态，该区段再次使用前，需人工再次进行“确认空闲”操作。

当车站由非常站控转为分散自律控制模式后，站内标记为分路不良的区段均自动设置为“未确认空闲”状态。

12. CTC 线路和设备封锁处理功能

调度集中系统应具备对按钮、股道、道岔、无岔区段、区间的封锁操作功能，并应在站场图界面显示封锁状态。在办理列车进路时，如果检测到本站进路相关设备处于封锁状态，系统应及时给予报警。

13. CTC 调车进路控制功能

调度集中系统调车进路控制应支持计划执行和人工直接操作两种方式。计划执行方式是根据调车作业计划自动办理或者人工触发调车进路序列的方式办理进路；人工直接操作方式是指在调度集中终端上采用按钮操作方式办理调车进路。

调度集中系统在办理调车进路时，应依据列车运行调整计划，在时间与空间上（进路预计占用时间、避让车次、信号设备条件等）对调车进路进行冲突性检查，无冲突后方可发送至联锁系统执行。

采用人工直接操作方式办理与列车运行调整计划相关的调车进路时，需输入钩作业以及时分，否则不应办理。

14. CTC 调度集中站场信息采集内容

（1）信号机显示状态，包括绿、黄、绿黄、双黄、双绿、黄闪黄、红白、红、蓝、白、白闪、红闪、黄闪、绿闪、断丝、点灭灯等。

（2）道岔状态，包括定表、反表、挤岔、单锁、单封等。

（3）轨道区段状态，包括占用、锁闭、空闲等。

（4）按钮状态，包括按钮抬起、按下、单锁等。

（5）表示灯状态，包括按钮表示、区间闭塞、非进路调车、机务段同意、场间联系、驼峰联系等结合电路表示灯的稳定和闪光显示等。

（6）区间状态，包括占用、空闲、区间低频发码、故障占用、失去分路、区间方向、区间通过信号状态等。

（7）各类报警信息，包括继电设备的报警信息、计算机联锁设备的报警信息、列控设备报警信息等。

15. CTC 站场信息实时监控内容

调度集中调度终端应具备管辖范围及相邻车站信号设备状态、列车运行状态、线路布局及其他相关信息、状态的实时监视功能。

（1）信号设备状态，包括进站、出站、进路、通过、调车等信号机显示，道岔位置及状态、轨道区段的空闲、锁闭、占用、接近、离去区段的空闲及占用。

（2）列车运行状态，包括列车运行位置、列车车次、列车牵引类型、列车运行方向、列车运行早晚点、列车停稳状态等。

（3）线路布局，包括车站中心里程、进站信号机里程、车站高低站台、分相里程标、RBC 切换点等。

（4）其他监视信息，包括电力区段接触网供电状态、区间封锁、股道封锁、分路不良区段，在 CTCS-2 级或 CTCS-3 级区段还应包括列车的行车许可、区间低频发码、区间故障占用、区间失去分路、区间方向等信息。

16. CTC 按钮设置

调度集中系统应具备人工直接按钮控制功能，包括进路操作按钮、道岔操作按钮、闭塞操作按钮、故障解锁按钮、心轨按钮、尖轨按钮以及其他功能按钮。

对于引导总锁闭或道岔总锁按钮、区段事故解锁按钮、坡道解锁按钮等铅封按钮，调度集中系统应采取技术措施防止人工误操作。

在计算机联锁设备条件下，非常站控按钮设置在车站联锁操作台。

17. CTC 现场信号设备故障技术要求

调度集中系统自动办理进路时，当检测到指定时间内信号无法正常开放，系统应给予报警。

调度集中系统应具备非正常情况下的信号设备操作功能，包括道岔单操、道岔单锁、引导进路办理、引导总锁、区段故障解锁、区间改方、闭塞复原、计轴复零等，系统应将人工操作指令直接发送给联锁系统。

调度集中系统在车站调车操作方式下时，车务终端上不具备解锁调度办理的列车进路的权限,调度终端上不具备解锁车站办理的调车进路的权限。

18. CTC 系统故障技术要求

当车站自律机与调度所网络通信中断后,调度集中系统应在调度终端、车务终端上报警。

当车站与中心通信中断后,车站自律机应具备按原接收的列车运行调整计划继续自动排列进路的功能。

19. CTC 行车辅助报警内容

调度集中系统应具备列车紧跟踪报警功能,当系统检测到区间运行列车前方相邻区段占用且在指定时间内未出清时,则应在相关调度终端和车务终端上产生列车紧跟踪报警。

调度集中系统可接收联锁、列控等系统发送的现场信号设备故障状态,对影响行车的故障应具备报警、提示、记录等功能。

调度集中系统检测到区间红光带但无车次号或者车次号丢失时,应产生假车次号、并在相关调度终端和车务终端上产生报警。

调度集中系统在非常站控模式下应具有列车进路错办报警。在非常站控模式下,系统应根据车站采集的站场表示、车次跟踪信息、调度员下达的阶段计划以及相关行车约束条件对车站办理的列车接发车进路进行检查,对于不符合约束条件的进路,系统应及时给予报警。对列车进路错办报警,系统应按照运输具体要求根据地点或时间条件,对于接近列车未及时办理接车进路的情况进行报警提示。

20. CTC 系统容量

数据库服务器应能保存实际运行图、调度命令、行车日志等运输数据不少于两年时间,系统存储所辖范围的实时表示信息数据不少于 60 天,一个调度集中区段支持车站数不少于 16 个。

第九节　编组站综合自动化系统

编组站综合自动化系统是对站内现车、列车作业、调车作业、技术作业进行集中管理,对计算机联锁、驼峰自动控制、编尾停车器控制等系统进行集中控制的铁路技术装备。该系统由管理信息系统和信号集中控制系统两部分组成。编组站实现综合自动化后,在提升车站的运输能力、强化安全控制、运输组织改革等方面取得了较大突破。编组站综合自动化系统提高了编组站综合改变能力,节省劳动力,明显提高生产效率,提高编组站的管理水平。

我国从 21 世纪初开始编组站综合自动化技术的研究。先后推出了编组站综合集成自动化系统(CIPS)和编组站综合自动化系统(SAM)。

1. 编组站综合集成自动化系统(CIPS)

CIPS 系统具有高度集成的特点,以信息集成为核心,沿着调度生产指挥的脉络,从单独的、分散的面向单个工作岗位的信息平台创新发展,逐渐成为系统的、综合的、面向整个编组站运营层和管理层的综合信息管理系统。在技术方法、手段和目标上通过技术集成、功能集成、管控集成、网络集成和系统集成等手段,实现了整个编组站包括运营决策、生产管理、生产调度、监督控制和直接控制在内的全部生产活动的综合自动化,包括决策智能化、指挥数字化、执行自动化和管理现代化。

CIPS 系统包括联锁自动化分系统、驼峰自动化分系统、停车器控制分系统以及调车机车自动化分系统。

CIPS 系统作为编组站的信息中心,应用信息集成手段,对其他各个独立建设的探测系统和单元信息系统中有共享价值的数据,通过数据通信接口交换信息。接口装置包括平调系统(车—地信令功能,平调灯显车载装置与 CIPS 环境下的调车机车自动化系统车载计算机接口),脱轨器系统,车辆安全探测(红外轴温探测),ATIS 车站系统(车号识别数据),货检安全系统(提供视频监视、预留电子铅封、限界检查、超偏载探测等功能),机务段管理系统(提供本务机车派班、机车出入机务段身份认证功能),办公系统,气象站及常见 AEI(车号识别)等。CIPS 系统还分别与列车调度管理系统(TDMS)、TDCS 系统接口。

2. 编组站综合自动化系统(SAM)

SAM 系统通过管控结合来集成信息和控制系统,兼顾智能化和自动化,注重编组站和其他信息系统的信息共享,强调局站融合。系统的总体目标是将编组站已有的溜放速度控制、进路控制、车辆管理、信息管理、决策管理等集成为一体,通过建立编组站统一的综合信息管理与控制平台,完成计划自动编制与调整、计划自动执行与集中控制、作业过程自动控制,实现作业管理和控制结合、铁路局集团公司调度与车站调度一体化、运输管理与决策支持智能化,使编组站信息管理和生产过程全面自动化。

SAM 系统特点:集中布置式架构;局站融合,实现车站各项计划的协调编制;基于资源规划的智能决策技术,实现计划自动编制;管控合理结合,有机性与可靠性并重;集成既有成熟设备,利用网络技术实现综合自动化。

(1)系统构成和相关功能

编组站综合自动化系统由管理信息系统和信号集中控制系统两部分组成。

编组站综合自动化系统应具备调度指挥管理、站内现车管理、18 点统计与统计分析、站内信号设备集中人工控制盒自动控制、作业过程跟踪、综合信息显示、综合查询、系统监测与维护等功能。

(2)控制模式

编组站综合自动化系统应为信号集中控制系统提供集中控制模式和非常站控模式,其中集中控制分为集中自动控制模式、集中人工控制模式。

(3)管理信息系统功能

①调度指挥管理

系统应具备自动接收铁路局集团公司下达到车站的日班计划、阶段计划、调整计划、装卸计划、调度命令及重点指示等功能。

系统应具备分阶段向铁路局集团公司上传现车结存、出发计划、调车作业计划和执行实绩等功能。

系统应具备接收机车运用阶段计划、派班计划、整备计划、机车出入段等信息的功能。

系统应具备根据预报、站存车、检修修竣车和作业车信息推算车流的功能。

②现车管理

系统应具备计划场现车和实际场现车两种管理模式。

系统应具备发送列车编组顺序表至运统1电子化传递系统的功能,具备反馈机车乘务员签收成功的功能。

系统应具备接收货运电子票据的功能,并满足国铁集团货运票据电子化有关技术要求。

(4)信号集中控制系统功能

系统应具备自动接收TDCS、CTC系统发送的阶段计划的功能,并具备自动签收下达的阶段计划功能。

系统应具备根据行调阶段计划内容进行自动调整的功能,在符合阶段计划的范围内调整接发车线别、时间等内容。

系统应具备人工调整计划内容的功能,包括股道、计划时间等内容。系统不能调整计划的到达车次、出发车次、邻站站名。当相同邻站存在多个接发车线别时,系统允许人工调整线别。

系统应具备根据调度命令中的车次、作业场别信息将调度命令与列车进行自动匹配的功能,并提供标记交接完成功能。

系统应根据接发列车作业计划、调车作业计划、本务机车走行计划自动规划作业路径、执行顺序与时机、自动生成相应的作业指令序列。

邻站配置CTC设备时,可以采集其站场表示、邻站报点等信息作为站内列车进路自动排列的依据。

第十节 其他电务设备

1. 无线调车机车信号和监控系统(STP)

STP是保证调车作业安全的行车设备,系统融入了先进的列车控制技术,卫星定位技术、信息处理技术等,相当于机车的神经中枢,如图2-10-1所示。

STP的运用实现了机车和地面间站场信息,机车状态信息等的实时传输,能够有效预防调车作业中列车越过禁行信号、冲撞土挡等安全风险,既保证了站内调车作业安全,又提高了作业效率。

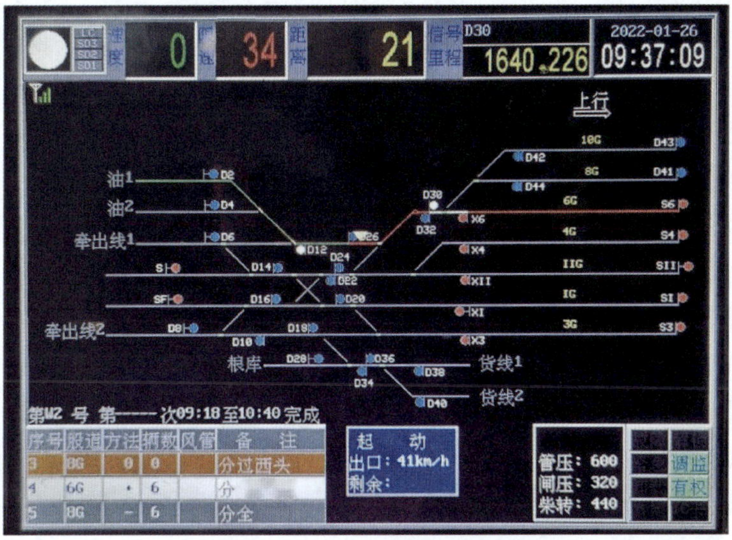

图 2-10-1　STP 机车显示界面

(1)STP 结构

STP 由地面设备和车载设备组成,地面主要设备配置包括地面主机、地面无线通信设备、电务维护终端、车务终端和与相关系统的接口设备。车载主要设备配置包括车载主机和车载无线通信设备。

(2)STP 基本功能

在车站的集中联锁区域内,STP 结合 LKJ,在机车上实现机车信号及站场联锁等信息的实时显示,并对调车车列(含单机)的牵引、推进、连挂等作业进行监控。

地面主机采集调车相关的联锁信息及调车作业通知单等,采用无线数据传输方式,向机车传送调车机车信号等信息。系统适用于多台机车同一车站同时调车作业的场景。

车载主机向 LKJ 发送前方进路类型、进路限速、距防护点距离、防护信号、车列辆数、接制动软管条件规定等信息,LKJ 根据这些参数计算到前方防护点的控制模式曲线,当机车速度超过模式曲线的限速值时,发出制动指令,起到防护作用。

(3)STP 优势

没有装设 STP 的机车,在车站或站场进行调车作业时,需要时时进行人工控制,如果机车司机在作业中稍有疏忽,很容易产生安全风险。STP 有自动控速、报警提示等功能,在复杂站场调车作业中 STP 系统发挥了巨大作用,机车司机通过屏幕显示能清楚看到站场示意图、场内所有信号机位置和各条作业线路的限速等,让司机随时掌握调车进路开通情况,对调车作业的安全有着至关重要的作用。

2. 本务机车调车作业安全辅助防护系统(LSP)

本务机车调车作业安全辅助防护系统(LSP)是调车作业安全防护的辅助设备,对机车在出库、入库、转线等作业中可能发生的越出站界、撞车挡、越过调车关闭信号机、轧脱轨器、电力机车闯入无网区等事故进行辅助性安全防护。通过北斗卫星导航更精确地掌握防护距离,更能安全地保障调车作业安全,提高作业效率。

3. 信号电源屏

信号电源屏是电气集中联锁、自动闭塞、驼峰信号设备等的供电装置。信号电源屏由一台或多台模块化结构的电源柜组成,以低压电器和电力电子器件组成各种供电模块,具有监测功能,向铁路信号设备供电的成套设备。

电源屏由输入配电单元、电源模块、输出配电单元、监测单元等功能单元组成,一套电源屏可由多台机柜组成。电源屏按供电对象一般可分为综合电源屏、车站电源屏、区间电源屏、驼峰电源屏。

(1)车站电源屏

车站电源屏主要输出 AC 220 V(计算机联锁电源、TDCS/CTC、信号点灯电源、25 Hz 轨道电源、不对称高压脉冲轨道电路电源、道岔表示电源、稳压备用电源、信号集中监测电源、道岔缺口监测电源、计轴灯源、不稳压备用电源)、AC 110 V(25 Hz 局部电源)、DC 220 V(直流转辙机电源)、AC 380 V(三相交流转辙机电源)、DC 24 V(继电器电源、站内电码化电源)、AC 24 V(表示灯电源、闪光电源)、DC 24~60 V(熔丝报警电源)、DC 24~60 V/DC 60~120 V(半自动闭塞电源)和 DC 48 V(站内电码化电源)等。

(2)区间电源屏

区间电源屏主要输出 AC 220 V(区间信号点灯电源、计轴电源、监测电源)、AC 24 V(TDCS/CTC 采集电源、信号集中监测采集电源)、DC 24 V(区间轨道电源、区间轨道继电器电源)、DC 48 V(区间轨道电源)和 DC 24~60 V(站间联系电源、灯丝报警电源)等。

(3)两路电源转换

两路输入电源间应具有自动转换、手动转换功能,每路输入均具备手动直供功能,两路输入电源的转换时间(包括手动合自动)不应大于 0.15 s。

4. 信号集中监测系统(CSM)

CSM 是监测信号设备状态,发现信号设备隐患、分析诊断信号设备故障、实现信号子系统接口信息安全监督、辅助和指导现场维修及故障处理,提高电务系统设备运用质量和维护水平的重要信号设备,如图 2-10-2 所示。

(1)设备监测种类

CSM 监测种类分为外电网综合质量监测、轨道电路监测、信号机监测、直流转辙机监测、交流转辙机监测、道岔表示电压监测、异物侵限电压监测、电源屏监测、集中式移频监测等。

(2)信号设备智能诊断

CSM 应实现自动分析采集及接口数据的功能。在设备存在隐患时,提前发现设备隐

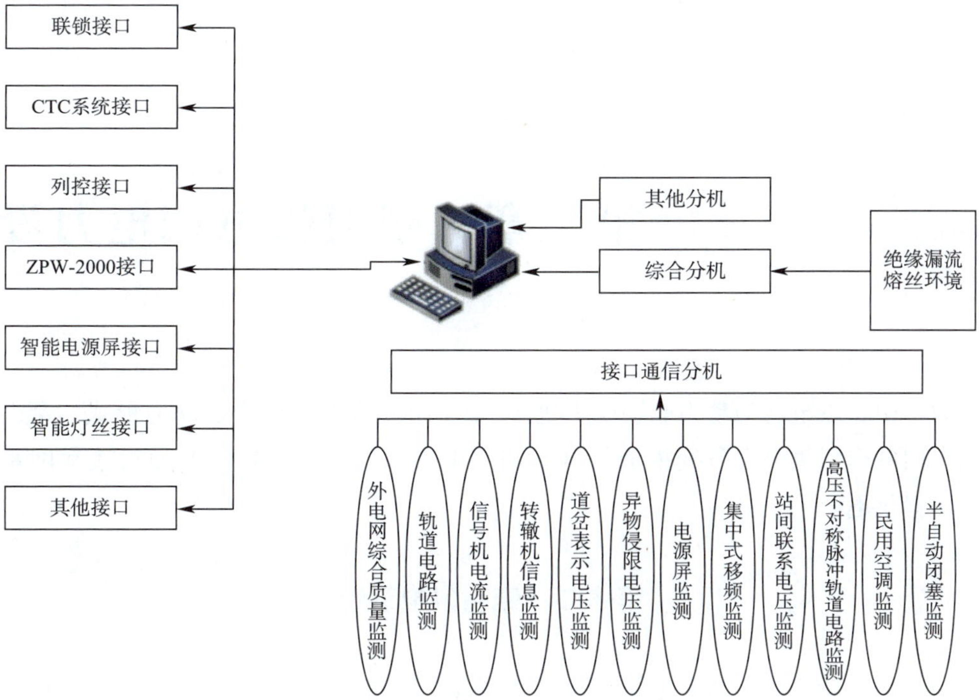

图 2-10-2 信号集中监测系统(CSM)

患;在设备故障时,诊断定位故障范围及原因。

主要分析的设备有:道岔转辙机、轨道电路、信号机及进路、电源设备、自诊断设备和其他设备。

第三章　牵引供电和电力设备

电力牵引是以电能为动力驱动电力机车、动车组运行的一种牵引动力形式。牵引所需电能经专门的牵引供电设备变换成符合铁路用电要求的电流、电压，并通过接触网系统向电力机车等供电。

第一节　牵引供电系统

牵引供电系统是指牵引变电所从电力系统或一次供电系统接受电能，向电力机车负载提供所需电能，并完成牵引电能传输、配电等全部功能的完整系统，如图 3-1-1 所示。电气化铁路按接触网供给机车的电流不同，分为直流制和交流制两种。我国铁路采用的是 25 kV 单相工频交流供电制式。

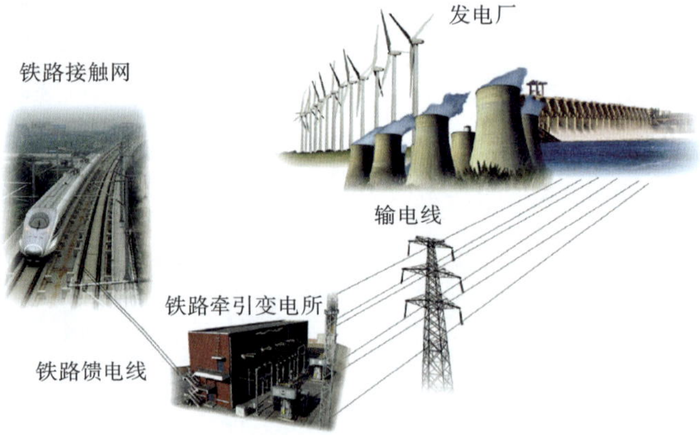

图 3-1-1　牵引供电系统主要组成

一、供电方式

牵引供电系统主要的供电方式有 3 种，直接供电方式、带回流线的直接供电方式和自耦变压器供电方式。

1. 直接供电方式：直接供电方式对沿线的通信线路产生干扰，此种供电方式仅适用于通信线路较少的电气化铁路区段。

2. 带回流线的直接供电方式：带回流线的直接供电方式是在接触网支柱上架设一条与钢轨并联的回流线，利用接触网与回流线之间的互感作用，使钢轨中的电流尽可能地由回路线流回牵引变电所，因而能部分抵消接触网对邻近通信线路的干扰。

3. 自耦变压器供电方式：自耦变压器供电方式又称 AT 供电方式，它是在馈电线中设置自耦变压器，将其并联于接触网、钢轨和正馈线之中，它的中点抽头与钢轨相接，形成两条牵引电流回路。因此使接触网与钢轨、正馈线与钢轨间的自耦变压器两半线圈上电压相等，在理想情况下，接触网与正馈线中流过的电流大小相等，方向相反，因此，在通信线中产生的感应影响相互抵消，有效地减弱对通信线的电磁影响。采用 AT 供电方式供电能力增大，牵引变电所间隔也可增大、自耦变压器并联于接触网上，不需增设电分段，能适应高速、大功率机车的运行。

二、电分相

在电气化铁路牵引区段，为使电力系统三相尽可能平衡，接触网采用分段换相供电，各相间用空气或绝缘子分割，以防止异相电短路并造成熔断接触网，称为电分相。常用的分相区有器件式分相区和关节式分相区两种。

绝缘件或绝缘关节间不带电的区域为中性区，是为防止机车双弓升起时短接不同相位的接触网，造成接触网相间短路而设置一定距离的无电区域。

第二节 接 触 网

接触网是沿铁路露天架设的为电力机车提供电能的特殊输电线路，是设置在车辆限界顶部上方，通过车顶受流装置向车辆供电的设备，是电气化轨道交通牵引供电系统的重要组成部分。接触网的无备用特性决定了接触网的唯一性、脆弱性和重要性。

一、接触网的基本组成

接触网由接触悬挂、定位支撑装置（支撑装置、定位装置）、支柱与基础等部分组成，如图 3-2-1 所示。

（一）接触悬挂

接触悬挂是指安设于接触网定位支撑装置之上的，完成弓网受流电能传输的设备，保证电能稳定地传输给电力机车，其主要由承力索、接触线、吊弦、锚段关节及关节式电分相、中心锚结、线岔、电连接、下锚及补偿装置等设备组成，基本结构如图 3-2-2 所示。

我国接触网悬挂方式一般为全补偿链型悬挂方式，全补偿链型悬挂分为全补偿简单链

图 3-2-1　接触网基本组成

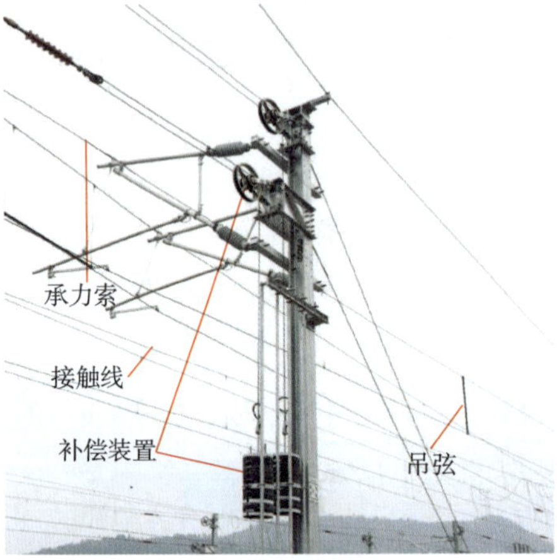

（a）吊弦等设备

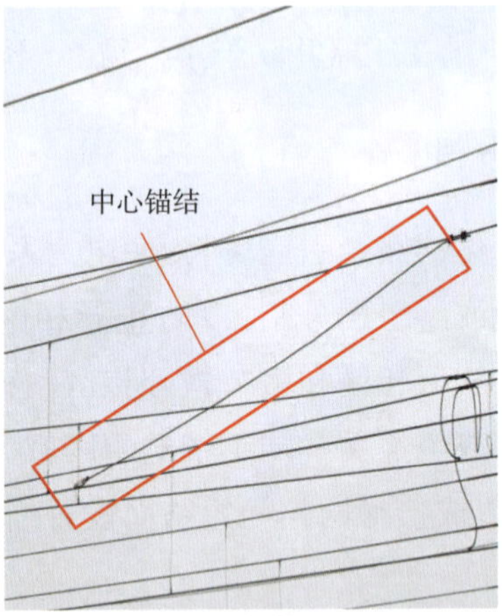

（b）中心锚结

图 3-2-2　接触悬挂基本结构

型悬挂和全补偿弹性链型悬挂两种形式，这两种悬挂的主要区别在于定位点处有无弹性吊索，如图 3-2-3 所示。

1. 承力索

承力索的作用是通过吊弦悬挂接触线，将接触线的垂直荷载传递到腕臂和支柱上，承受接触线的重量，减少接触线的弛度。承力索应能够承受较大的张力和具有抗腐蚀能力，并且在温度变化时弛度变化较小。承力索由单芯多层金属绞线组成，应无散股、断股、烧伤和损伤，结构如图 3-2-4 所示。

2. 接触线

接触线的作用是承载接触网电流，与受电弓滑板摩擦接触，向电力机车输送电能。接触线制成带沟槽的圆柱状，沟槽便于安装线夹，固定接触线，又不影响受电弓取流。接触线应有足够的机械强度和良好的电气性能，主要使用铜镁合金、铜银合金等材质，实物如图 3-2-5 所示。

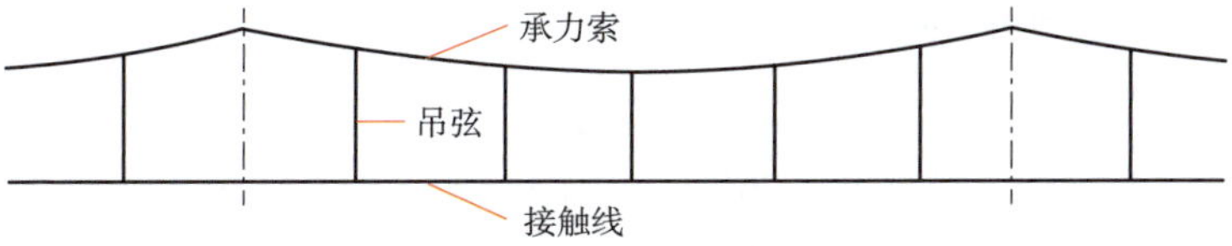

（a）全补偿简单链型悬挂示意

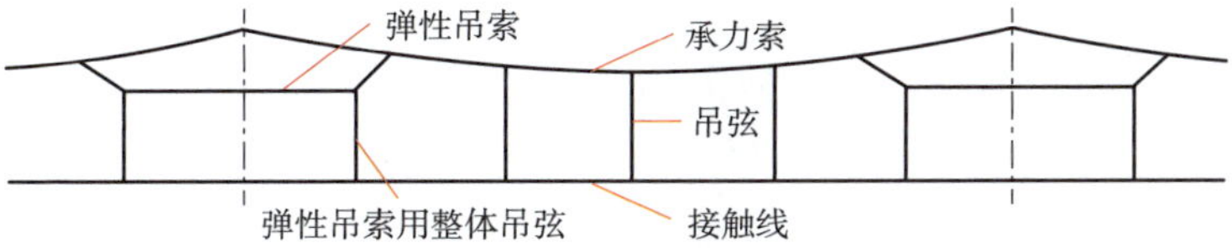

（b）全补偿弹性链型悬挂示意

图 3-2-3　悬挂类型

图 3-2-4　承力索实物

图 3-2-5　接触线实物

3. 吊弦

吊弦的作用是通过吊弦线夹将接触线吊挂在承力索上，调节接触线的弛度和高度。高速铁路接触网常见的吊弦有整体吊弦和弹性吊索用整体吊弦，如图 3-2-6 所示。

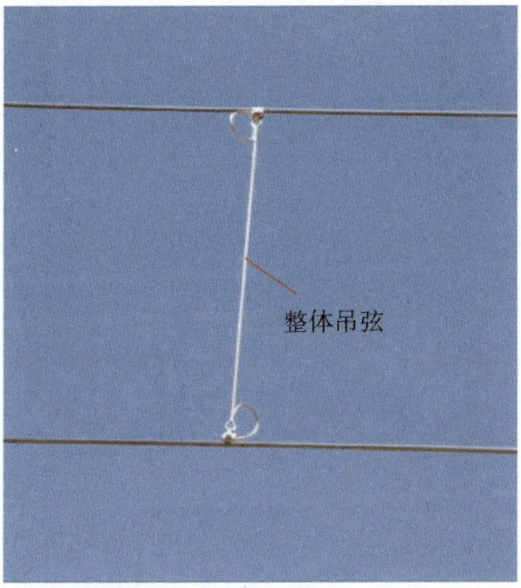

（a）整体吊弦

（b）弹性吊索用整体吊弦

图 3-2-6　吊弦实物

4. 锚段关节及关节式电分相

(1)锚段

将接触网分成若干个一定长度且相互独立的分段,这种独立的分段称为锚段,其作用是为了缩小接触网事故范围,便于接触网的机械分段、电分段和安装张力补偿器等,提高供电灵活性并改善悬挂弹性。

(2)锚段关节

锚段关节是指锚段与锚段之间的衔接部分,即相邻两个锚段的重叠部分,如图 3-2-7 所示。锚段关节的作用是保证电力机车受电弓能平滑、安全地由一个锚段过渡到另一个锚段。锚段关节可分为非绝缘锚段关节和绝缘锚段关节,常见的锚段关节有三跨、四跨、五跨等形式,如图 3-2-8 所示。

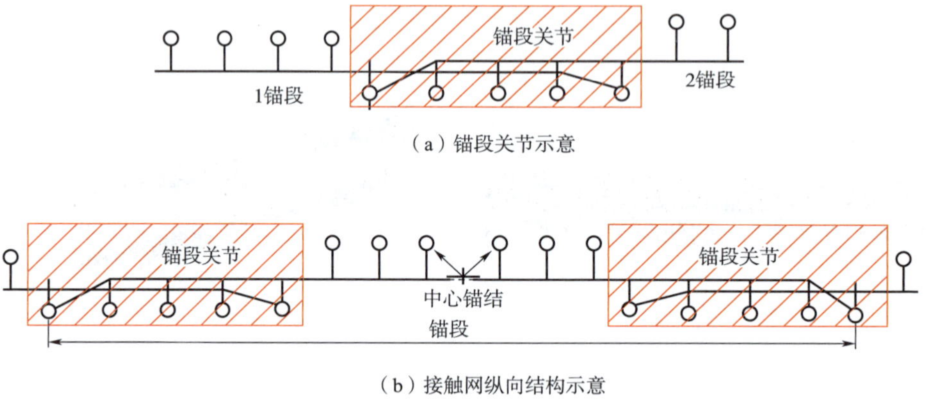

图 3-2-7　接触网锚段及锚段关节示意

(3)关节式电分相

在电气化铁路牵引供电系统中,为平衡电力系统的 A、B、C 各相负荷,接触网一般要实行换相供电。为确保接触网在不同相之间供电臂的可靠绝缘和列车平稳地从一个供电臂过渡到另一个供电臂,设置了关节式电分相,其结构与绝缘锚段关节基本相同。按照跨距数分,常见的有六跨、七跨、八跨、十二跨关节式电分相,如图 3-2-9 所示。

为防止受电弓通过电分相时拉弧造成绝缘损坏或相间短路,电力机车需断电、惰行通过电分相,在电分相处设置了“断”“合”标志牌。由于高速铁路运行速度快,主要采用自动过分相装置。地面磁感应器安装位置应采用图 3-2-10 所示两种方式,其中 a_0 为分相“断”电标到中性区段两端垂直投影点的距离。

5. 中心锚结

中心锚结安装在链型悬挂的锚段中部,承力索对支柱、接触线对承力索锚固,这种固定形式称为中心锚结,其作用是防止接触线、承力索由于气温、曲线力等原因向一侧滑动;平衡接触线、承力索两端的拉力;缩小接触网事故范围。中心锚结按其作用分为防断式中心

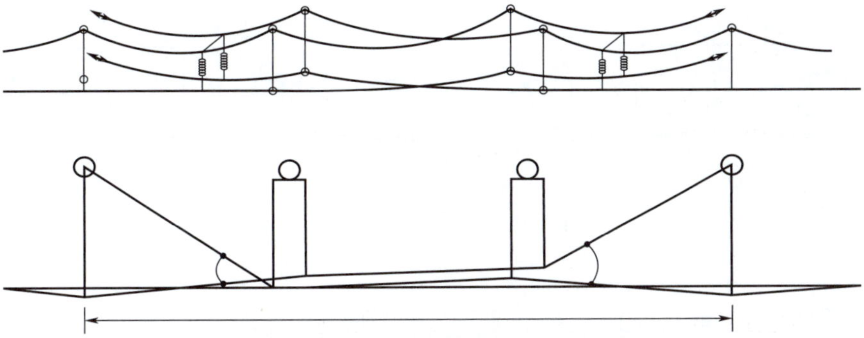

（a）接触网三跨锚段关节示意

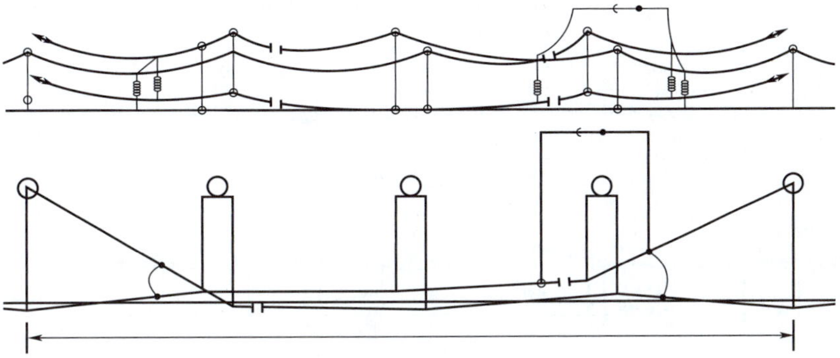

（b）接触网四跨绝缘锚段关节示意

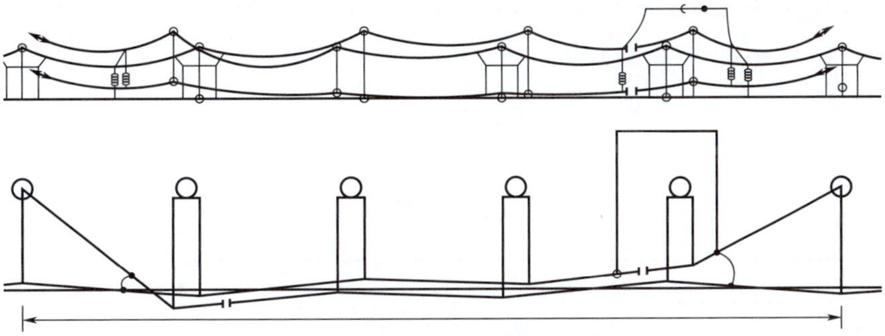

（c）接触网五跨绝缘锚段关节示意

图 3-2-8　接触网锚段关节示意

锚结和防窜式中心锚结。中心锚结由接触线中心锚结线夹、承力索中心锚结线夹、承力索中锚辅助绳和接触线中锚辅助绳等组成，如图 3-2-11 所示。

6. 线岔

线岔布置于道岔上方，是保证电力机车受电弓安全、平滑地由一股道上空的接触线过渡到另一股道上空的接触线的转换设备，一般分为交叉线岔和无交叉线岔两种形式。

(1)交叉线岔

交叉线岔是在道岔处正线和侧线（或侧线和侧线）两支接触线交叉接触，在交叉处用限

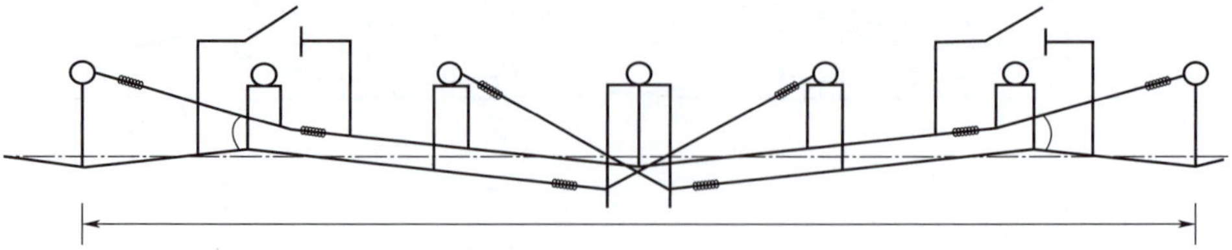

（a）接触网六跨关节式电分相平面示意

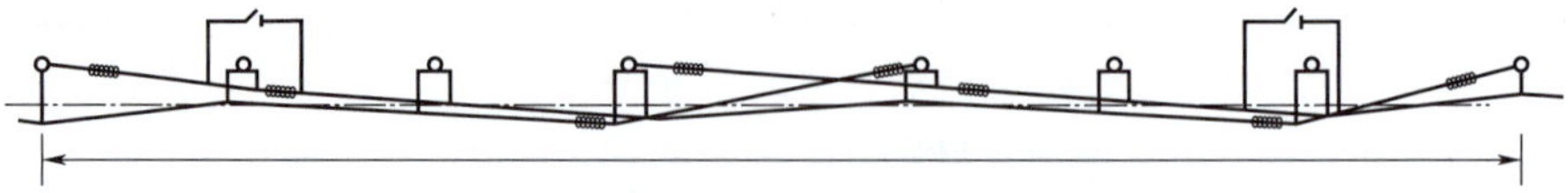

（b）接触网七跨关节式电分相平面示意

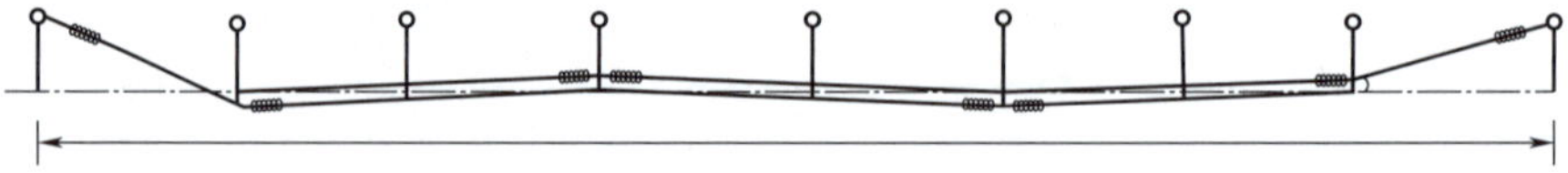

（c）接触网八跨关节式电分相平面示意

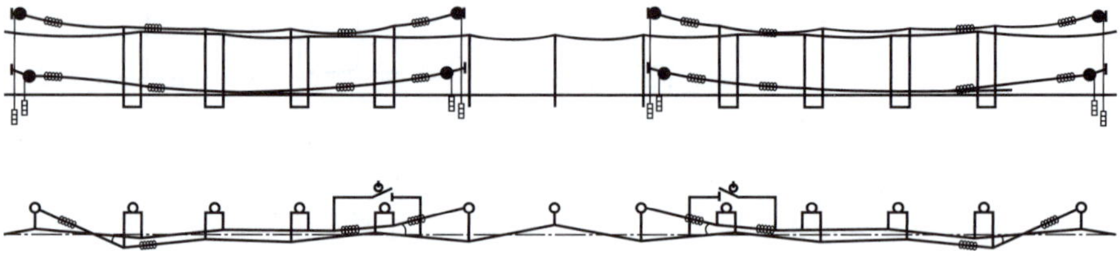

（d）接触网十二跨关节式电分相平面示意

图 3-2-9　接触网关节式分相示意

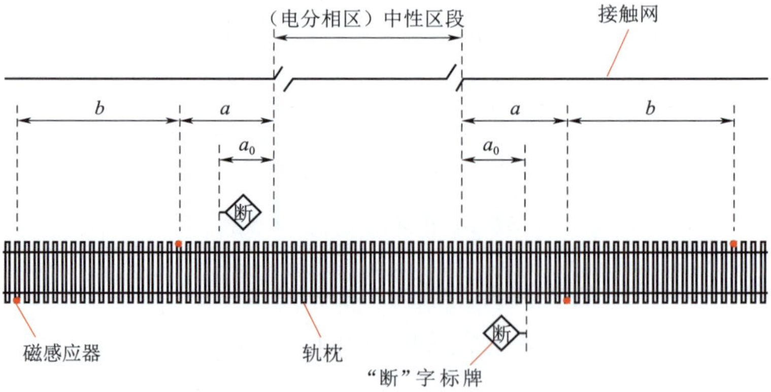

$a=a_0+30$ m，$b=265$ m，适用于货运专线；

$a=a_0+5$ m，$b=170$ m，适用于其他线路。

图 3-2-10　地面磁感应器安装位置示意

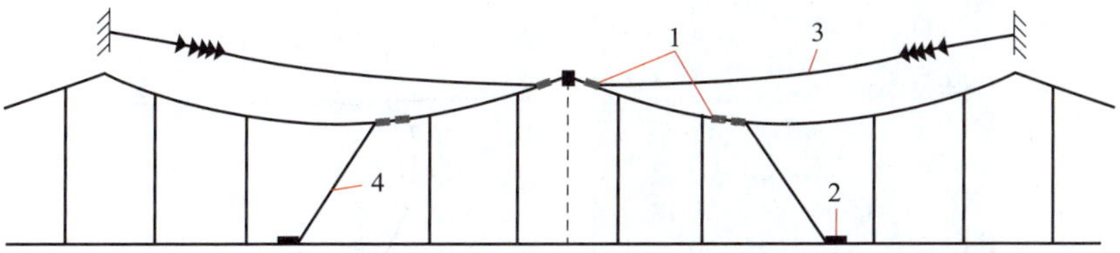

1—承力索中心锚结线夹；2—接触线中心锚结线夹；3—承力索中锚辅助绳；4—接触线中锚辅助绳。

图 3-2-11　防断式中心锚结示意

制导杆固定，如图 3-2-12 所示。

(2)无交叉线岔

无交叉线岔是在道岔处，正线和侧线两支接触线工作支不相交、不接触，也无限制导杆等设施。电力机车受电弓从正线高速通过时受电弓不碰触到侧线的接触线，如图 3-2-13 所示。38 号以上的道岔采用带辅助悬挂的无交叉线岔。

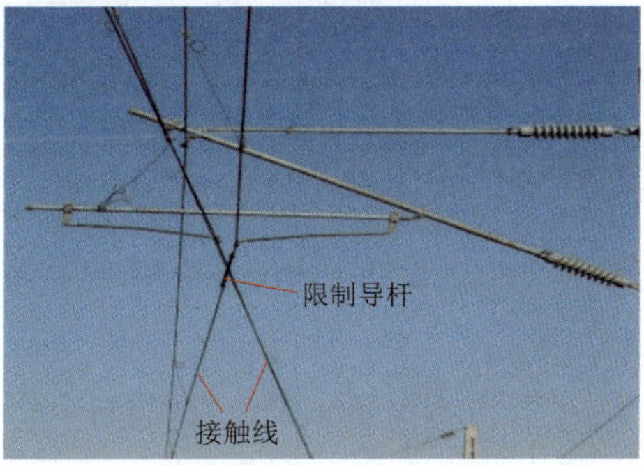

图 3-2-12　交叉线岔

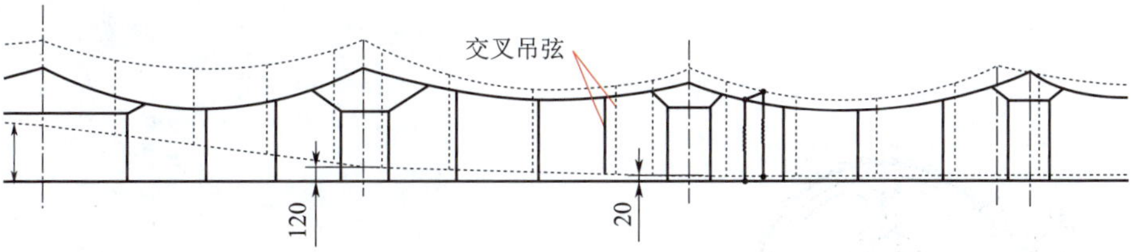

(a) 无交叉线岔处接触网立面示意

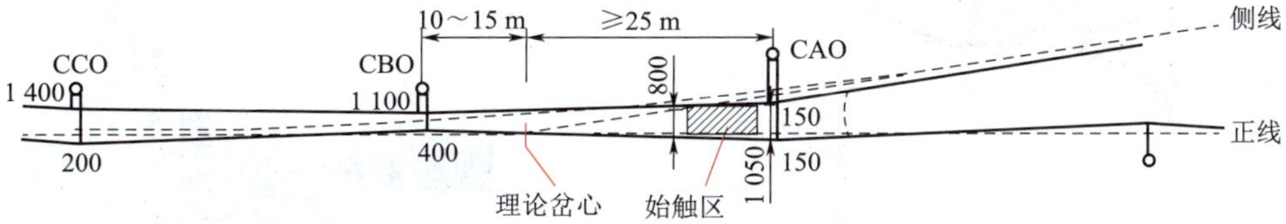

(b) 无交叉线岔处接触网平面示意(支柱位于侧线侧)

图 3-2-13　无交叉线岔结构示意(18 号道岔)(单位：mm)

7. 电连接

电连接的作用是保证接触网各导线之间、各分段之间或各股道悬挂之间的电路连接畅通，实行并联供电，增加其导电截面积，提高接触网供电可靠性并降低电能损耗。电连接按形式分为“C”形和“S”形，如图 3-2-14 所示。

8. 下锚及补偿装置

下锚是每个锚段承力索、接触线等线索两端的锚固装置。接触网补偿装置是自动调节

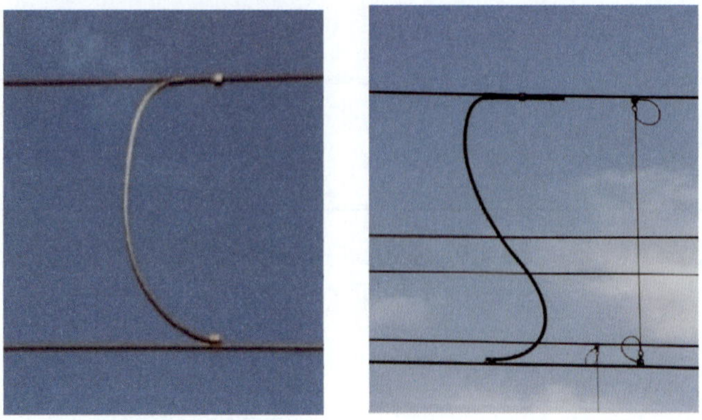

（a）“C”形电连接　　（b）“S”形电连接

图 3-2-14　“C”形“S”形电连接

接触线和承力索张力的补偿器及制动装置的总称。常见的补偿装置有棘轮补偿装置、滑轮补偿装置等。

(1)棘轮补偿装置主要由棘轮本体、平衡轮、制动块、补偿绳、棘轮连接架、双耳楔形线夹等组成，如图 3-2-15 和图 3-2-16 所示。

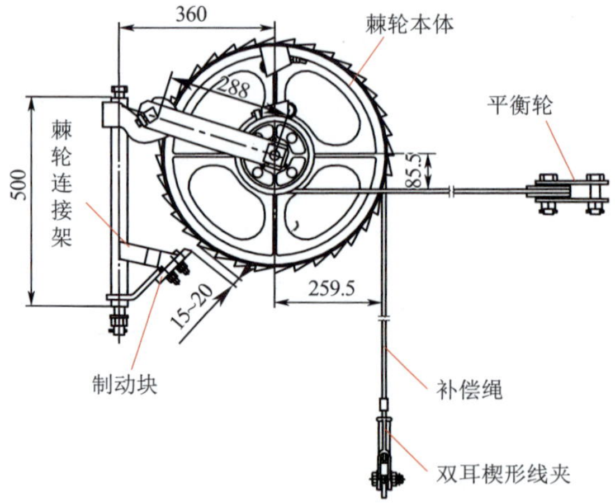

图 3-2-15　棘轮补偿装置示意(单位:mm)

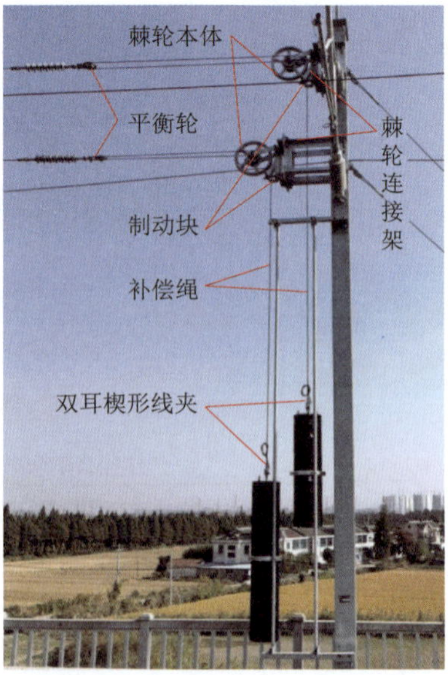

图 3-2-16　棘轮补偿装置实物

(2)滑轮补偿装置主要由滑轮组、补偿绳、双环杆、杵环杆、坠砣、拉线和限制架等组成，如图 3-2-17 和图 3-2-18 所示。

(二)支撑装置

支撑装置是在电气化铁路中起到承载接触悬挂荷重，连接固定接触悬挂、定位装置等作用的装置。支撑装置具有支撑接触悬挂，传递负荷，保证接触网系统稳定性的作用，其主要分为软横跨、硬横跨、腕臂支撑装置等形式。

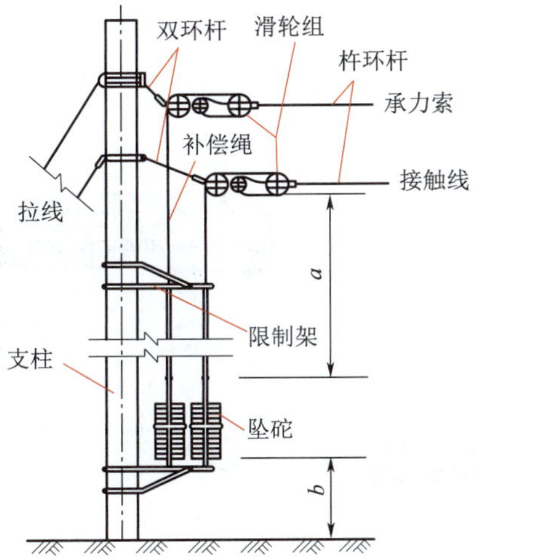

a—坠砣顶部能自由上升的距离，一般是坠陀杆耳环孔至补偿(定)滑轮下沿的距离；*b*—坠砣底部能自由下降的距离，一般是最下一块坠陀的底面至地面(或基础面)的距离。

图 3-2-17　滑轮补偿装置示意

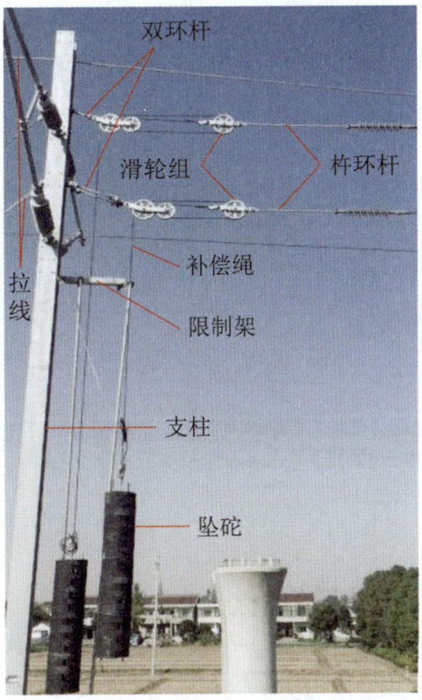

图 3-2-18　滑轮补偿装置实物

1. 软横跨

软横跨是站场或多线路并行区段，多股道接触悬挂通过横向线索悬挂在线路两侧支柱上的一种装配方式。软横跨由支柱、横向承力索、上下部固定绳、直吊弦、定位器及连接悬挂零件等组成，如图 3-2-19 所示。

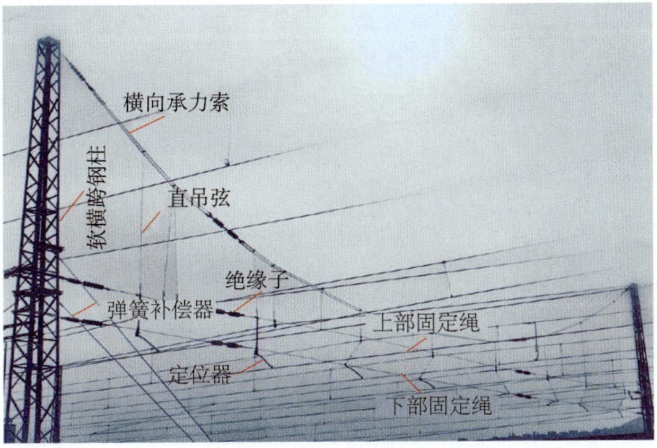

图 3-2-19　软横跨现场实物

2. 硬横跨

硬横跨是站场或多线路并行区段，多股道接触悬挂通过硬横梁固定在线路两侧支柱上的一种装配方式，由横梁和两侧的支柱组成。

硬横跨分为悬式吊柱和水平定位绳两种结构形式,悬式吊柱硬横跨支撑装置如图 3-2-20 所示。硬横跨支柱多采用等径钢管柱或格构式钢柱。硬横梁一般采用格构式角钢或无缝钢管制成,其形状有单钢管、双钢管和三钢管三种,为方便运输和安装,常将其分成 2~3 段,每段之间通过法兰盘和螺栓连接。

图 3-2-20　吊柱硬横跨支撑装置实物

3. 腕臂支撑装置

腕臂支撑装置是安装在腕臂柱、硬横梁及隧道内吊柱上,用于承受定位装置和接触悬挂的全部机械负荷,并将这些负荷传递给支柱和基础的装置。腕臂支撑装置从结构上分为平、斜腕臂结构和整体腕臂结构,从材质上可以分为钢腕臂和铝合金腕臂。图 3-2-21 所示为铝合金腕臂支撑装置实物,其主要由棒式绝缘子、平腕臂、斜腕臂、腕臂支撑、支撑连接器、双套筒连接器等零部件组成。

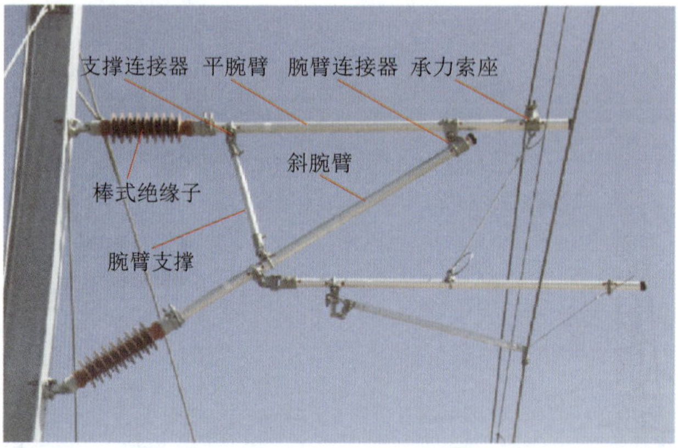

图 3-2-21　腕臂支撑装置

(三)定位装置

定位装置是腕臂结构中的重要组成部分,它是在定位点处对接触线实现相对于受电弓中心进行横向定位的装置。在直线区段,相对于受电弓中心把接触线布置成"之"字形;在曲线区段,相对于受电弓中心运行轨迹被拉成切线或割线,使受电弓滑板磨耗均匀,并将接触线的水平负荷传给支撑装置。定位装置主要由定位管、定位器、定位支座、定位线夹、定位管支撑、垂直定位环等零部件组成,如图 3-2-22 所示。

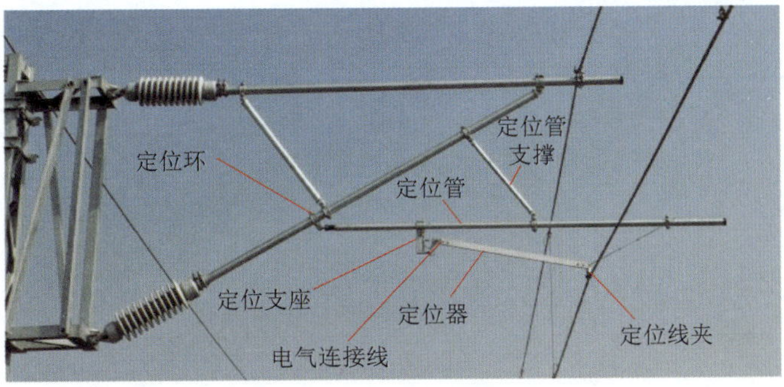

图 3-2-22　定位装置组成

(四)支柱与基础

支柱是接触网的主要支撑设备,用于安装支撑结构、悬挂和定位接触悬挂,以及附加导线,承受接触网自身及各类附加荷载。基础的作用是保持支柱稳定,并将支柱的荷载和力矩传给大地。

1. 支柱

接触网支柱按使用材质分为预应力混凝土支柱和钢支柱两大类,常见的 H 形支柱、等径圆支柱如图 3-2-23 所示。支柱按其在接触网中的作用可分为中间柱、锚柱、转换柱、中心柱、定位柱、软横跨支柱、道岔柱、硬横跨支柱及桥梁支柱等, 如图 3-2-24 所示。

(a) H形支柱　　(b) 等径圆支柱

图 3-2-23　接触网支柱实物

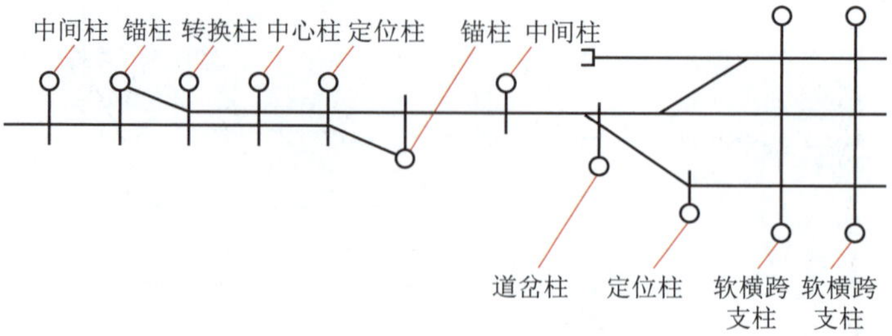

图 3-2-24　接触网支柱安装位置

2. 基础

高速铁路接触网基础主要包含钢柱基础和拉线基础等类型，如图 3-2-25 所示。

（a）钢柱基础

（b）拉线基础

图 3-2-25　接触网基础

（五）附加导线

附加导线系指接触悬挂以外的架空导线，根据供电方式不同，接触网附加导线设置也不同，主要包括供电线、保护线、正馈线、回流线、架空地线等，如图 3-2-26 所示。

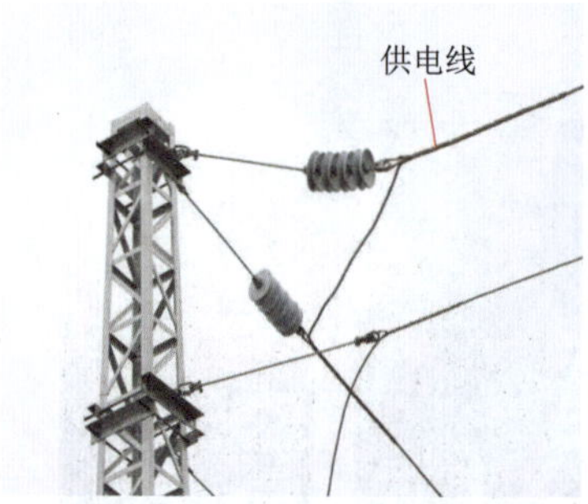

（a）供电线

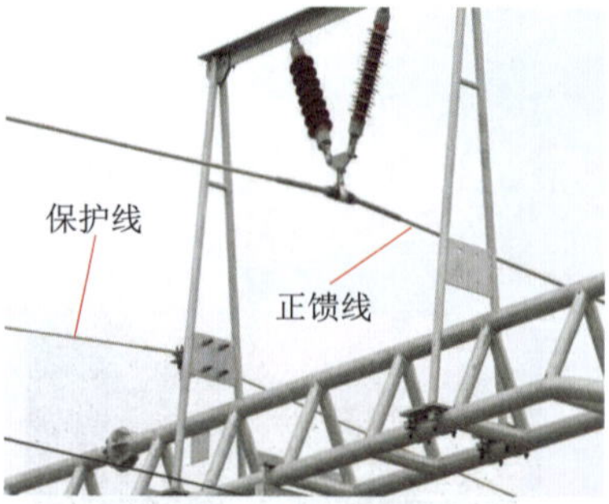

（b）正馈线及保护线

（c）回流线

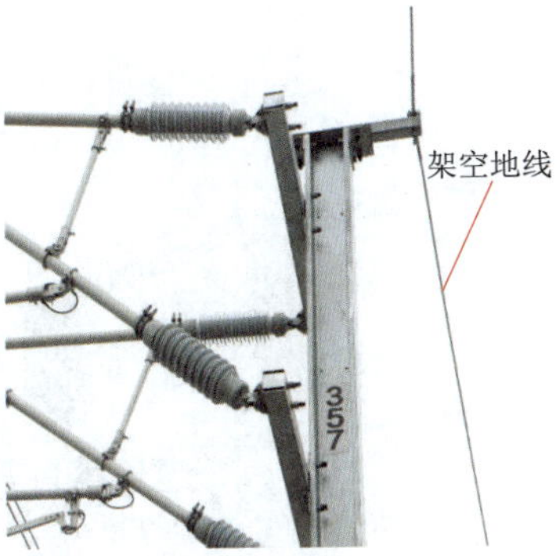

（d）架空地线

图 3-2-26 接触网附加导线

1. 供电线

供电线是牵引变电所、AT 所、分区所、开闭所与接触网的供电线路，其作用是由牵引变电所或开闭所向接触网传送电能。

2. 保护线

保护线是在 AT 供电方式中与钢轨并联，具有集中地线和牵引电流屏蔽作用的导线。绝缘子发生闪络或击穿时，保护线为短路电流提供良好通路。

3. 正馈线

正馈线是在 AT 供电方式中，与接触悬挂电压方向相反，电压差为 55 kV 的与接触悬挂同杆的架空导线。正馈线与接触悬挂、自耦压器配合形成供电回路，提高了电能输送能力。

4. 回流线

回流线是在接触网带回流线的直线供电方式中，沿线路架设的金属导线，是牵引电流返回变电所的主要径路。

5. 架空地线

架空地线一般用于区间成排钢柱或车站成排支柱的工作接地和保护接地，为站台钢柱设置双重保护，增强站台支柱的电气安全性。

二、接触网主要设备和其他零部件

接触网主要设备包括隔离开关、分段绝缘器、避雷器等电气设备，可以提高接触网运行的安全性、可靠性和供电灵活性。

（一）隔离开关

隔离开关是切断或闭合电气回路的开关设备，它的作用是连通或切断接触网供电分段间的电路，从而提高了供电的可靠性和灵活性，以满足停电检修和供电的需要。

隔离开关没有灭弧装置，所以不能切断负荷电流和短路电流，主要设置在车站两端、车站装卸线、专用线、电力机车库线、机车整备线、绝缘锚段关节、电分段和电分相等处所。隔离开关由刀闸、绝缘子、底座、传动机构、引线等组成，如图 3-2-27 所示。

图 3-2-27　隔离开关实物

隔离开关引线及连接线应连接牢固，接触良好，无断股、烧伤现象，不得有接头，弛度正常，与接地部件的距离符合要求。开关底座接地良好，各部螺栓紧固符合力矩要求。

（二）分段绝缘器

分段绝缘器是将相邻的两接触网区段分开，以实现同相电气分段的专用绝缘装置。分段绝缘器通常与隔离开关配合使用，通过隔离开关的开合使独立区段接触网停电或带电。分段绝缘器通常安装于机车整备线、车库线、专用线、渡线等处，既能起到电分段作用，又能使电力机车不断电通过。分段绝缘器由绝缘棒、绝缘辅助滑道、引弧导流滑道、吊弦装置等部分组成，如图 3-2-28 所示。

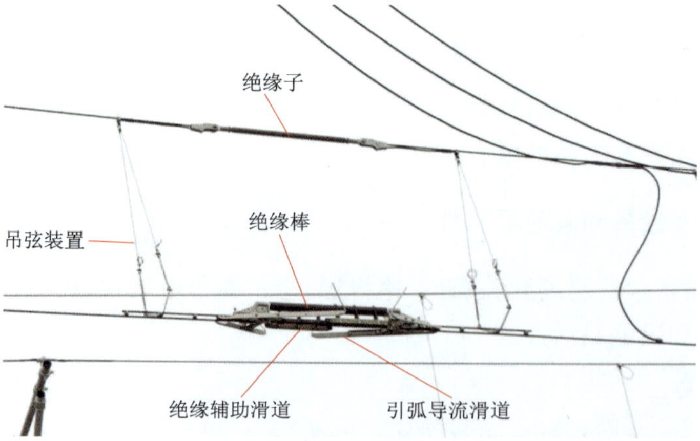

图 3-2-28　典型分段绝缘器实物

（三）避雷器

避雷器是为了保证接触网安全运行所采取的过电压保护设备。目前主要采用氧化锌避雷器,其在工频电压作用下阻值很大,电流难以通过,发生冲击电压时电阻很小,电流瞬间对地释放,以达到保护的效果。避雷器由避雷器本体、柱式绝缘子、引线、计数器等组成,如图 3-2-29 所示。

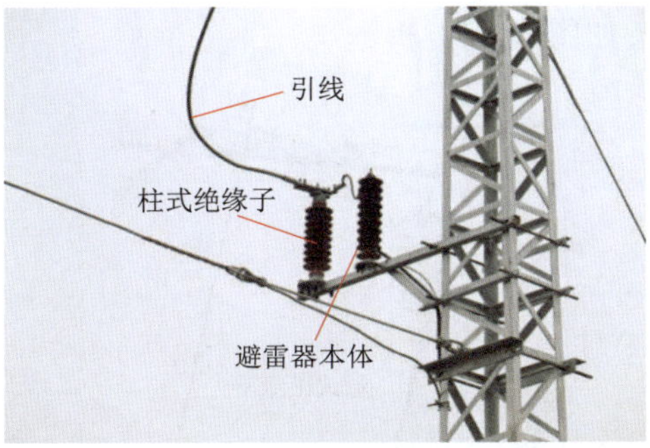

(a) 避雷器安装实物

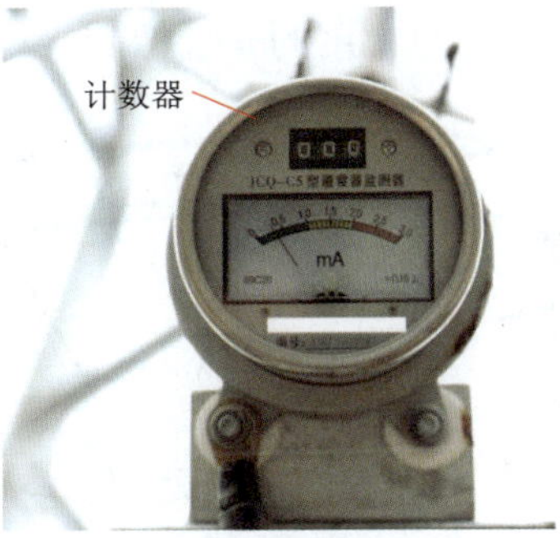

(b) 计数器

(c) 避雷器安装图

图 3-2-29　避雷器实物及安装

(四) 接地装置

当绝缘元件绝缘强度下降时,会有较大的泄漏电流,泄漏电流在支柱上形成较大过渡电压,严重时会危及人身安全。电流还会使混凝土支柱内部金属部分钢筋发热,使金属软化造成支柱强度下降,拉断支柱,危及设备安全。接触网应设接地装置,将接触网设备中非带电的金属部分与地线相连。常见的支柱接地如图 3-2-30 所示。

图 3-2-30　支柱接地实物

(五)绝缘子

绝缘子是接触网中应用广泛的重要零部件,它既要保持接触悬挂对地的电气绝缘,又要承受一定的机械负荷。常用的绝缘子有棒式绝缘子、悬式绝缘子等。从材质上分为瓷绝缘子、复合绝缘子,目前常用的是硅橡胶绝缘子,如图 3-2-31 所示。

(a) 棒式绝缘子

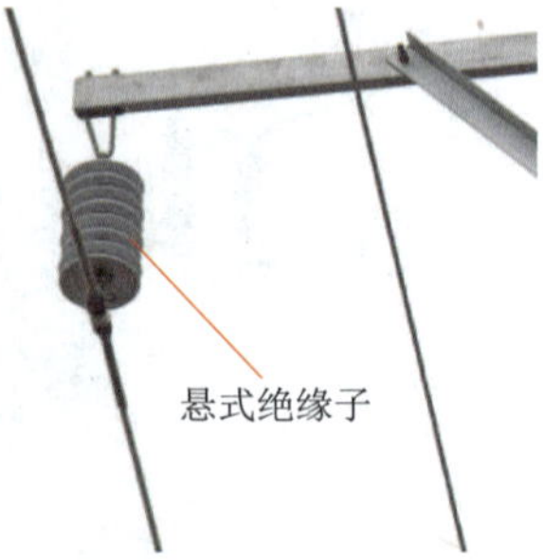

(b) 悬式绝缘子

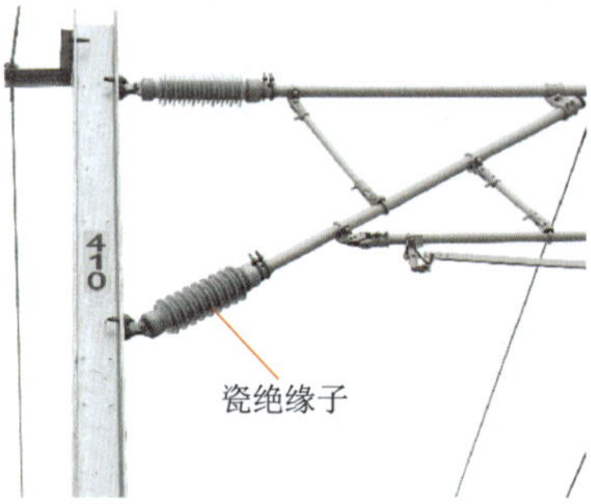

(c) 瓷绝缘子

(d) 硅橡胶绝缘子

图 3-2-31　绝缘子

(六)供电线电缆

供电线电缆用于接触网与牵引变电所、AT 所、分区所、开闭所之间的连接,采用 27.5 kV 单芯电缆,如图 3-2-32 所示,其作用是将电能输送到接触网上。

(a) 供电线电缆沿桥墩上网

(b) 隧道内供电电缆

图 3-2-32　供电线电缆

三、接触网保安装置及标识

(一)接触网保安装置

接触网保安装置主要包括限界门、支柱防护、防护网栅、设备防护等。

1. 限界门

在机动车辆通过的平交道口处铁路两侧的公路上,应设置限界门。限界门置于沿公路中心线距最近铁路线路中心不小于 12 m 的地方。限界门的宽度不得小于平交道口处公路路面的宽度,限界门的下缘距地面的高度为 4.5 m,限界门框柱涂以警示色标,如图 3-2-33 所示。在限界门悬挂安全揭示牌,固定在道口两面限界门右侧门框上。

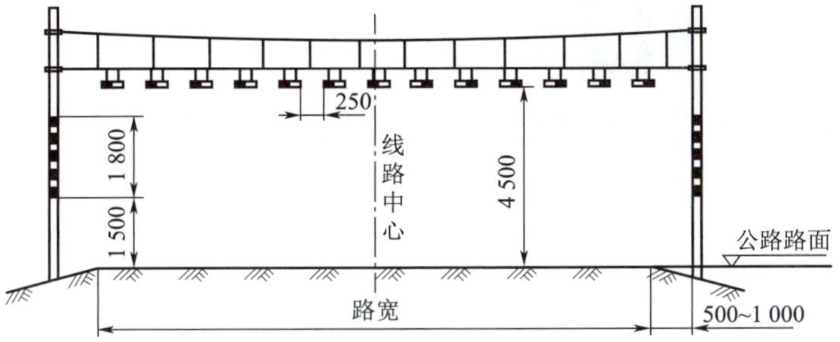

图 3-2-33　限界门安装示意(单位:mm)

2. 支柱防护

道口两侧、经常有机动车辆运行的场所,以及装卸货物站台上等易被碰撞的支柱,均应设置强度较高的防护桩。

3. 防护网栅

天桥、跨线桥靠近或跨越牵引供电设备的地方,须设置防护网栅,网栅由所附属结构的产权或工程建设单位负责安设。防护网栅应安设“高压危险”标志。

4. 设备防护

上跨构筑物(桥、隧道、明洞、站房等)下方的承力索、供电线、正馈线,应在防断点处至少 5 m 采取防护措施。隧道、桥梁内漏水点距离接触网带电线索小于 2 m 处所,下方承力索、供电线、正馈线等在漏水点垂直投影向两侧延伸至少 1 m 采取防护措施。重点处所上跨电线路下方的承力索、供电线、正馈线、加强线,可在上跨电线路垂直投影两侧延伸至少 5 m 采取防护措施。

(二)标识

1. 号码牌

每根接触网支柱(隧道吊柱或悬挂点)应有唯一的反光号码牌,号码牌一般有肩架安装的号码牌、粘贴式号码牌等形式，如图 3-2-34 所示。每个区间、车站、隧道均应分别单独编号，上行双号、下行单号。

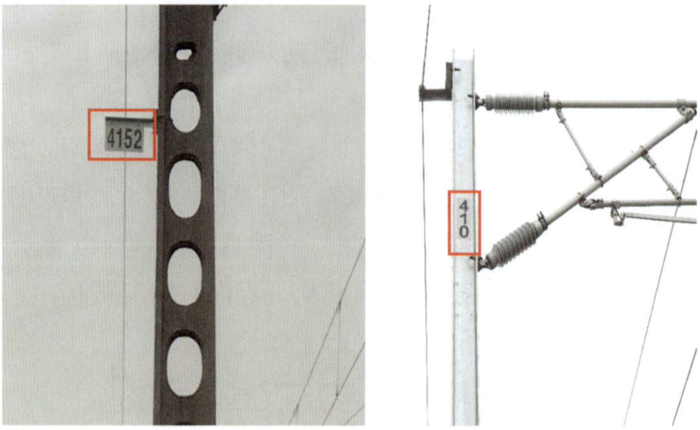

（a）肩架安装的号码牌　　（b）粘贴式号码牌

图 3-2-34　号码牌

2. 高压危险标

在站台及人员活动频繁处所的接触网支柱、安全挡板、细孔网栅和跨线桥防护网栅均应设置白底、黑字、红色闪电符号的“高压危险”警示标识，如图 3-2-35 所示。

3. 电力机车禁停标

在站场、区间接触网不同供电臂间的电分段两端设置电力机车禁停标，如图 3-2-36 所示。

图 3-2-35　高压危险标

图 3-2-36　电力机车禁停标

4. 高速铁路电分相标志牌

高速铁路在接触网电分相前方设断电标，断电标设置在电分相中性区段起始位置前第 2 根支柱上；在接触网电分相后方设合电标，合电标设置在电分相中性区段终止位置后 400 m 处附近的接触网支柱上，线路反方向按上述规定设置断电标、合电标，如图 3-2-37 所示。

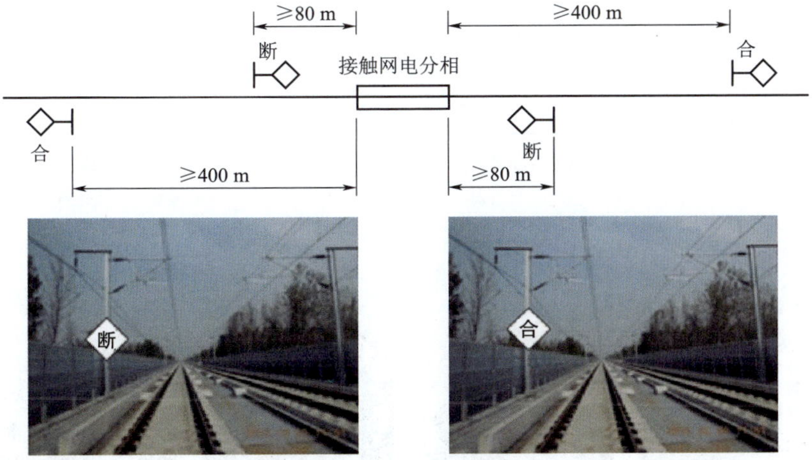

图 3-2-37　高速铁路电分相标志安装位置及标牌示意（单位：m）

5. 普速铁路电分相标志牌

电分相两侧正反行车方向设置“禁止双弓”“T 断”“断”“合”等标识，普速铁路电分相标志安装位置及标牌示意如图 3-2-38 所示。

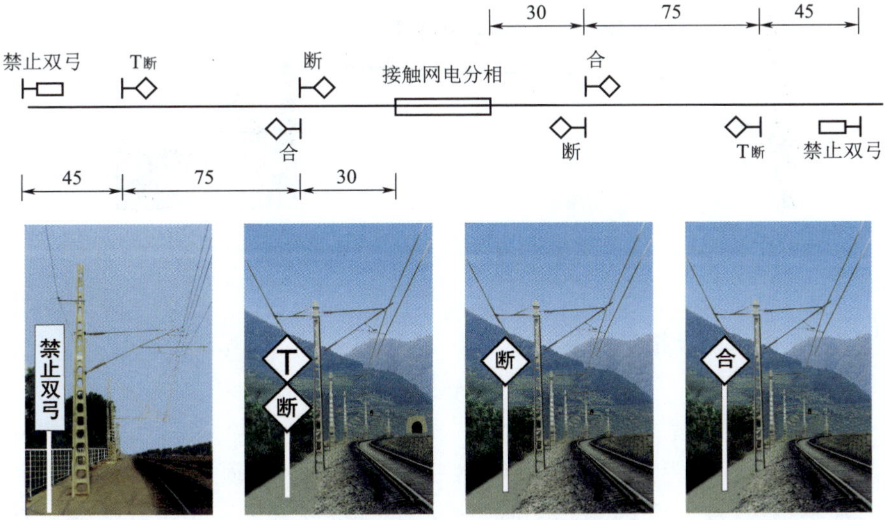

图 3-2-38　普速铁路电分相标志安装位置及标牌示意（单位：m）

6. 升降弓标

在电气化线路接触网故障降弓地段前方，分别设置准备降下受电弓标、降下受电弓标；对最高运行速度大于 120 km/h 线路，在降下受电弓标的前方增设特殊降弓标。在降弓地段后方，设升起受电弓标，设置位置及标志外观如图 3-2-39 所示。

7. 接触网终点标

接触网终点标，设在接触网边界，如图 3-2-40 所示。

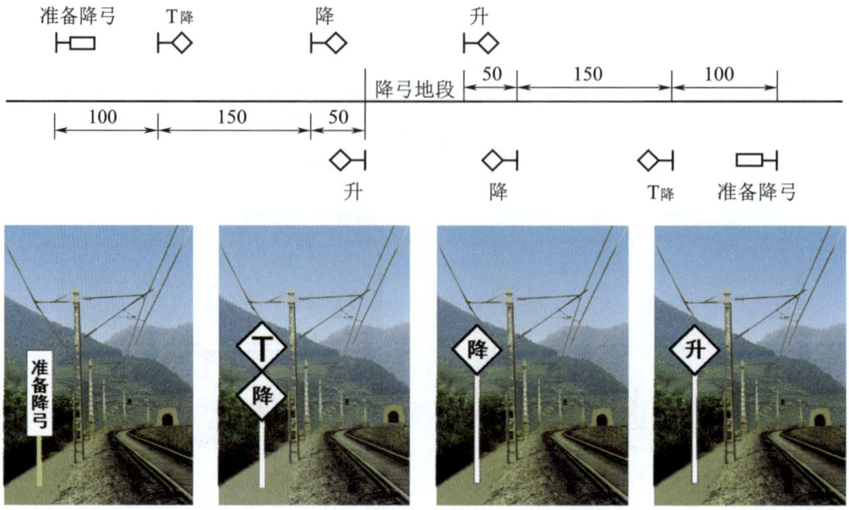

图 3-2-39　升降弓标设置位置及标志外观示意(单位:m)

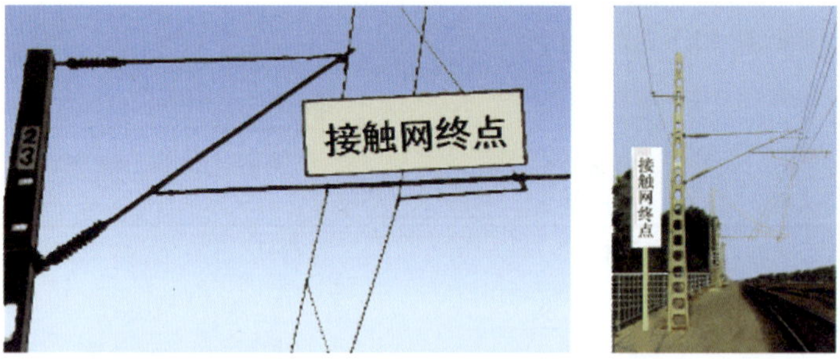

图 3-2-40　接触网终点标设置位置及标志外观示意

四、接触网常用术语及相关规定

(一)支柱的侧面限界

接触网支柱的侧面限界是指支柱靠线路一侧在轨面水平面内由接触网支柱内缘至线路中心线的水平距离(C_x),如图 3-2-41 所示。C_x 的基本要求:允许误差$^{+100}_{-60}$ mm,直线区段不应小于 2 440 mm,有大型养路机械作业的路基地段,接触网支柱侧面限界不小于 3 100 mm,曲线区段按规定加宽。

(二)接触线高度

接触线高度简称导高(H),是指接触网悬挂点处接触线距轨面的垂直高度,如图 3-2-41 所示。接触线高度不超过 6 500 mm;接触线最低点高度不小于 5 150 mm。

(三)拉出值

拉出值是接触线在定位点对受电弓中心的横向偏移量,在直线区段也称为之字值。拉

图 3-2-41　接触网侧面限界及接触线高度

出值的取值直接影响弓网运行安全,其目的是保证受电弓和接触线可靠接触、不脱线,并保证受电弓磨损均匀。拉出值不得大于 450 mm。

(四)接触网电压

牵引供电能力应与线路的运输能力相适应,满足规定的列车重量、列车密度和运行速度的要求。因此接触网电压应满足一定的要求:接触网标称电压值为 25 kV,最高工作电压为 27.5 kV,短时(5 min)最高工作电压为 29 kV,最低工作电压为 20 kV。

(五)接触网空气绝缘间隙

空气绝缘间隙是接触网两个导线或者导线与地面之间的距离。空气绝缘间隙的大小会直接影响接触网的安全性能,接触网空气绝缘间隙应符合表 3-2-1 中规定。

表 3-2-1　接触网空气绝缘间隙

序号	项　目	正常情况下最小值/mm
1	接触线、承力索、供电线、加强线、正馈线等带电部分至固定接地体间隙	300
2	接触网带电部分至机车车辆或装载货物的间隙	350
3	接触线、承力索、供电线、加强线、正馈线等带电部分至跨线建筑物间隙	500
4	受电弓振动至极限位置和导线被抬高的最高位置距接地体的瞬间间隙	200
5	25 kV 带电绝缘子接地侧裙边距接地体间隙	100
6	43.3 kV 绝缘间隙(关节式分相)	400
7	50 kV 绝缘间隙(AT 区段正馈线与接触网间)	540

回流线、保护线、架空地线、架空避雷线距固定接地体或桥梁及隧道壁的正常情况下最小距离 150 mm。

(六)附加导线对地面及相互距离的规定

为保证人身、设备安全,附加导线对地面及相互距离在任何情况下不得小于表 3-2-2 的数值。

表 3-2-2　附加导线对地面及相互距离的最小值　　单位:mm

序号	有关情况		供电线、正馈线、加强线	保护线、回流线、架空地线
1	导线在最大弛度距地面高度	居民区及车站站台处	7 000	6 000
		非居民区	6 000	5 000
		车辆、农业机械不能到达的山坡、峭壁和岩石	5 000	4 000
2	导线距离峭壁挡土墙和岩石	无风时	1 000	500
		计算最大风偏时	300	75
3	线索跨越铁路导时	跨越非电化股道(对轨面)	7 500	7 500
		跨越不同回路电化股道(对承力索或无承力索时对接触线)	3 000	2 000
4	不同相或不同供电分段两导线悬挂点间距离	两线水平排列	2 400	—
		导线垂直排列,上方为供电线,下方为供电线或回流线	2 000	—
5	与建筑物间的最小距离	最大弛度时最小垂直距离	4 000	2 500
		边导线最大风速时最小水平距离	3 000	1 000

(七)架空电力线路跨越接触网时距离的规定

为保证人身、设备安全,架空电力线路跨越接触网时应符合表 3-2-3 的规定。

表 3-2-3　架空电力线路跨越接触网的垂直距离

跨越接触网的电力线路电压等级/kV	电力线至接触网的垂直距离/mm	距轨面最小垂直距离/mm
35 以上至 110	≥3 000	—
220	≥4 000	—
330	≥5 000	—
500	≥6 000	—
750	—	21 500
1 000	—	27 000(单回)
	—	25 000(双回)
直流±800	—	21 500

35 kV 及以下的电线路(包括通信线路、广播电视线路等)不得跨越接触网,应由地下穿过铁路。

当海拔高度超过 1 000 m 时,上述距离应按海拔修正系数进行修正。

第三节 自动过分相装置

车载控制自动过分相装置由地面定点设备、信号接收设备、车载控制设备等组成。其中自动过分相地面磁感应器是保障电力机车(动车组)自动过分相的一项重要装置。

1. 地面磁感应器分类

地面磁感应器(图 3-3-1)一般分为无砟轨道预埋化学锚栓和有砟轨道轨枕预埋(磁轨枕式)两种安装型式。有砟轨道轨枕预埋(磁轨枕式)型式由磁性感应装置、特制轨枕和不锈钢防护箍三部分组成。

图 3-3-1 地面磁感应器

车载控制设备在实现过分相的自动控制时,同时允许机车乘务员通过手动进行控制。车载控制自动过分相装置适用的运营速度范围为 10~250 km/h。

2. 磁感应器安装的距离及位置

磁感应器安装于电分相区两侧,以电分相区两侧断字标牌为基准,向远离分相区测量一定距离,一般为(30+5)m,定下第一个磁感应器的安装位置(强迫断点),再以这个点向远离分相区方向测量一定距离,一般为 170 m,定下第二点的位置(预告点)反向运行时的预告点和强迫断点,同时也作为正向运行时的恢复点使用。预告点信号磁感应器在列车前进方向的右侧,强迫断点信号磁感应器在列车前进方向的左侧。

目前,自动闭塞供电线路、电力贯通线路及铁路变配电所、电源线路等设备组成的铁路供电网络已经承担着铁路运输生产调度指挥、通信信号、旅客服务等系统供电任务,是铁路重要的行车设备,是确保铁路安全、稳定、高效运营的基础设施之一。

供电系统由发电厂、电力网、电能用户组成。铁路供电系统由牵引供电系统,铁路变配电系统。

铁路电力系统主要由外部电源、高压变配电所、10/0.4 kV 变电所、箱式电气设备、沿线两回高压自闭、电力贯通线路、站场电力线路组成,并应用先进的计算机和通信技术,将铁路电力设备纳入电力 SCADA(数据采集与监视控制)系统进行远程监视和控制。

第四节　变配电所和电力贯通线

一、牵引变电所

牵引变电所是牵引供电系统的心脏，它的主要任务是将国家电力系统送来的三相高压电变换成适合电力机车使用的单相交流电，通过馈线将电能传递到接触网上，通过受电弓的移动接触，将牵引变电所输出的电能传送给电力机车，如图 3-4-1 所示。

图 3-4-1　牵引变电所

牵引变电所里设有主变压器、电压互感器、电力互感器、高压断路器、各种高压隔离开关、避雷器以及信号显示等设备。为使牵引变电所内各种电气设备正常运行，确保安全可靠供电，牵引变电所内还装有各种控制、测量、监视仪表和继电保护装置等。

分区所是指在供电臂末端设有开关设备，使牵引变电所可以进行越区供电，在复线区段可以实现上、下行接触网并联的场所。

开闭所是指设有开关设备，能进行电分段或变更馈线数目，实现缩短供电臂长度或为场、段等供电的电能分配场所。

牵引变电所向接触网的供电方式主要有单边供电、上下行并联供电方式。

接触网在相邻两个牵引变电所的中间断开，中间设有分区所，将两个牵引变电所之间的接触网分为两个供电分区，每个供电分区只能从一段的牵引变电所获得电能的方式，称之为单边供电。

在双线电气化区段的供电臂末端设有分区所，将上下行接触网通过断路器实行并联供电的方式，称之为上下行并联供电，这种供电方式的优点是能均衡上下行供电臂的电流，降低接触网损耗，提高电压水平。

二、配电所

电力变配电所是指在电力系统中变换电压和接受、分配电能的场所。铁路电力变配电所是专门为铁路内各用户，如车站、通信设备、行车信号、隧道等铁路设施供电的。电力变配电所主要由电力变压器、配电装置、综合自动化保护装置以及交流直流系统等部分构成。按照其用途来分，可分为升压变配电所和降压变配电所。

铁路变配电所和地方供电局的变配电所相比，具有下列特点：

1. 供电容量小，铁路变配电所一般为 2 000 kVA 左右，最大的单机容量为 8 000 kVA。自动闭塞变配电所的装机容量仅为几百千伏安；

2. 供电臂长，负荷成线状分布，铁路变配电所供电线路除向站区供电外，还向铁路沿线供电，在一般条件下供电臂宜为 40~60 km，当电源条件不允许时可延长到 70 km；

3. 供电可靠性要求高，自动闭塞信号、车站电气集中联锁、调度集中、机械化驼峰、电子计算机、工业电视、雷达测速等装置的使用，对铁路供电可靠性和供电质量提出了更高的要求。

根据事故停电所造成的后果，铁路用户负荷分为下列三级：一级负荷、二级负荷、三级负荷。一级负荷要求昼夜不间断地供电。铁路变配电所的控制方式分集中、半集中和就地控制三种。电力相关设备如图 3-4-2~图 3-4-5 所示。

图 3-4-2　干式变压器

图 3-4-3　调压器

图 3-4-4　低压塑壳断路器

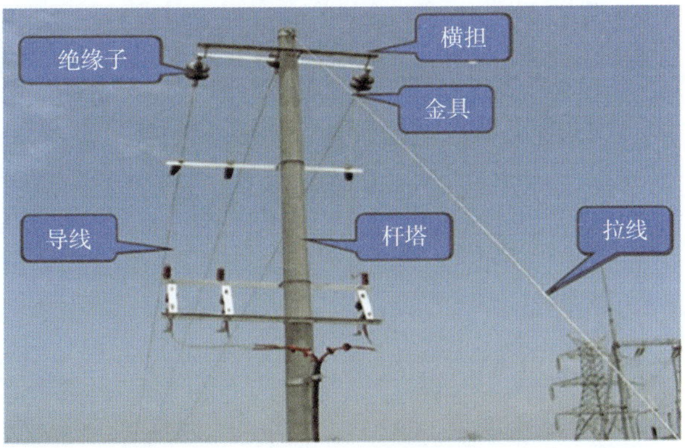

图 3-4-5　架空电力线路

三、自闭贯通线

贯通电力线路由下行方向变配电所向上行方向变配电所主供电,反方向为备供。

电力贯通线供电范围是:自动闭塞信号备用电源;中间站信号、小站电气集中、无线列调、车站电台、通信机械室等与行车直接相关的小容量设备;红外线轴温探测设备;车站信号室、通信机械室等处的重要照明设备;道口报警设备。供电能力允许时,可对其他重要的小容量二级负荷供电。

第五节　SCADA 和 6C

一、远动系统(SCADA)

远动系统(也称 SCADA 系统)由调度主站、被控站、复示终端,以及广域网(通信通道)等组成,具备对牵引供电及电力设备进行远程数据采集、通信、监视、测量、控制、保护、辅助监控的能力,满足集中统一调度管理需要。远动系统基本结构如图 3-5-1 所示。

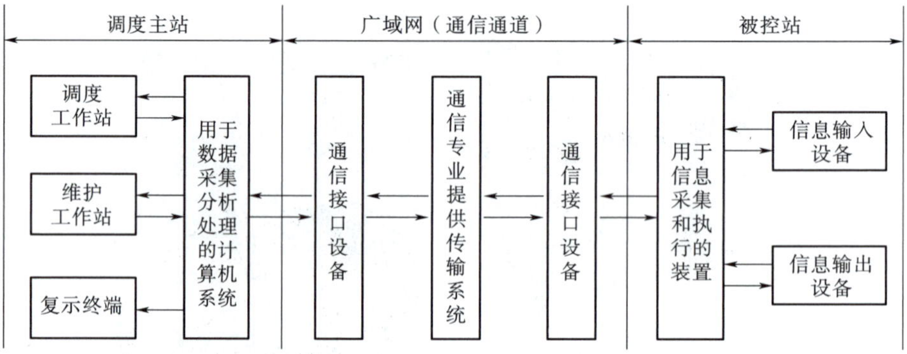

图 3-5-1　远动系统基本结构

(一)调度主站

调度主站部署于国铁集团—铁路局集团公司—段(以下简称国铁集团—局—段),基于云计算、大数据技术,以数据全景可视化、调度协同化为基本要求,实现与被控站的远程通信及对铁路供电系统的远程监视控制、辅助监控等功能,并支持与其他相关系统协调联动的系统。调度主站总体结构如图 3-5-2 所示。

(二)被控站

被控站是 SCADA 系统的三大组成部分之一,它的主要功能是完成对现场数据采集、预处理,对现场设备发送、输出控制命令,向调度端传输信息和执行调度端的控制指令,实现保护定值(查询修改)、故障录波(召唤)和故障报告等扩展功能。

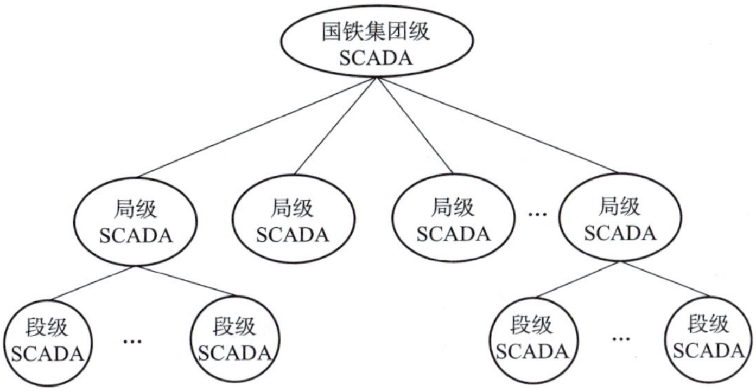

图 3-5-2　调度主站总体结构

常规被控站为远方终端设备(简称 RTU),集继电保护、监视控制于一体的被控站多采用综合自动化系统。

被控站主要包括远动监控被控站和辅助监控被控站。

1. 远动监控被控站组成

(1)综合自动化系统(含牵引综合自动化系统和电力综合自动化系统,简称综自系统或综自)。

(2)电力箱式变电站、站房所和远动间等终端。

(3)接触网电动隔离开关控制站。

2. 辅助监控被控站

辅助监控被控站指安装在牵引变电所(亭)、电力配电所(亭)的辅助监控系统。

(三)复示终端

复示终端是将调度台人机界面(HMI)中的各种画面、报警、报表、录波、曲线等信息以复示的方式展现出来,从调度主站获取相关供电系统运行数据,不具备调度控制权限。复示终端部署在站段、车间、工区,其系统组网示意如图 3-5-3 所示。

(四)广域网(通信通道)

广域网(通信通道)是实现调度主站与被控站系统间,国铁集团—局—段三级调度主站间的数据传输,属数据通信系统的范畴,其作用是实现调度主站和被控站间的数据交互。

二、铁路供电安全检测监测系统(6C 系统)

6C 系统作为铁路供电系统的组成部分,是保障供电设备安全可靠运行的重要手段,是保证铁路运输安全畅通的重要技术装备。

6C 系统主要包括:弓网综合检测装置(1C)、接触网安全巡检装置(2C)、车载接触网运行状态检测装置(3C)、接触网悬挂状态检测监测装置(4C)、受电弓滑板状态监测装置

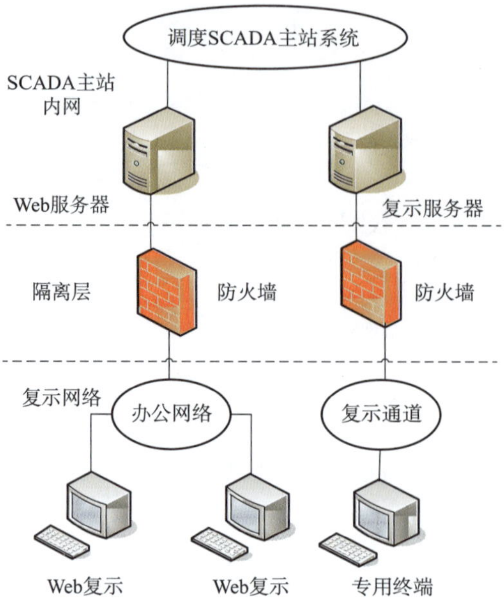

图 3-5-3 复示终端系统组网示意

(5C)、接触网及供电设备地面监测装置(6C)和 6C 系统综合数据处理中心。

1. 弓网综合检测装置(1C)

1C 装置安装在高速综合检测列车或接触网综合检测车上,安装在高速综合检测列车的 1C 装置如图 3-5-4(a)所示。1C 装置可实现弓网运行状态(包括弓网接触力、动态接触线高度、动态拉出值、硬点、接触网电压等)的实速检测,1C 装置采集波形如图 3-5-4(b)所示。

(a) 安装有1C装置的高速综合检测列车

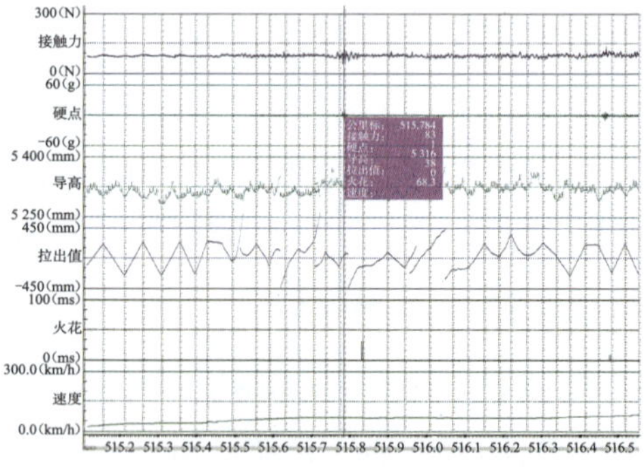

(b) 1C装置采集波形图

图 3-5-4 弓网综合检测装置(1C)及 1C 装置采集波形

2. 接触网安全巡检装置(2C)

2C 装置是指通过在运营的电力机车机车乘务员室内临时架设的便携式设备,如图 3-5-5(a)所示。2C 装置对接触网的状态及外部环境进行视频采集,2C 装置视频采集画面如图 3-5-5(b)所示。

（a）2C装置　　（b）2C装置视频采集画面

图 3-5-5 接触网安全巡检装置(2C)及 2C 装置视频采集画面

3. 车载接触网运行状态检测装置(3C)

3C 装置是指安装在运营的电力机车上的车载接触网运行状态检测装置,如图 3-5-6(a)所示。3C 装置对弓网运行状态实时动态检测监测,结果用于分析接触网和受电弓的配合状态。3C 装置视频采集画面如图 3-5-6(b)所示。

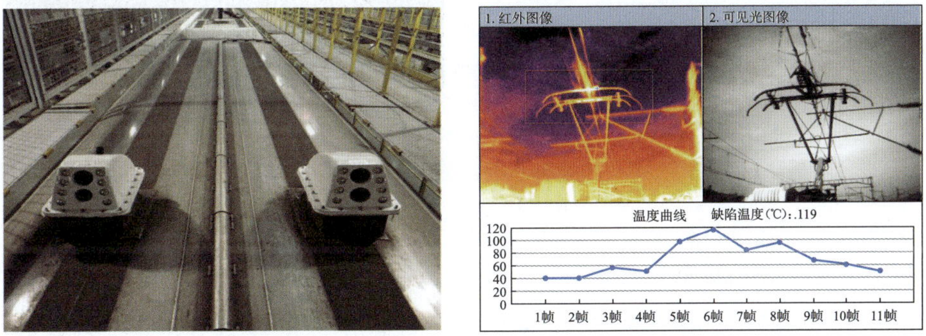

（a）3C装置　　（b）3C装置视频采集画面

图 3-5-6 车载接触网运行状态检测装置(3C)及 3C 装置视频采集画面

4. 接触网悬挂状态检测监测装置(4C)

4C 装置是安装在接触网作业车或专用车辆上的接触网检测监测装置,安装在专用车辆上的 4C 装置如图 3-5-7(a)所示。4C 装置能够周期性地对接触网主要零部件、结构及相关位置参数进行高分辨率成像,对接触网的技术状态进行检测,在检测数据自动识别与分析的基础上,指导接触网维修。4C 装置视频采集画面如图 3-5-7(b)所示。

5. 受电弓滑板状态监测装置(5C)

5C 装置是安装在电气化铁路的局界口、段界口、电力机车出入库区域、联络线、车站咽喉区等处所的图像采集装置,如图 3-5-8(a)所示。5C 装置监测并及时发现受电弓滑板异常状态,5C 装置视频采集画面如图 3-5-8(b)所示。

（a）安装有4C装置的检测车　　（b）4C装置视频采集画面

图 3-5-7　接触网悬挂状态检测监测装置(4C)及 4C 装置视频采集画面

（a）5C装置　　（b）5C装置视频采集画面

图 3-5-8　受电弓滑板状态监测装置(5C)及 5C 装置视频采集画面

6. 接触网及供电设备地面监测装置(6C)

6C 装置安装在接触网特定位置,用于监测接触网张力、振动、抬升量、线索温度、补偿位移、供电设备的绝缘状态、电缆头温度等参数。安装在补偿装置处的 6C 装置如图 3-5-9 所示。

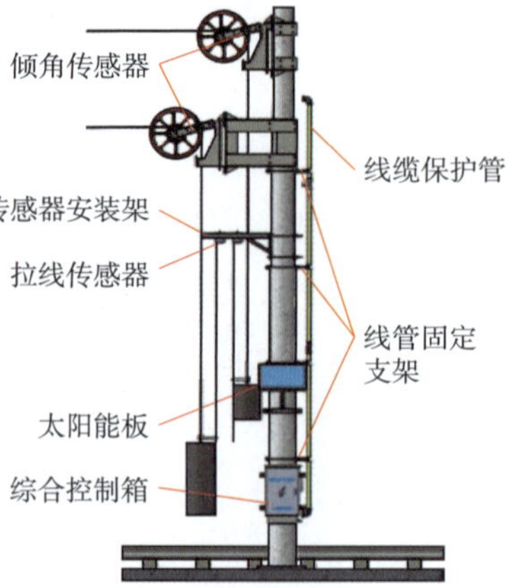

图 3-5-9　安装在补偿装置处的 6C 装置

7. 6C 系统综合数据处理中心

6C 系统综合数据处理中心按国铁集团、铁路局集团公司、供电段(含维管段)三级设置,是 6C 系统各装置所采集数据及相关基础数据的集中汇集处理与综合分析展示平台,为供电设备运行检修提供支持。某供电段 6C 系统综合数据处理中心如图 3-5-10 所示,6C 数据分析系统如图 3-5-11 所示。

图 3-5-10　6C 系统综合数据处理中心

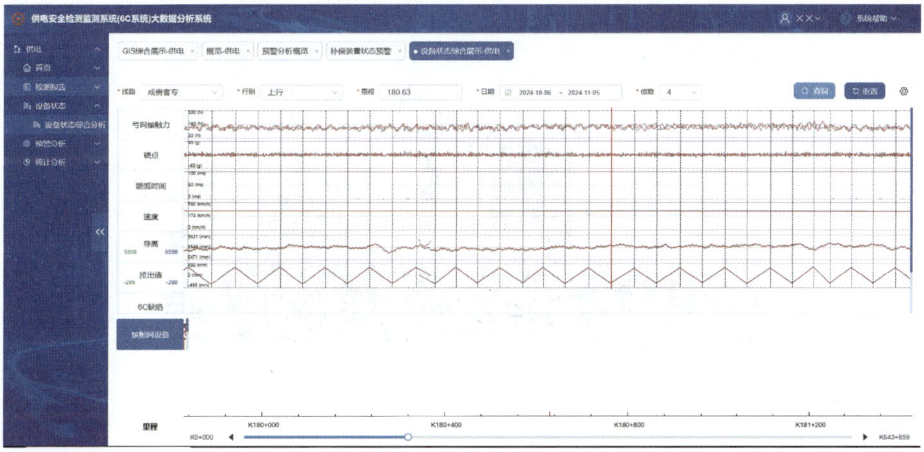

图 3-5-11　6C 数据分析系统

第六节　养 护 设 备

一、供电检修车列

接触网检修列车车组(以下简称检修列车)是用于电气化铁道接触网检修、维护作业的专用车组,可满足安全、高效、长时间、多个作业组同时作业的需求。检修车列由 2 台牵引车和 10 台作业车组成,全车长度 220 m,最高运行速度 120 km/h,顶部安装有贯通升降作业平台,如图 3-6-1 所示。

图 3-6-1　供电检修车

二、供电轨道车

接触网轨道车适用于电气化铁路接触网上部设施的安装、维修和抢险工作,也可作为牵引车,如图 3-6-2 所示。

图 3-6-2　供电轨道车

三、绝缘子冲洗车

为了防止电气化铁路污闪,供电部门定期进行带电水冲绝缘子清污工作。绝缘子带电水冲洗车是利用绝缘高压水柱的打击力清理绝缘子污秽的一套水压设备,如图 3-6-3 所示。

四、梯车

梯车是在对接触网施工维修及抢修时的作业工具,可以拆解组装,并有绝缘功能和在钢轨上移动功能,为作业提供便利,如图 3-6-4 所示。

图 3-6-3 绝缘子冲洗车

图 3-6-4 梯车

第四章　通信设备

铁路通信是为组织铁路运输、指挥列车运行和铁路业务联络而传输各种信息的专用系统的总称。铁路通信具有点多线长、布局成网、多层次、多种类的特点。随着铁路运输的发展和技术进步,通信技术迅速发展,光纤通信、无线通信的应用,数字化和程控化已成为普遍趋势。

第一节　通信业务

铁路通信业务是指铁路运输生产和经营管理等活动中所使用的通信业务,主要包括话音通信业务、图像通信业务、数据通信业务、铁路电报业务和其他通信业务。

一、话音通信业务

话音通信业务分为普通电话业务、专用电话业务、电话会议业务、广播业务。其中与调度日常联系较为紧密的为普通电话业务和专用电话业务。

1. 普通电话业务:在铁路运输生产、指挥中所使用的公众电话业务。普通电话具有公众性,普通电话用户分固定用户和移动用户两类。

2. 专用电话业务:专门用于铁路运输生产和经营管理的电话业务。专用电话系统具有相对独立性,专用电话用户分固定用户和移动用户两类。

专用电话业务包括调度员与其所管辖区内有关运输生产作业人员之间业务联系使用的专用电话业务、车站(场)电话业务、为相邻车站(场)值班员之间办理行车事宜而使用的专用直通电话业务和其他专用电话业务。

列车调度电话为列车调度员与其管辖调度区段内车站值班员、机车或动车组乘务员等相关工作人员之间进行联络,指挥列车运行而使用的专用电话。

二、数据通信业务

数据通信业务分为数据传送业务和数据终端业务。

1. 数据通信业务:通过铁路传输网、数据网为各类应用系统组网提供电路、VPN 等传送通道,以及通过光纤提供物理传输媒介。例如列车运行控制;CTC 或 TDCS;信号集中监测;列车安全监控;电力远动;防灾安全监控;货物运输管理;计划调度管理等。

2. 数据终端业务:通过通信网络及其终端设备,直接向用户提供应用层功能的数据通信业务。包括列车调度命令无线传送、列车进路预告信息传送、车次号校核信息无线传送、列车尾部风压信息传送、列车防护报警、道口报警和其他数据终端业务。

第二节 列车无线调度通信系统

450 MHz 无线列调系统是 450 MHz 频段列车无线调度通信系统的简称,是根据铁路运用需要经过长期发展,铁路相关管理部门逐步规范具有完善标准的一系列无线通信设备,从工作制式上来看,有 A、B、C 三种通信制式。其中 A 制式在铁路通信中未得到推广应用,目前全路 450 MHz 无线列调通信以 B 制式为主。

一、组网方式

450 MHz 无线列调系统采用有线、无线相结合的组网方式。车站电台、机车电台、便携电台之间的通信采用无线方式;调度台、机车电台之间的通信采用有线、无线相结合的方式、调度台、车站电台之间的通信采用有线方式,由数字电路或四线制音频话路构成。

二、系统组成

系统主要由调度台、调度总机、车站电台、机车电台、便携电台、区间中继设备、漏泄同轴电缆、有线通道和专用维护设备等组成。其中车站台用于铁路上的 450 MHz 无线列调系统,为机车和地面之间提供语音和数据的传输通道。

三、系统功能

1. 具有调度台、车站电台、机车电台间相互语音通话功能(大三角通信),具有车站电台、机车电台、便携电台间相互语音通信功能(小三角通信)。

2. 具有承载车次号校核、调度命令、列车尾部风压数据信息的功能。

第三节 GSM-R 网络

因现有 450 MHz 无线列调系统功能单一、频率利用低、多用户争抢信道、制式不统一等缺陷,不适应技术发展和运输生产的需要。全球铁路移动通信系统(GSM for Railways,GSM-R)在此基础上得到发展,GSM-R 是专门为铁路通信设计的专用通信系统,是在全球移动通信系统的基础上增加了铁路特殊业务所需要的调度通信功能和适合高速环境下使用的要素发展而成的。

一、GSM-R 的组成

GSM-R 系统主要由移动交换子系统（SSS）、移动智能网子系统（IN）、通用分组无线业务子系统（GPRS）、无线子系统（BSS）、无线终端（MS）、运营与支撑子系统（OSS）组成。

二、GSM-R 主要业务及功能

GSM-R 业务包括语音业务、数据业务、与呼叫相关的业务和铁路特定业务。

GSM-R 功能包括支持基本业务的功能、支持移动性操作的功能、呼叫处理附加功能、管理功能和其他功能。

三、GSM-R 的应用

GSM-R 在铁路通信领域的应用广泛，主要包括以下几个方面：

1. 列车调度指挥：通过 GSM-R 系统，调度中心可以实时掌握列车运行情况，进行列车运行计划的调整和优化。

2. 列车运行控制：GSM-R 系统可以实现列车自动驾驶、远程控制等功能，提高列车运行的安全性和可靠性。

3. 旅客服务：通过 GSM-R 系统，旅客可以享受到票务查询、列车时刻表查询、列车位置查询等便捷服务。

四、GSM-R 的作用

GSM-R 在铁路通信领域的作用主要体现在以下几个方面：

1. 提高通信可靠性：GSM-R 系统采用了先进的通信技术，保证了通信的稳定性和可靠性，为铁路运行提供了有力的通信保障。

2. 提升运营效率：通过 GSM-R 系统，铁路部门可以实时掌握列车运行情况，优化运行计划，提高运营效率。

3. 增强安全性：GSM-R 系统可实现列车远程控制、自动驾驶等功能，减少了人为因素带来的安全风险，提高了铁路运行的安全性。

第四节　CIR 设备

机车综合无线通信设备（CIR 设备）是保障列车运行安全、提供调度通信业务等功能的行车通信设备，是铁路通信系统中不可或缺的一环，为列车司机与地面调度、车站以及其他列车之间的通信提供了强有力的支持。随着铁路事业的快速发展,铁路 CIR 系统以其高效、可靠的性能在保障铁路行车安全、提高运输效率方面发挥着重要作用。CIR 设备组成如图 4-4-1 所示。

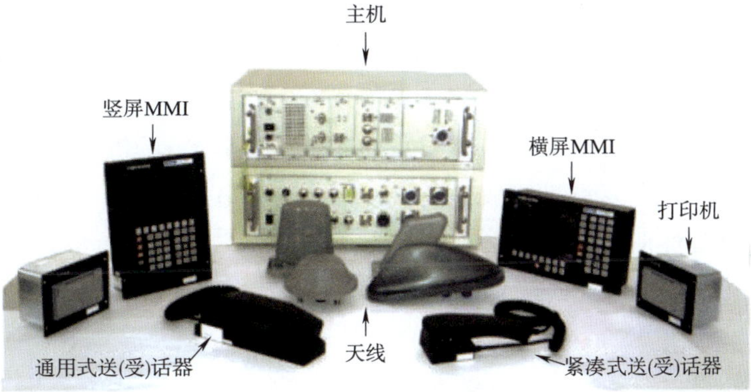

图 4-4-1　CIR 设备组成

一、CIR 组成

CIR 设备主要由 GSM-R、无线列调、列车防护报警、卫星定位、数据记录等功能单元和操作显示终端、送(受)话器、打印终端、天线、馈线系统等组成,并与 TAX 或动车组 DMS 装置连接,获取速度、公里标等信息。

二、CIR 作用

CIR 设备用于司机与列车调度员、车站值班员、车辆乘务员等作业人员进行语音通信,接收和显示调度命令和列车进路预告信息,发送和接收显示列车防护报警信息,操控列尾装置、显示列车尾部风压信息,并向 CTC/TDCS 系统发送车次号校核信息、调度命令签收信息。

三、CIR 功能

1. 具有通用式无线列调机车电台和 GSM-R 调度通信的功能。
2. 传送车次号校核信息,接收(显示)CTC/TDCS 系统发送的调度命令和列车进路预告信息。
3. 接收(显示)列车尾部安全防护装置传送的信息,控制列尾装置辅助排风。
4. 发送、接收(显示)列车防护报警信息。
5. 接收(显示)道口无线报警信息和施工无线防护报警信息。
6. 自动发送列车接近预警信息。

7. 通信模式自动/手动转换和语音提示。

8. 对调度通信话音、接收的调度命令信息和操作状态进行记录。

四、操作显示终端(MMI)显示内容

主界面显示分为基本信息显示区、列尾状态显示区、安全预警显示区、工作模式及运行线路显示区、调度通信状态显示区、功能按键显示区。

1. 基本信息显示区:显示扬声器音量或听筒音量、车次号、机车号、GPRS 工作状态、GSM-R 语音单元接收信号场强指示。在 GSM-R 工作模式下,基本信息显示区显示车次功能号和机车功能号的注册、注销状态。

2. 列尾状态显示区:显示列尾的连接状态、风压数值信息、客列尾还应显示客列尾 ID 等信息。

3. 安全预警显示区:显示安全预警信息和卫星定位单元状态及时间。

4. 工作模式及运行线路显示区:显示工作方式、线路名称、运行区段、工作模式等信息。

5. 调度通信状态显示区:显示调度通信的呼出、呼入、通话等状态信息,在 450 MHz 工作模式下,应显示 450 MHz 机车电台单元的收发状态。

调度命令显示界面分调度命令信息显示区、调度命令正文内容显示区。

1. 调度命令信息显示区:显示凭证名称、调度命令编号、发令处所、调度命令发布时间、车次号、调度命令签收状态等信息。

2. 正文内容显示区:显示调度命令正文内容、签收时间、签收地点等信息。

铁路 CIR 系统作为铁路通信系统的重要组成部分,其构造和作用体现了高度的专业性和技术集成性。通过对铁路 CIR 系统的介绍、构造和作用的详细分析,我们可以看到它在保障铁路行车安全、提高运输效率以及提升服务质量等方面发挥着不可替代的作用。未来,随着铁路事业的不断发展,铁路 CIR 系统将继续发挥其在铁路通信领域的专业优势,为铁路行业的繁荣和发展做出更大的贡献。

第五节　列车防护报警系统(LBJ)

一、系统组成

列车防护报警系统由数据采集编码器、800 MHz 机车电台(LBJ)、道口报警设备、施工防护报警设备、列车接近预警器、旅客列车尾部安全防护装置(KLW)和专用维护设备等组成。

编码器、LBJ 安装于机车、KLW 安装于列车尾部、道口报警设备安装于道口、工务人员配备施工防护报警设备和预警器,维护人员配备便携测试台和数据管理器、出入库检测设

备安装于机车出入库检测地点。

二、系统主要功能

LBJ 具有向 KLW 查询列车尾部风压和控制 KLW 排风制动的功能;具有发送和接收列车防护报警信息并发出声光提示的功能;具有接收道口事故报警信息和施工防护报警信息并发出声光提示的功能;具有发送列车接近预警信息并发出声光提示的功能;道口预警设备具有接收列车接近预警信息和发送道口事故信息并发出声光提示的功能;施工防护报警设备具有接收列车接近预警信息和发送施工防护报警;LBJ、道口报警设备、施工防护报警设备、预警器、KLW、数据管理器和出入库监测设备均具有记录功能;专用维护设备具有对 LBJ 进行出入库检测和数据维护管理的功能。

在平原地区,LBJ 发送列车防护报警信息时,以机车天线为基点,机车前后各 5 000 m 范围内的其他机车 LBJ 应能可靠接收。

三、列车防护报警和解除

按下报警按键,LBJ 每 5~10 s 随机连续发送 5 帧列车防护报警信息并进行记录,报警信息包含当前车次号、机车号、公里标和时间。LBJ 处于发送报警状态时,状态指示灯每 1 s 闪亮一次,同时扬声器发出提示音。

邻近列车的 LBJ 接收到列车防护报警信息后进行记录,同时显示报警信息包含的公里标,每 5 s 发出一次提示语音,按下控制盒上的确认键,应停止播放提示语音,LBJ 接收到列车防护报警解除信息,或者连续 30 s 以上未再次收到列车防护报警信息时,恢复守候接收状态。

再次按下报警键解除报警并恢复为守候接收状态,解除报警时,LBJ 连续发送 5 帧列车防护报警解除信息并进行记录,报警解除信息包含当前车次号、机车号、公里标和时间,控制盒的状态指示灯持续闪烁 5 s 后转为长亮,扬声器发出 5 s 提示音后停止。

四、道口报警和解除

按下道口报警设备的报警按键,道口报警设备每 5~10 s 随机连续发送 6 帧道口事故报警信息并进行记录。邻近列车的 LBJ 接收到道口事故报警信息后进行记录,同时显示报警信息包含的公里标并每 5 s 发出一次提示语音。LBJ 接收到道口事故报警解除信息,或者连续 30s 以上未再次收到道口事故报警信息时,恢复守候接收状态。

再次按下道口报警设备报警按键解除报警,道口设备连续发送 6 帧道口事故报警解除信息,邻近列车的 LBJ 接收到报警解除信息后进行记录,发出提示语音后恢复守候接收状态。

五、施工防护报警和解除

按下施工防护报警设备的报警按键，施工防护报警设备每 5～10 s 随机连续发送 6 帧施工防护报警信息并进行记录。邻近列车的 LBJ 接收到施工防护报警信息后进行记录，显示报警信息包含的公里标并每 5 s 发出一次提示语音。LBJ 接收到施工防护事故报警解除信息，或者连续 30 s 以上未再次收到施工防护事故报警信息时，恢复守候接收状态。

再次按下施工防护报警设备报警按钮解除报警，施工防护报警设备连续发送 6 帧施工防护报警解除信息，邻近列车的 LBJ 接收到报警解除信息后进行记录，发出提示语音后恢复守候接收状态。

第五章　房建设备

第一节　货运站台

铁路货运站台是货物装卸的主要场所，承担货物的装卸、转运、分拨等功能。

1. 铁路货运站台具有装卸功能。各种类型的货物可以通过机械设备或人力方式在货运站台上进行装卸，实现从铁路到其他运输方式的转换。

2. 铁路货运站台具有仓储功能。它可以为货物提供短期的存放空间，保证货物在运输过程中的安全。

3. 铁路货运站台具备中转功能，能够连接不同的运输线路和地区，实现货物的多式联运。

货物站台按其用途和距轨面高度可分为普通货物站台、尽端式站台、高站台、低站台等。普通货物站台如图 5-1-1 所示。

图 5-1-1　普通货物站台

普通货物站台的边缘顶面，靠铁路侧宜高出轨面 0.95～1.1 m，靠场地侧宜高出场坪 1.1～1.3 m，并根据需要设置可调节高度的升降平台。

邻靠装卸线的普通货物站台宜采用矩形布置,也可根据作业需要采用普通站台与尽端式站台相连的L形、凹形、凸形站台,并在端部设斜坡。商品汽车装卸可采用双层可调式装卸站台或尽端式货物站台辅加移动式商品汽车装卸爬梯。仓库站台应采用整体浇筑,站台边缘应镶嵌角钢。

第二节　客运站台

在办理客运业务的车站和乘降所设置旅客站台,可保证上、下车旅客的安全和便利,加快旅客上、下车的速度,方便行包、邮件搬运,缩短装卸时间和客车的停站时间,提高车站的通过能力。低客运站台如图5-2-1所示,高客运站台如图5-2-2所示。

图5-2-1　低客运站台

图5-2-2　高客运站台

客运站的旅客站台长度不应小于550 m,基本站台宽度在旅客站房和其他较大建筑物范围内,客运站宜采用25~20 m,其他地段不宜小于中间站台的宽度,中间站台客运站宜采用11.5~10.5 m,站台高度邻靠不通行超限货物列车的到发线一侧宜高出轨面1 250 mm,如进行列车人工检查作业时,应该留有列检作业通道,必要时也可采用500 mm,邻靠正线或通行超限货物列车的到发线一侧应高出轨面300 mm。

站台面作为旅客上下车的主要区域,其构造需满足承载能力与防滑要求。台面一般采用耐磨、防滑的材料铺设,以确保旅客在行走过程中的安全。同时,站台邻靠正线,列车通过速度大于80 km/h时,应在距离站台边缘1.5 m处设置站台安全标线,必要时在距离站台边缘1.2 m处设置安全防护设施,通过速度不大于80 km/h时,应在距离站台边缘1.0 m处设置站台安全标线。停靠动车组列车的站台应设置动车组车厢位置地面指示标志。

第三节　雨　棚

站台上设置雨棚,可保证旅客有良好的乘降条件和方便车站客运作业,防止行包、邮件受湿，如图 5-3-1 所示。

图 5-3-1 雨棚

客运站的基本站台、中间站台、地道出入口和天桥应设置雨棚，雨棚应与进、出站口相连；雨棚长度设置应与旅客站台长度等长，宽度应与站台的宽度相适应，且不应小于中间站台的宽度。无站台柱雨棚的支撑结构位于站台外，具有车站瞭望条件好，站台开阔通透，旅客活动空间大、易于与建筑设施结合、旅客易于辨识引导标志等优点，宜在中型及其以上规模的车站运用。

在办理大量零担中转后多雨、雪地区，且作业量较大时，可采用跨线雨棚。仓库、货棚在靠铁路一侧和场地一侧应设置雨棚，雨棚的宽度宜伸出站台边缘。

第四节 跨线设备

旅客跨线设备，包括天桥、地道和平过道。高架候车室有双重作用，即候车室兼跨线设备的作用。

因跨线设备是站房与站台间，站台与站台间来往的通道，它们为旅客和货物提供了便捷、安全的过轨方式，有效减少了穿越铁路线路的风险，显著提升了行人和车辆过轨的效率与安全性。跨线设备的设计充分考虑了人流和车流的通行需求，通过精细化的布局和稳健的结构设计，实现了高效、安全的过轨通行能力。同时，跨线设备还配备了齐全的安全防护设施，如坚固的防护栏杆、清晰的警示标识以及先进的监控系统，为旅客和货物的过轨安全提供了有力保障。天桥如图 5-4-1 所示。

图 5-4-1 天桥

第五节　铁路给水和卸污设备

旅客列车给水的车站，应在旅客列车到发线旁设置客车给水栓，保证旅客列车能在规定的上水站给水，满足旅客列车上旅客饮用等生活用水的供给，一般地区旅客列车上水管道设置应与线路间的排水槽合并设置。给水设备如图 5-5-1 所示。

卸污设备分为移动卸污设备和固定卸污设备，固定卸污设备采用真空卸污系统，其工作原理利用旋转凸轮泵形成真空，污物被旋转凸轮泵从污物箱中直接抽进卸污管道，无须其他设备即可排入处理地点。真空卸污系统由真空机组、真空卸污管道、抽吸单元等设备组成。卸污设备如图 5-5-2 所示。

图 5-5-1　给水设备

图 5-5-2　卸污设备

车站的卸污设施应综合考虑停靠列车对数、卸污列车对数、车站能力运用等因素综合确定。尽头式车站，每站原则上不少于 2 条卸污线，双线通过式车站，每站上、下行到发线原则上各不少于 1 条卸污线，每条卸污线的卸污单元的设置数量不少于 10 个。

第六章　机车设备

机车是铁路运输生产不可或缺的牵引动力，绝大多数铁路运输生产都需要机车才能完成，机车最大的特点就是本身不装载旅客或者货物，仅仅是提供动力。

第一节　内 燃 机 车

内燃机车是铁路主要的牵引动力设备，以其良好的适应性和经济性得以广泛运用。它的经济效益比同等功率的蒸汽机车高很多。我国的内燃机车经过长期的发展和积累，已建成比较完善的技术体系。

一、内燃机车的分类

1. 按用途分类

内燃机车按用途可分为客运、货运和调车内燃机车。

(1)客运内燃机车主要用于牵引旅客列车。具有较高的运行速度和启动加速度等特点。客运内燃机车有 DF_{4D}(客)型(图 6-1-1)、DF_{11} 型(图 6-1-2)等。

图 6-1-1　DF_{4D}(客)型内燃机车

图 6-1-2　DF_{11} 型内燃机车

(2)货运内燃机车主要用于牵引吨位较大的货物列车，具有牵引力较大等特点。货运内燃机车有 DF_{4D}(货)型(图 6-1-3)、HXN_3 型(图 6-1-4)、HXN_5 型(图 6-1-5、6-1-6)等。

图 6-1-3　DF_{4D}(货)型内燃机车

图 6-1-4　HXN_3 型内燃机车

图 6-1-5　HXN_5(单司机室)型内燃机车

图 6-1-6　HXN_5(双司机室)型内燃机车

(3)调车内燃机车主要用在调车场,运用工况主要包括:调车以及小运转作业。其工作特点是频繁地启动和停车。调车内燃机车有 DF_5 型(图 6-1-7)、DF_{7C} 型(图 6-1-8)、DF_{7G} 型(图 6-1-9)、HXN_{3B} 型(图 6-1-10)等型。

图 6-1-7　DF_5 型内燃机车

图 6-1-8　DF_{7C} 型内燃机车

2. 按传动方式分类

内燃机车根据从柴油机到动轮之间采用传动装置的种类可分为电传动、液力传动和机械传动三种类型。

图 6-1-9 DF_{7G} 型内燃机车

图 6-1-10 HXN_{3B} 型内燃机车

(1)电传动内燃机车是以柴油机驱动主发电机，然后向牵引电机供电，并通过牵引齿轮驱动轮对旋转。根据电机形式不同，可分为三种：直-直流电传动、交-直流电传动、交-直-交流电传动（简称交流电传动）。我国现有主力内燃机车 HXN_3、HXN_5、HXN_{3B}、HXN_{5B} 等型号均采用此种电传动方式。

(2)液力传动内燃机车，主传动采用液力传动装置，柴油机驱动液力传动装置，将机械功转变成液体动能，再经变扭器的涡轮转换成机械能，以适应机车的各种运行情况，机械能然后经万向轴、车轴齿轮箱等部件传至车轮。

(3)机械传动内燃机车，在柴油机与车轴轮对之间，用离合器和齿轮变速箱连接。机械传动机车功率较小，换挡有冲击，一般只用于小型工矿机车。

内燃机车除上述分类法外，还可按轨距、轴数等进行区分。按轨距类型可分为标准轨机车、宽轨机车、窄轨机车；按轴数类型可分为 4 轴机车、6 轴机车、8 轴机车等。

3. 轴列式表示方法

内燃机车车轴排列，单节机车从机车I端或前端开始，重联机车从机车两端开始，按同种相邻车轴数量分别以相应的大写拉丁字母，阿拉伯数字和数学符号表示。大写拉丁字母表示驱动轴，阿拉伯数字表示非驱动轴，正号“+”表示铰接，负号“－”表示无连接。单独驱动的驱动轴，在相应字母的右下角注“0”字：成组驱动的驱动轴，不加注角。轴列式图示及说明见表 6-1-1。

A 表示一根驱动轴；

B 表示两根成组驱动的驱动轴；

B_0 表示两根单独驱动的驱动轴；

C 表示三根成组驱动的驱动轴；

C_0 表示三根单独驱动的驱动轴；

1 表示一根非驱动轴。

二、内燃机车基本组成

内燃机车一般是由动力装置、传动装置、车体和车架、走行部、控制系统、辅助装置及制动系统七部分组成。

表 6-1-1　轴列式图示及说明

轴列式	图　示	说　明
B_0-B_0	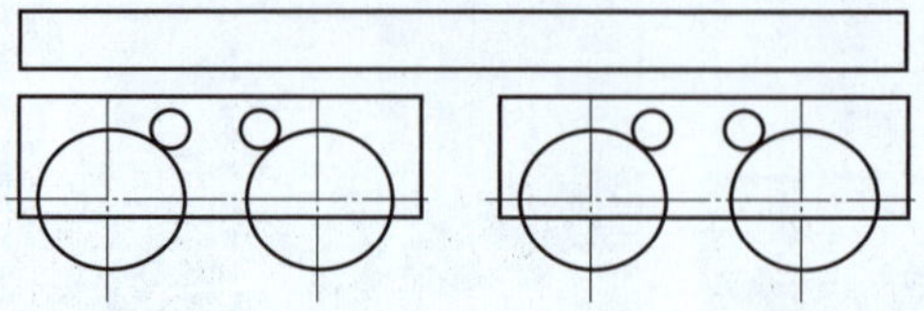	机车具有两台各轴为单独驱动的两轴转向架
C_0-C_0	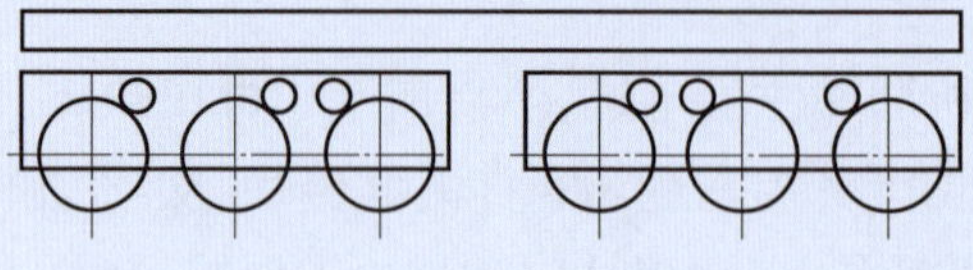	机车具有两台各轴为单独驱动的三轴转向架
B_0-B_0-B_0	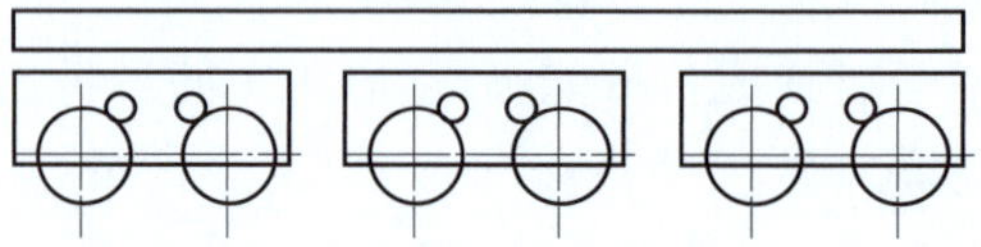	机车具有三台各轴为单独驱动的两轴转向架
2(B_0-B_0)	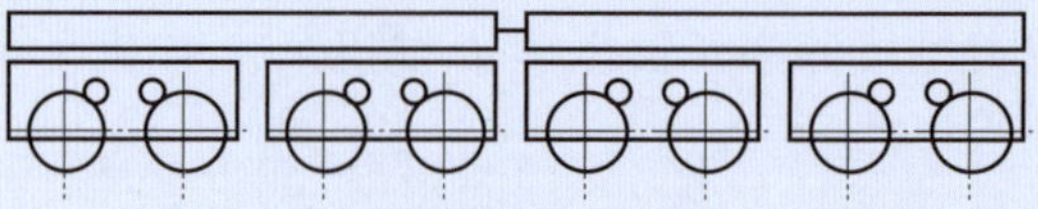	机车为两节重联,每节机车具有两台各轴为单独驱动的两轴转向架
2(C_0-C_0)	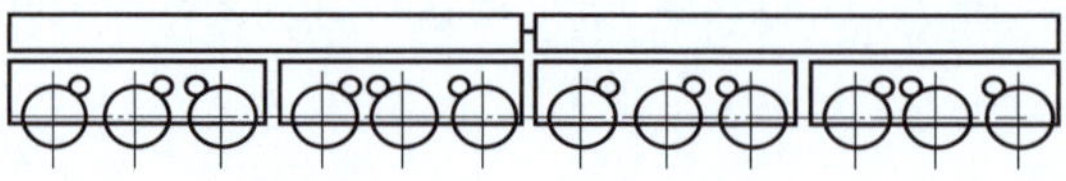	机车为两节重联,每节机车具有两台各轴为单独驱动的三轴转向架

1. 动力装置

内燃机车的动力装置为柴油机或动力电池等其他储能设备,动力电池主要应用在混合动力机车上。

柴油机一般可按下列三种情况分类:

(1)按每工作循环冲程数分为四冲程柴油机和二冲程柴油机两种;按进入柴油机气缸内的空气压力分为有增压和无增压两种。

(2)按气缸排列形式分为V形柴油机和直立型柴油机等。

(3)按标定转速分为高速(1 500 r/min以上)柴油机和中速(1 000 r/min左右)柴油机。

2. 传动装置

从柴油机曲轴到机车车轴之间,需要有一套扭矩、转速及方向可变的中间环节,即传动装置。这是由于柴油机是不能直接驱动车轴,所以必须设置传动装置。内燃机车传动装置有电传动、液力传动和机械传动三种形式。其中电传动是最理想、最成熟,也是目前应用最广泛的形式。

3. 车体与车架

车体与车架是各机组和设备的安装基础,承受垂直载荷并传递机车牵引力。司机室是乘务人员工作和短期生活的场所。

车体按钢结构承载方式可分为承载式车体和非承载式车体。承载式车体是靠底架、侧墙、司机室钢结构等整体承载,其车体的刚度一般好于非承载式车体;非承载车体主要是车架来承受载荷,因此车架结构的强度和刚度较大。

4. 走行部

走行部的主要作用是承受车体及其上部所有设备的重量,传递机车牵引力和制动力。并保证机车安全、舒适运行。走行部可分为车架式和转向架式两种,现代大功率内燃机车走行部一般采用转向架式结构。转向架是机车运行的直接执行部件,既要承受机车上部重量,又要带动整列车运行,转向架结构的优劣直接影响着机车的运行品质和安全性。

转向架组成一般包括:构架、轮对、轴箱、电机悬挂装置、基础制动装置、支承、牵引装置、附件等。

5. 控制系统

控制系统的主要功能是综合机车运行工况和各个设备的运行状态,对机车的工作模式,设备性能等进行控制。

机车控制系统可以分为继电器接触器控制系统和计算机网络控制系统。

(1)继电器接触器控制系统由司机控制器、低压电器、主电路及辅助电路中的各电器电磁线圈以及各电器部件的联锁组成。通过司机操纵台上的各按键开关和司机控制器手柄,司机可以控制主电路和辅助电路中各电器的动作,使机车按照司机的指令运行。

(2)计算机网络控制系统是用于连接车载设备,实现信息共享、控制功能、监测诊断的数据通信系统,它以计算机网络为核心,把计算机技术、控制技术、设备诊断技术与网络通信技术紧密结合起来。控制系统主要由机车中央控制单元、远程输入输出模块及计算机显示单元组成。

6. 辅助装置

机车辅助装置一般包括:燃油系统、机油系统、冷却和预热系统、通风及空气滤清系统、辅助电气系统、行车记录及监控系统。

7. 制动系统

制动系统是用以控制运行中的机车和整个列车减速和停车的重要系统。空气制动系统通常由压缩机、风缸、制动机、基础制动装置等部分组成。

空气制动的原理是利用压缩空气推动安装在转向架上的基础制动装置与车轮踏面或者车轮上安装的制动盘等部件进行机械摩擦,从而达到制动的作用。空气制动通常有踏面制动、轮盘制动两种形式,采用何种制动形式需根据机车特定情况来选择。

三、内燃机车主要机型

内燃机车主要机型 DF_{11G}(AC380V)型和 DF_{11G}(DC660V)型如图 6-1-11 和图 6-1-12 所示。其他主要内燃机参数见表 6-1-2。

图 6-1-11　DF_{11G}(AC380V)型内燃机车

图 6-1-12　DF_{11G}(DC600V)型内燃机车

表 6-1-2　主要内燃机参数表

机型	轴重 /t	功率 /kW	持续速度 /km·h^{-1}	最高速度 /km·h^{-1}	持续牵引力 /kN	起动牵引力 /kN
DF_{4D}	23	2 425	39	140	214.8	302.6
DF_{4DH}	23	2 425	24.5	100	341.2	442.2
DF_{11}	23	3 040	65.6	170	160	253
DF_{11G}	23	7 220	83.5	170	250	386
HXN_3	25	3 780	20	120	598	620
HXN_{3B}	25	2 700	18	100	540	560
HXN_5	25	4 003	25	120	565	620

第二节　电力机车

电力机车是由电气化铁路供电系统提供能源,由牵引电机驱动前进的一种轨道交通运输设备,是一种非自带能源的机车。电力机车具有功率大、过载能力强、牵引力大、速度快、整备作业时间短、维修量少、运营费用低、便于实现多机牵引、能采用再生制动以及节约能源等优点。

一、电力机车的分类

1. 按用途划分

电力机车按照用途及使用场所，可分为客运电力机车、货运电力机车、客货两用电力机车和调车电力机车。

(1)客运电力机车

客运电力机车主要用于承担客运列车牵引任务，其特点是牵引力较小，运行速度较高。

(2)货运电力机车

货运电力机车主要用于承担货运列车牵引任务，其特点是牵引力大，运行速度较低。

(3)客货两用电力机车

客货两用电力机车可同时用于客运和货运列车牵引任务，其特点是牵引力、运行速度介于客运、货运电力机车之间。

(4)调车电力机车

调车电力机车主要用于在站场编组列车时进行短距离牵引任务，其特点是牵引功率和牵引力均较小，速度较低。

2. 按电流制式划分

电力机车按照电流制式划分，可分为直流制电力机车、交流制电力机车、多流制电力机车。

(1)直流制电力机车

直流制电力机车是由直流接触网供电的电力机车。其接触网通常为1.5 kV和3 kV的直流电压。直流制电力机车采用直流牵引电机，其结构简单、控制方便、易于维修、运用比较可靠。

(2)交流制电力机车

交流制电力机车分为单相低频电力机车和单相工频电力机车两种。

①单相低频电力机车是在单相交流低频供电接触网下采用单相交流整流子电动机驱动的电力机车。

②单相工频电力机车是单相交流工频供电接触网下采用牵引电机驱动的电力机车。

(3)多流制电力机车是能在两种及以上的供电制式下运用的电力机车。

3. 按传动方式划分

电力机车按照电传动方式划分，可分为直-直流电传动、直-交流电传动、交-直流电传动和交-直-交流电传动等类型。

4. 轴列式表示方法

同内燃机车。

二、电力机车基本组成

电力机车基本组成包括高压系统、电传动系统、控制系统、车体及钩缓装置、转向架、制动系统和辅助系统。

1. 高压系统

高压系统是指机车网侧系统或网侧电路，也就是机车从交流 25 kV 供电接触网获取电流并将电流导入牵引变压器原边绕组，再通过接地装置将电流送钢轨及铁路变电站的电路或系统。

2. 电传动系统

电传动系统是电力机车的核心子系统，是实现牵引变压器次边电能到牵引电机转动机械能转换的最主要系统，电传动系统的发展推动了整个电力机车的向前发展。传动系统可以分为直流电传动系统和交流电传动系统，最为主流的交-直-交流电传动系统就属于交流电传动系统。

3. 制动系统

制动系统作为电力机车的重要组成部分，是保证列车安全平稳调速及停车的关键系统，其性能的好坏直接影响列车运输安全。一般来说制动主要分为动力制动与空气制动，动力制动一般采用再生制动，通过牵引电机发电并将发出的电能回馈到接触网以供其他列车使用，这一过程消耗了列车的前进动能，达到了制动降速的效果。空气制动同内燃机车。

4. 辅助系统

辅助系统是配合电力机车主电路系统正常工作的相关配套系统，主要包括辅助电源、辅助负载和通风系统等子系统。

5. 车体及钩缓装置、转向架、控制系统

同内燃机车。

三、电力机车主要机型

电力机车主要机型如图 6-2-1~图 6-2-6 所示。电力机车主要机型参数见表 6-2-1。

图 6-2-1　SS_9(AC380V)型电力机车(红)

图 6-2-2　SS_9(DC600V)型电力机车(绿)

图 6-2-3 HXD$_2$ 型电力机车

图 6-2-4 HXD$_{3B}$ 型电力机车

图 6-2-5 HXD$_{3C}$ 型电力机车

图 6-2-6 HXD$_{3D}$ 型电力机车

表 6-2-1 电力机车主要机型参数

机型	轴重 /t	功率 /kW	持续速度 /km·h^{-1}	最高速度 /km·h^{-1}	持续牵引力 /kN	起动牵引力 /kN
SS$_9$	21	4 800	99	170	169	286
SS$_{9G}$	21	4 800	99	170	169	286
HXD$_{3B}$	25	9 600	68.2	120	506.7	≥570
HXD$_{3C}$	23/25	7 200	70/65	120	370/400	520/570
HXD$_{3D}$	21	7 200	80	160	324	420
HXD$_2$	23/25	10 000 (1-180) /9 600	70/65	120	514/554	700/760

第三节 整备设备

铁路机车作为铁路运输体系的核心组成部分，其运行状态直接影响着整个铁路运输系统的安全与效率，需设置配套的整备设备。

整备设备主要由以下设备构成：出入库数据采集设备、洗车机、卸污设备、机车走行部检测、探伤设备、受电弓检测设备、整备检修作业平台及安全联锁监控设备、上油、上水、上砂设备、移车牵车设备、机车直供电试验设备、整备作业擦车台，自动过分相检测装置等。洗车机、移车牵车设备、机车直供电试验设备如图 6-3-1 ~ 图 6-3-3 所示。

图 6-3-1　洗车机

图 6-3-2　移车牵车设备

整备场自动化检测包括受电弓测量（含受电弓滑板厚度、受电弓静态接触压力等）、轮对测量（含轮缘厚度、踏面磨耗等）、轮形测量（含踏面擦伤、剥离等）、轮对探伤（含轮对内部缺陷、辋裂等）、走行部图像比对等功能。机车动态检测棚如图 6-3-4 所示。

图 6-3-3　机车直供电试验设备

图 6-3-4　机车动态检测棚

第四节　救 援 列 车

为迅速对发生事故地段进行抢修并开通区间，应按国铁集团规定在指定地点设置救援列车。

一、救援列车组成

救援列车编组所属的专用车辆由指挥车、宿营车、餐车、发电车、工具车、吊臂平车和铁路救援起重机组成（具体可根据实际配备），如图 6-4-1 所示。

图 6-4-1 救援列车

1. 铁路救援起重机 1 或 2 台，主要用于吊复脱轨、颠覆的铁路机车车辆或清理铁路事故现场的障碍物等。

2. 吊臂平车 1 或 2 辆，为铁路救援起重机配套专用车辆，主要用于搁放吊臂、存放常用救援机索具、小型会议室和乘务人员休息室等。

3. 工具车 1 至 2 辆，主要用于存放工具、机具、吊具、索具等救援用的设备物品。

4. 发电车 1 辆，车上配备柴油发电机组和必要的机具与照明器材，主要用于本列车和事故现场的照明和电源。

5. 餐车 1 辆，主要用于供应救援列车人员在事故救援过程中就餐和饮水。

6. 宿营车 1 辆，配置不少于 40 个床位和冷暖空调，主要用于救援列车人员在事故救援过程中间隔休息。

7. 办公指挥车 1 辆，主要用于事故救援现场办公指挥和伤员临时救护。

救援列车上应有防暑、防寒、冷冻冷藏和饮用水供应等设施设备，储备满足本列车全员食用三至五天的应急食品。

二、救援列车停留地点相关要求

1. 救援列车停留线应设在具备内燃机车担当牵引任务的机务段（折返所）内或车站上。停留线两端应与段内（或站内）出动快捷的线路接通，其有效长度应不少于 250 m。

2. 救援列车停留线应具备铁路救援起重机日常机能试验和维护保养的回转条件，停留线上方严禁设置高压接触线，与相邻线路线间距应不少于 8.5 m（与相邻电气化线路线间距应不少于 12 m）。

3. 救援列车停留线应设置铁路救援起重机的停放库（棚）、检查坑、检查作业平台和全列车的地面给水、供电、供风、照明、消防、登车设施等。停留线旁还应设置日常救援实作演练的线路。

三、救援起重机及救援工具

1. 铁路救援起重机

铁路救援起重机是指安装在专用底架上沿铁路轨道运行，主要用于铁路机车、车辆颠覆和脱轨等事故救援，也可用于装卸货物、安装设备和铁路工程施工的吊臂型起重机，如图 6-4-2 和 6-4-3 所示。

图 6-4-2　NS1601（B）型内燃起重机

图 6-4-3　NS2000 型内燃起重机

铁路救援起重机按驱动的动力形式分为内燃驱动和复合驱动，其中复合驱动分为内燃液力、内燃液压和内燃电力；按吊臂的结构形式分为定长臂和伸缩臂。

内燃铁路救援起重机的型号由汉语拼音和阿拉伯数字组成，采用两节号码，两节号码中间用一短横线隔开，其表示方法如下：

NS①②③-④⑤

N——内燃机驱动；

S——伸缩臂；

①——最大额定起重量（t），不足三位数者，前面加零；

②——设计顺序号，0～9；

③——变型产品代号，采用大写英文字母表示，原型机可省略，G 代表重大改造；

④——制造单位代号，0～9；

⑤——出厂顺序号：个位或两位数前面补零。

沈阳局集团公司主要配属 NS1600 型、NS1601（B）型、N1601 型、N1002 型救援起重机。

2. 吊具

吊具是指与救援起重机配套的、悬挂于起重机吊钩或吊臂下方、满足事故救援起吊要求的装置，包括支撑（承）梁或均衡梁、钢丝绳吊索、合成纤维吊装带、挂钩、链条卡板、吊钩、吊环、吊销等。其中，挂钩如图 6-4-4 所示，链条卡板如图 6-4-5 所示。

3. 索具

索具是指在行车事故救援的吊复、顶复作业中，为保持车体与随车起吊部件之间的锁紧连接,所使用的连接器具,如图 6-4-6 所示。

图 6-4-4　挂钩

图 6-4-5　链条卡板

4. 液压起复机具

液压起复机具是指将能够恢复运行的脱轨机车车辆通过顶升、横移、落轨以及其他辅助作业恢复到线路上的以液压为动力的救援设备。液压起复机具按动力源分为机动式、电动式和手动式三种。液压起复机具按顶升移动方式分为直顶横移式和顶升轮轴式两种。主要由液压千斤顶、液压泵站、管路、驱动和承载件构成,如图 6-4-7 所示。

图 6-4-6　索具

图 6-4-7　液压起复机具

5. 起重气袋装置

起重气袋装置是一种由橡胶与钢丝复合而成的扁平形气动千斤顶。基本配置由压缩空气瓶、减压器、控制箱、输气软管耦合件、带充气接头和固定装置的气袋构成。

6. 液压扶正机具

液压扶正机具是指具有扶正和翻车功能的液压救援设备。通常由动力源、执行机构、控制(操作)机构、管路和承载件构成。

7. 复轨器

复轨器是指可安装于铁道线路上,沿线路方向利用外部动力牵引脱轨机车车辆或机车利用自身动力行进,通过抬高、逼近作用,迫使事故车轮复位到钢轨上的专用救援工具。复轨器按其结构形式主要分为人字形、海参形、组合式复轨器等多种。人字形复轨器如图 6-4-8 所示。

图 6-4-8　人字形复轨器

8. 液压破拆机具

液压破拆机具是指剪切分离机车车辆结构，打通救援通道，排除救援障碍，抢救事故中的人员、物品的以液压为动力的工具。破拆机具按功能分为：剪切器、扩张器、剪扩器等。

9. 代用台车

代用台车是指用于临时替代破损的机车、车辆的轮对或转向架运行的装置。按用途分为机车、客车、货车和客货通用台车。台车的最大运行速度应不低于 15 km/h，通过道岔速度应不低于 10 km/h。

10. 便携式等离子束切割机

便携式等离子束切割机是以水和乙醇为工作介质，利用其蒸气等离子体在磁场和气体动力作用下收缩效应原理而研制的切割、焊接工具。用于事故救援中切割金属和非金属材料，打通救援通道。由主机电源和喷枪组成。以便携式变频发电机组为后备电源。

11. 接触网抢险塔架

接触网抢险塔架是安装在铁道线路旁，临时抢险用的供电接触网架设装置，由塔架支柱、塔架底座及支撑装置等部件组成。

12. 液压牵引机具

液压牵引机具是指对脱轨的机车车辆实施牵拉复轨作业的液压动力设备，简称牵车机。

13. 拼装式轨道运输小车

拼装式轨道运输小车是以人力、电动机或内燃机驱动，可在铁路线路上运行，车身可折叠或可拼装，便于搬运和存放的运输工具，简称轨道小车。一般分为人力轨道小车和机动轨道小车。

四、机车车载安全防护系统（6A）

机车车载安全防护系统（6A）是针对机车的制动系统、防火、高压绝缘、列车供电、走行部、视频等危及安全的重要事项、重点部件和部位，采用实时检测、监视、报警并可实现网络传输、统一固态存储和智能人机界面，整体研究设计而形成平台化的安全防护装置。

机车车载安全防护系统（6A）将实现以中央处理平台（CPP）集合机车空气制动安全监测子系统（ABDR）、机车防火监控子系统（AFDR）、机车高压绝缘检测子系统（AGDR）、机车列车供电监测子系统（APDR）、机车走行部故障监测子系统（ATDR）、机车自动视频监控及记录子系统（AVDR），实现综合诊断、统一存储、集中显示和车—地通信等功能。

1. 中央处理平台

主要功能：（1）综合处理报警；（2）安全信息存储；（3）人机交互界面；（4）平台统一供电；（5）实时网络传输；（6）双处理器冗余工作；（7）监测子系统可扩展。

2. 机车空气制动安全监测子系统

主要功能：（1）列车折角塞门非正常关闭监测；（2）机车停放制动非正常施加监测。

3. 机车防火监控子系统

主要功能：（1）火灾报警；（2）火情可视。

4. 机车高压绝缘检测子系统

主要功能：（1）升弓前对机车高压绝缘状态进行确认；（2）记录高压绝缘测试数据，防止盲目升弓而引起接触网烧损。（3）检测车顶高压部件的绝缘状态。

5. 机车列车供电监测子系统

主要功能：（1）接地诊断（漏电流检测）；（2）对机车及后部列车供电状态进行监测；（3）列车供电状态及故障记录，可在机车出库、挂车、运行过程中对列车供电状态进行实时监测，实现列车供电系统故障分析。

6. 机车走行部故障监测子系统

主要功能：走行部轴承温度和冲击监测。

7. 机车自动视频监控及记录子系统

主要功能：（1）监控路况、司机室、机械间等处的视频图像；（2）实现与防火系统的联动；（3）视频图像存储和调用分析。

第七章　车辆设备

铁路车辆是运送旅客、货物或具有其他指定用途的运载工具，最大的特点是没有动力装置，需要由机车牵引在线路上运行。

第一节　铁路车辆基本知识

一、车辆分类

铁路车辆主要按用途分为客车、货车和特种用途车。客车是指供运送旅客和为此服务的或原则上编组在旅客列车中使用的车辆。货车是指供运输货物和为此服务的，一般编组在铁路货物列车中使用的车辆。货车按用途可分为通用货车和专用货车，通用货车适用于运输多种货物的车辆，专用货车是专门运输某一种类货物的车辆。特种用途车是具有特殊用途的车辆。

铁路车辆种类繁多，但其构造基本相同，一般由车体、车内设备、走行装置、车钩缓冲装置、制动装置五个基本部分组成。铁路货车的组成如图 7-1-1 所示。

图 7-1-1　铁路货车组成

二、车种和车号

为了对车辆识别和管理，必须对每一辆车进行编码，且每一辆车的代码须唯一，代码包括车种、车型和车号。车种车型是体现车辆种类和结构特点的代号。

1. 货车车种、车型和车号

(1)货车车种

货车车种是按货车的形状特征、所装运货物的特征或车辆的技术特征划分的，部分车种如图 7-1-2～图 7-1-9 所示。

图 7-1-2　敞车

图 7-1-3　棚车

图 7-1-4　平车

图 7-1-5　罐车

图 7-1-6　漏斗车

图 7-1-7　粮食车

货车车种编码原则上按货车车种名称的汉语拼音的第 1 个大写字母表示，详见表 7-1-1。

(2)货车车型

货车车型表征车种和车辆用途、技术特征、结构特征等的字母和数字组合。

图 7-1-8　集装箱专用车

图 7-1-9　长大货物车

表 7-1-1　货车车种分类

车种名称	车种编码	车种名称	车种编码	车种名称	车种编码
敞车	C	保温车	B	集装箱专用车	X
棚车	P	粮食车	L	小汽车专用车	SQ
平车	N	毒品车	W	汽车驼背专用车	QT
罐车	G	水泥车	U	长大货物车	D
漏斗车	K	家畜车	J	特种车	T

货车车型采用大写汉语拼音字母和阿拉伯数字编码,编码不应超过 6 位,由车种编码、辅助编码 1、辅助编码 2、载重级别或速度级别或顺序序列、定型序号、转向架编码等组成。可无辅助编码 1、辅助编码 2、定型序号、转向架编码。

具体表示为:①②③④⑤⑥

①——车种编码;

②——辅助编码 1(可无);

③——辅助编码 2(可无);

④——载重级别或速度级别或顺序序列;

⑤——定型序号(可无);

⑥——转向架编码(可无)。

车种编码和辅助编码 1、2 情况见表 7-1-2 和表 7-1-3。

(3)载重级别、速度级别、顺序序列

载重级别、速度级别、顺序序列编码采用 1~3 位阿拉伯数字表示,应符合下列要求:

除长大货物车和特种车外的其他货车,当最高运行速度小于或等于 120 km/h 时,用 1~3 位数字表示载重级别;当运行速度大于 120 km/h 时,用 3 位数字表示速度级别。

长大货物车载重级别编码取载重级别的首位和十位数字,无百位数字时仅取十位数字。

特种车采用顺序序列表示。

表 7-1-2 车种编码和辅助编码 1

货车车种	辅助编码 1	含义	货车车种	辅助编码 1	含义
平车 N	X	集装箱	罐车 G	Q	轻油类
	P	带活动棚		N	黏油类
	J	铺架机组车辆		S	酸类
	A	凹底平车		J	碱类
漏斗车 K	M	煤炭		L	沥青类
	Z	石砟		W	食品类
	S	石灰石		H	其他化工类
	T	铁矿石		Y	压力
	L	熟料		F	粉状货物
	F	自翻	保温车 B	H	货物
长大货物车 D	N	平		F	发电
	Q	钳夹	特种车 T	G	罐
	A	凹底		P	棚
	K	落下孔		B	保温
	F	机身运输			
	L	运梁			

表 7-1-3 车种编码和辅助编码 2

货车车种	辅助编码 2	含　义
压力罐车 GY	A	表示第 2.1 项易燃气体
	B	表示第 2.2 项非易燃气体
	C	表示第 2.3 项毒性气体
	D	表示液体，装运该类液体的压力罐车受《移动式压力容器安全技术监察规程》的监察
酸类罐车 GS	无	表示浓硫酸罐车
	A	表示浓硝酸罐车
	B	表示盐酸罐车
	C	表示磷酸罐车
化工类罐车 GH	无	表示未划入危险货物分类的物质
	A	表示第 3 类易燃液体
	B	表示第 4 类易燃固体、易于自燃的物质、遇水放出易燃气体的物质
	C	表示第 5 类氧化性物质和有机过氧化物
	D	表示第 6 类有毒物质和感染性物质
	E	表示除强酸、强碱外的第 8 类腐蚀性物质
	F	表示第 9 类杂项危险物质和物品

续上表

货车车种	辅助编码 2	含　义
食品类罐车 GW	无	表示食用油等需要加热的食品类物质
	A	表示牛奶等需要保洁的食品
粉状货物罐车 GF	无	表示氧化铝粉
	M	表示煤粉

注:"第 2. ×项","第×类"为《铁路危险货物品名表》中的分项。

(4)定型序号

首次定型的车辆,无定型序号;其后定型的同类货车依次用大写字母按照同一车种内车辆产品定型时间顺序确定表示(字母 F、H、I、K、O 除外)。

(5)转向架编码

转向架编码采用一位大写字母表示。交叉支撑转向架不表示;摆式转向架用 H 表示;副构架转向架用 F 表示。不需要时,无转向架编码。

货车车号对每一辆货车赋予的序列数字编号。

货车车号编码采用 7 位阿拉伯数字,每一辆货车应有唯一的车号。

2. 客车车种、车型和车号

(1)客车车种按客车的座别或使用特征对铁路客车进行分类。

车种基本代码按照车辆的座别和使用特征确定,合造车的车种代码由组成合造车的车种基本代码组合而成详见表 7-1-4。

表 7-1-4　客车车种代码

序号	车种名称	车种基本代码	序号	车种名称	车种基本代码
1	软座车	RZ	14	特种车	TZ
2	硬座车	YZ	15	救援车	JY
3	软卧车	RW	16	文教车	WJ
4	硬卧车	YW	17	工具车	GJ
5	行李车	XL	18	市郊车	SJ
6	邮政车	UZ	19	观光车	GG
7	餐车	CA	20	轨检车	DJ
8	空调发电车	KD	21	双层硬座	SYZ
9	公务车	GW	22	双层软座	SRZ
10	医疗车	YL	23	双层硬卧	SYW
11	卫生车	WS	24	双层软卧	SRW
12	试验车	SY	25	双层餐车	SCA
13	维修车	WX			

(2)客车车型按车辆速度特征及产品定型或局部改进的时间顺序进行分类。

客车车型代码由速度特征代码、变型代码和技术平台代码构成,具体表示为:

①速度特征代码:以客车最高运行速度(单位为 km/h)表示。

②变型代码:按变型先后顺序依次选用英文字母 A~Z(I、O 除外),首次定型的原型车变型代码为 A。

③技术平台代码:选用英文字母 A~Z(I、O 除外)。

④客车车号对每一辆铁路客车赋予的序列编号,客车车号编码采用 6 位阿拉伯数字表示。

3. 车辆性能参数和基本尺寸

(1)载重:车辆标记中所注明的允许装运货物或旅客和行李包裹的允许重量(包括整备品重量和乘务人员的重量)。

(2)自重:空车时,车辆自身具备的重量。

(3)总重:自重和载重之和。对不装运货物、旅客和行李物品的车辆,总重是指自重与整备品重和乘务员的重量之和。

(4)轴重:轴荷重与轮对自重之总和。

(5)比容系数:涉及容积与标记载重的比值。

(6)车辆换长:车辆长度(m)除以 11 所得之值(保留一位小数,尾数四舍五入),如图 7-1-10 所示。

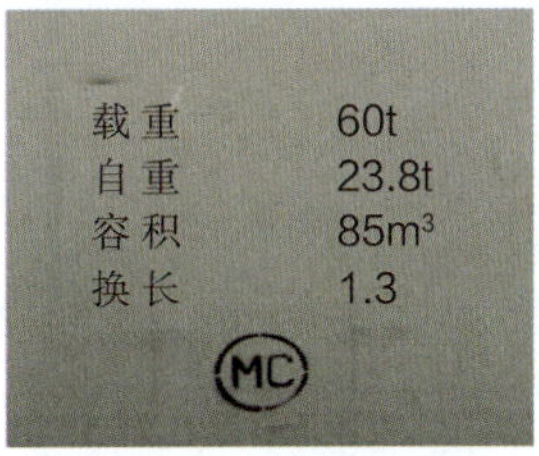

图 7-1-10　车辆换长标记

(7)自重系数:车站自重与标记载重之比值。

(8)每延米重:车辆总重与车辆长度之比值。

(9)构造速度:安全及结构强度等条件限定的,车辆能够以该速度持续稳定地运行的最高行驶速度。

(10)车辆长度:车辆不受纵向外力影响时,车辆两端钩舌内侧面间的距离。

(11)车辆定距:车体支撑在前后两走行部之间的距离(带转向架的车辆,车辆定距又可称"转向架中心距")。

(12)车辆全轴距:车辆上,一、二位端最外面的车轴中心线间的水平距离,可简称为"全轴距"。

(13)轴距:同一转向架(除组合转向架外)中,两相邻车轴中心线间的水平距离。

(14)车辆高度:空车时,车体或罐体上部外表面至轨面的垂直距离。

(15)车辆最大高度:空车时,车辆上部最高部位至轨面的垂直距离。

(16)车辆宽度:车辆两侧的最外凸出部位之间的水平距离。

(17)车辆最大宽度:车辆侧面的最外凸出部位与车体纵向中心线间的水平距离的两倍。

(18)车钩中心线距轨面高:空车时,车钩钩舌端面(外侧面)的中心线至轨面的垂直距离,密接式车钩为凸锥中心至轨面的垂直距离。

(19) 地板面距轨面高：空车时，底架地板（或木地板）上表面至轨面的垂直距离（不包括木地板覆盖物，例如：地板布、地毯等的厚度）。

(20) 定员：每辆车上规定容纳乘客的人数。

4. 车辆标记

(1) 国徽

凡参加国际联运的客车须在侧墙外中部悬挂国徽。

(2) 路徽

凡产权归国家铁路的车辆均应在侧墙或端墙的适当部位涂刷路徽，如图 7-1-11 所示。对于货车还应在侧梁适当部位安装产权牌。

(3) 路外厂矿企业自备车辆的产权标志

路外厂矿企业的自备车需在国铁线路上运行时，须在侧墙上或其他相应部位用汉字涂打上"××企业自备车"字样。

(4) 配属标记

所有客车以及个别有固定配属的货车，必须涂刷上所属铁路局集团公司、段的简称。

(5) 制造标记

表示车辆的制造工厂名称和制造年月的标记，又称工厂名牌，一般安装在车辆指定位置上。

(6) 自重、载重及容积（定员）、换长、定位标记

(7) 车辆设备、用途标记

(8) 段修、厂修、辅修及轴检标记

段修、厂修标记如图 7-1-12 所示。

图 7-1-11　路徽

客车	03.1 / 06.1	01.7 / 00.1	广州 / 长客
货车	03.9 / 06.1	02.3 / 00.1	广株 / 齐厂

图 7-1-12　检修标记

(9) 罐车色带标记

罐车上的色带用于标识装运的货物的主要特性，具体颜色代表的含义如下：红色——易燃性；绿色——氧化性；黄色——毒性；黑色——腐蚀性。

这些色带通常位于罐车罐体两侧纵向中部的位置，宽度一般为 300 mm，用以快速识别罐车内所装运的危险货物的特性。例如，装运酸、碱类的罐体通常会有全黄色的罐体和宽 300 mm 的黑色水平环形色带，以表示其毒性；而装运煤焦油、焦油的罐体则为全黑色，带有宽 300 mm 的红色水平环形色带，以表示其易燃性。

5. 车辆方向和位置

车辆纵向:车辆位于平直线路时,沿车辆前后的连接牵引方向。

车辆横向:与车辆纵向相垂直的水平方向。

车端:车辆上,沿车辆纵向的前后两端部分。

一位端:车辆上,装人力制动机或制动缸活塞杆推出方向的一端(当上述含义不适用时,由设计部门自行规定)。

二位端:车辆上,与一位端相反的另一端。

一位侧:观察者站在车内,背向二位端,面向一位端,观察者右边的车辆一侧。

二位侧:车辆上,与一位侧相反的另一侧。

车辆方位如图 7-1-13 所示。

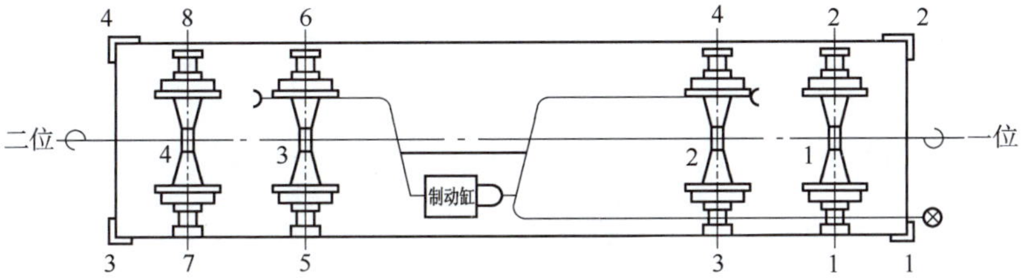

图 7-1-13 车辆方位

第二节 通 用 货 车

通用货车可适合装运各种不同类型的货物,主要有下列三种:

一、敞车

敞车不设车顶,车底为平底或浴盆(单浴盆或双浴盆)型,供运输各种无需严格防止湿损、日晒的货物的车辆。通常其端墙和侧墙的高度在 0. 8 m 以上。部分敞车型号及参数见表 7-2-1。

表 7-2-1 部分敞车型号及参数

车型代号	C62AK/ C62AT	C62BK/ C62BT	C64K(T)/ C64H	C70/C70H/ C70F	C70E	C70A/ C70AH	C70B/ C70BH	C70C/C63A/ C64A/C64T	C80A/ C80AH
轴重/t	21	21	21	23	23	23	23	23/21/ 21/21	25
运行速度 $/km \cdot h^{-1}$	120 100	120 100	120	120	120	120	120	120/100/ 100/120	100
载重/t	60	60	61	70	70	70	70	70/61/ 61/61	80

续上表

车型代号	C62AK/C62AT	C62BK/C62BT	C64K(T)/C64H	C70/C70H/C70F	C70E	C70A/C70AH	C70B/C70BH	C70C/C63A/C64A/C64T	C80A/C80AH
自重/t	22.1	22.7	23	23.8	24	23	23.8	24.2/22.4/23.7/23.7	20
车长/mm	13 438	13 438	13 430 13 438	13 976	13 976	13 726	13 976	15 566/11 986/13 938/13 938	12 000
车宽/mm	3 196	3 242	3 242	3 180	3 180	3 184	3 180	3 240/3 184/3 242/3 242	3284
车高/mm	3 095	3 095	3 149 3 143	3 143	3 243	3 313	3 143	3 667/3 446/3 561/3 561	3 772
车钩型号	13A	13A	13A	17	17	16/17	17	17/16[17]/13/13	16/17
制动阀型号	120[103 型]	120[103 型]	120 型	120 型	120 型	120 型	120 型	120 型	120 型
闸调器	有	有	有	有	有	有	有	有	有
脱轨自动制动阀	无	无	无	有	有	有	有	有/无/无/无	有
空重车阀	有	有	有	有	有	有	有	有	有

结构特点：C62A、C62B、C64、C70(H)、C70E(H)、C70B(H)、C80E(H、F)、C8DH 通用敞车车体每侧侧墙上各设有 1 扇对开式侧开门和 6 扇上翻式下侧门。C16 低边敞车无车门，C16AK 每侧侧墙设清扫门两扇。C63 无车门，钩缓装置采用旋转车钩，C63A 每侧侧墙设 2 扇上翻式下侧门，钩缓装置采用旋转车钩。C64A(T)、C70C 焦炭运输专用敞车最大高度分别到达 3 561 mm、3 661 mm 较通用敞车 C70 最大高度多 418 mm、518 mm。C70A 每侧侧墙设有 2 扇上翻式下侧门，每两辆为一组，一端装有旋转车钩。C70C 焦炭运输车每面侧墙设有 7 扇上翻式下侧门。

二、棚车

棚车设有车顶和门、窗(或通风口)，可防止雨水进入，供运输各种需防止湿损、日晒或散失的货物的车辆。部分棚车型号及参数见表 7-2-2。

结构特点：P62 系列棚车车体为全钢焊接结构，P64 系列棚车是一种具有竹材板内衬结构的新型棚车，P65 型棚车采用 13 型小间隙车钩。TP11 型吊盖式活顶棚车，车顶可吊起，货物可从车顶垂直装卸。

表 7-2-2 部分棚车型号及参数

车型代号	P62	P64	P64A	P64G	P65	PB	P70(H)	P80
轴重/t	21	21	21	21	21	21	23	27
运行速度/km·h^{-1}	120	120	120	120	120	120	120	120
载重/t	60	58	58	60	40	45	70	66
自重/t	24	25.4	25.5	23.8	25.9	28	25.2	28
车长/mm	16 438	16 438	16 438	16 430	16 438	17 930	17 066	18 566
车宽/mm	3 312	3 336	3 320	3 340	3 320	3 356	3 300	3 300
车高/mm	4 220	4 160	4 445	4 442	4 675	4 664	4 770	4 770
车钩型号	13/13A	13	13	13	13	13A	17	17
制动阀	GK/120 型	103/120 型	120 型	120 型	120 型	120 型	120 型	120 型
闸调器	有	有	有	有	有	有	有	有
脱轨自动制动阀	无	无	无	无	无	无	有	有
空重车阀	有	有	有	有	有	有	有	有

三、平车

平车底架承载面为一平面，通常两侧设有柱插，有些还设有可活动向下翻倒的端门和侧门的车辆。部分平车型号及参数见表 7-2-3。

表 7-2-3 部分平车型号及参数

车型代号	N17/N17A	N17T/ N17AT	N17K/ N17AK	N17G(T)/ N17GK	NX17A/ NX17	NX17AT/ NX17AK/ NX17T/ NX17K	NX17B/ NX17BT/ NX17BK/ NX17BH	NX70(H)/ NX70A/ N70	NX80
轴重	21	21	21	21	21	21	21	23	27
运行速度	100	120	120	100/120	100	120	100/120/ 120/120	120	100
载重/t	60	60	60	60	60	60	61	70	80
自重/t	20.3/ 19.8	20.7/ 20.8	20.8	20.8	22.5/ 22.1	22.5/22.5/ 22.5/22.4	22.5/22.9/ 22.9/22.8	23.8	27
车长/mm	13 938	13 938	13 938	13 938	13 938	13 938	16 338	16 366/ 13 966/ 13 966	13 966
车宽/mm	3 176 3 180	3 176 3 180	3 176 3 180	3 180	3 176 3 170	3 176 3 176 3 170 3 170	3 165	3 157 3 180 3 180	3 190

续上表

车型代号	N_{17}/N_{17A}	N_{17T}/N_{17AT}	N_{17K}/N_{17AK}	$N_{17G(T)}$/N_{17GK}	NX_{17A}/NX_{17}	NX_{17AT}/NX_{17AK}/NX_{17T}/NX_{17K}	NX_{17B}/NX_{17BT}/NX_{17BK}/NX_{17BH}	$NX_{70(H)}$/NX_{70A}/N_{70}	NX_{80}
车钩型号	13	13	13	13	13	13	13	17	17
制动阀型号	GK 型	GK 型	120 型	GK 型/120 型	120 型	120 型	120 型	120 型	120 型
闸调器	有	有	有	有	有	有	有	有	有
脱轨自动制动阀	无	无	无	无	无	无	无	有	有
空重车阀	有	有	有	有	有	有	有	有	有

结构特点：N_{17} 系列通用平车侧梁上设有柱插及绳栓，两端梁处设有活动钢质端门，底架铺有松木或复合地板，NX_{17} 系列还采用原位翻转式集装箱锁头。$NX_{70(H)}$ 侧梁上设有柱插及绳栓，两端梁处设有活动钢质端门，地板采用松木或复合地板，采用原位翻转式或 F-TR 集装箱锁头，NX_{70A} 仅采用 F-TR 集装箱锁头。

第三节　专用货车

专用货车是专门运输某一种货物的车辆，主要有以下八种。

一、罐车

罐车设有罐体，供运输液体、液化气体和粉状货物等介质的车辆。

按结构特点分为以下几类：

1. 轻油类罐车：G_{60} 系列为有中梁结构，G_{70} 系列为无中梁结构，罐体为圆柱状卧式碳素钢焊接结构。G_{75}、GQ_{70} 系列为无中梁结构，罐体为卧式斜底碳钢焊接结构。GQ_{80} 为无中梁结构，罐体为两端锥筒加中间直筒碳钢焊接结构。均采用上装上卸式。

2. 粘油类罐车：G_{17}、G_{17S} 为有中梁结构，罐体为圆柱状卧式碳钢焊接结构，G_{17} 采用上装下卸式，G_{17S} 采用上装上卸式，加热采用外加温套结构，G_{17B}、GN_{70} 为无中梁结构罐体未圆柱状碳钢焊接结构，加热采用内加热管结构，采用上装下卸式。

3. 酸碱类罐车：G_{11} 系列为有中梁结构，罐体为圆柱状卧式碳钢焊接结构，加热采用外加温套结构。GH_{40} 为有中梁结构，罐体为圆柱状卧式碳钢焊接结构。GS_{70} 和 GJ_{70} 为有中梁结构，罐体为卧式斜底碳钢焊接结构，加热采用外加温套结构。均采用上装上卸式。

4. 化工类罐车：G_{60L} 系列、G_{60X} 系列、GH_{17} 系列、GH_{50} 系列、GH 系列、GAL 系列均为有中梁结构，罐体为圆柱状卧式结构，G_{60X} 加热装置采用内加热管，GH_{17} 加热装置采用外加热套。GQ_{70A}、GHA_{70}、GN_{70A}为无中梁结构，罐体为卧式斜底碳钢焊接结构，GN_{70A}加热装置采用内加热排管结构。GH_{70A}、GH_{70B}、GHB_{70}、GHA_{70A}、GH_{70C}为有中梁结构，如有加热装置，采用外加温套结构或外置排管式加热结构。均采用上装上卸式。

5. 食品类罐车：GS系列、GW_{70}为有中梁结构，罐体为圆柱状卧式碳钢焊接结构，加热采用外加温套结构。均采用上装上卸式。

6. 硬化类罐车：GL系列为有中梁结构，罐体为圆柱状卧式碳钢焊接结构，内部设加热管，采用火焰加热。GL_{70}为无中梁结构，罐体为卧式斜底碳钢焊接结构，加热装置由火管加热装置和蒸汽加热装置两部分组成。均采用上装下卸式。

7. 液化气体类罐车：按结构分为有中梁和无中梁两种，一般将有押运室和无押运室编挂在一起，成组挂运。

8. 氧化铝粉罐车：GF_1采用卧式圆柱形罐体结构，顶部设有4个装料口和2个卸料口，GF_2采用有中梁卧式罐体结构，顶部设有4个装料口、2个卸料口和1个排气口，GF_3采用无中梁卧罐全钢焊接结构，上部设有4个加料装置和两个排料结构。GF_{70}采用无中梁卧罐全钢焊接结构，上部设有4个装料口、2个卸料口和1个排气口。

9. 粉煤灰罐车：GF_{1M}采用卧式圆柱形罐体结构，顶部设有4个装料口和2个卸料口。

二、水泥车

水泥车是供运输散装水泥的车辆。

结构特点：U_{60W}罐体为卧式圆柱形结构，顶部设有3个装料口，底部有2个聚料锥斗，罐体两端封头设安全阀、排气阀各1个，U_{61W}罐体为卧式圆柱形结构，顶部设有2个装料口，车辆两侧均设有卸灰管。U_{61WZK}为有中梁卧式罐体结构，顶部设有2个装料口，U_{70}为无中梁卧罐全钢焊接结构，顶部设有2个装料口，车辆两侧均设有进风管接口和卸料管接口。

三、漏斗车

漏斗车是设有一个或数个带盖或不带盖的具有一定斜坡装货斗的车辆。

按结构特点分为以下几类：

1. 煤炭漏斗车：K_{18}系列将全车划分为四个漏斗区车体两侧各设有两个侧开式底门，开闭控制系统均为风动、手动两用。$KM_{70(H)}$将全车划分为四个漏斗区，车体两侧各设有两个侧开式底门，$KM_{80(H)}$将全车划分为六个漏斗区，车体两个各设有三个侧开式底门。

2. 石砟漏斗车：K_{13}系列均无中梁、板柱结构。卸砟系统采用以风动为主、手动为辅的机械传动装置。$KZ_{70(H)}$为无中梁，全钢焊接结构。全车共设六个卸砟底门，每侧各两个，中间两个。卸砟系统以风动为主、手动为辅的机械传动装置，并设有防误转动装置。

3. 粮食漏斗车：L_{18}、L_{70}车体侧墙采用圆弧薄板结构、装货口采用贯通式结构，底门采用抽拉式结构。

四、保温车

保温车是车体设有隔热层,并设制冷和(或)加温设备的保温车。

结构特点:B_{22}、B_{23} 车组由一辆发电乘务车和四辆货物车组成。其中发电乘务车主要为押运人员提供生活设施和为货物车制冷机提供动力,货物车可任意调头、连挂,满足人工或机械化作业要求。

五、毒品车

毒品车是供运输有毒物品(如农药等)的车辆。

结构特点:车体内部所有焊缝均为满焊封闭,W_{5S}、W_{6S} 将车体分为装货间和押运间两部分。

六、集装箱车

集装箱车是设有固定集装箱的装置,供运输集装箱的专用车辆。

结构特点:底架由板材或型材组焊成框架结构或鱼骨刺结构,一般无地板。采用固定式或伸缩式旋转集装箱锁头。

七、长大货物车

长大货物车是供运输重量特重、长度特长或体积庞大的货物的专用车辆。其车辆长度一般在 19 m 以上,但少数车辆长度小于 19 m,而车体结构特殊,如带凹底架、落下孔、钳形梁的货车,也属于长大货物车。

按结构特点分为以下几类:

1. 凹底平车:承载底架沿车辆纵向呈凹形结构,一般由凹底架、小底架、转向架三层结构组成。根据载重的不同,有些车型还设有大底架、中底架,最多可达五层结构,而有些车型只有凹底架和转向架二层结构。

2. 长大平车:底架长度和地板面距轨面高度比较大,装载货物底架为较长的承载货物平面。

3. 落下孔车:承载底架中部为一定长度和宽度的落下孔,主要由侧承梁组成、大小底架、转向架、车钩缓冲装置、制动装置及液压装置等组成。

4. 钳夹车:用钳形梁将整车分为两个相同对称的半节车部分,货物被加持和悬挂在两个钳形梁之间,使货物与钳形梁成为一个整体,货物成为整个车辆的一部分,空车运行时,两个对称的半节车由辅助装置将它们连在一起,称为短连挂,主要由钳形梁组成、大小底架组成、导向梁组成、转向架、车钩缓冲装置、制动装置、液压电气装置及操纵室等组成。

5. 双联平车：由结构相同两个平车单元组成，由两个安装于两转向群中央心盘上的可回旋鞍座支撑货物，在两节车之间有缓冲装置，货物支承点可根据货物长度进行调节。主要由底架、转动鞍座、牵引装置、五轴包板式转向架、空气制动装置、手制动装置和车钩缓冲装置等部分组成。

八、自翻车

自翻车是车厢在绕转轴向任一侧回转过程中，侧门能自动打开卸货的车辆。

九、小汽车运输专用车

小汽车运输专用车专供运送小汽车，如图 7-3-1 所示。

图 7-3-1 小汽车运输专用车

结构特点：SQ_6 底层地板采用凹底形。上层底架为分段式，上层端部底架为可绕轴旋转的升降结构，满足下层通过较高车辆以及与其他车辆连挂装车的要求。

第四节 客 车

客车根据用途分为运输旅客的车辆、提供服务的车辆、其他用途的车辆；根据速度等级、技术特点、技术定型大致分为 18 型、19 型、21 型、22 型、23 型、24 型、25 型、31 型等车型。

一、25G 型客车

25G 型客车构造速度为 120 km/h，分为硬座车、软座车、硬卧车、软卧车、餐车、发电车、行李车、邮政车等，25G 型客车如图 7-4-1 所示，参数见表 7-4-1。

二、25K 型客车

25K 型客车构造速度为 160 km/h，分为硬座车、软座车、硬卧车、软卧车、高级软卧车、餐车、行李车、邮政车、发电车等,还有部分双层客车。25K 型客车如图 7-4-2 所示,参数见表 7-4-2。

图 7-4-1　25G 型客车

表 7-4-1　25G 型客车参数

车型	YZ_{25G}	RZ_{25G}	YW_{25G}	RW_{25G}	CA_{25G}	XL_{25G}	UZ_{25G}	KD_{25G}
长度/mm	26 576	26 576	26 576	26 576	26 576	26 576	26 576	23 076
宽度/mm	3 277	3 277	3 277	3 277	3 277	3 277	3 277	3 277
高度/mm	4 433	4 433	4 433	4 433	4 433	4 433	4 433	4 285
自重/t	44. 5	—	46	45	49	42. 4	—	63. 6
轴重/t	17	17	17	17	17	17	17	17

图 7-4-2　25K 型客车

表 7-4-2　25K 型客车主要参数

参数	YZ_{25K}	RZ_{25K}	YW_{25K}	RW_{25K}	RW_{19K}	CA_{25K}	XL_{25K}	KD_{25K}
长度/mm	26 576	26 576	26 576	26 576	26 576	26 576	26 576	23 076
宽度/mm	3 277	3 277	3 277	3 277	3 277	3 277	3 277	3 277
高度/mm	4 433	4 433	4 433	4 433	4 433	4 433	4 433	4 285
自重/t	48. 8	41. 6	47. 4	47	47. 2	48	42. 4	61
轴重/t	16. 5	16. 5	16. 5	16. 5	16. 5	16. 5	16. 5	18

三、25T 型客车

25T 型客车构造速度为 160 km/h。分为硬座车、软座车、硬卧车、软卧车、高级软卧车、餐车、行李车等。25T 型客车如图 7-4-3 所示,参数见表 7-4-3。

图 7-4-3 25T 型客车

表 7-4-3 25T 型客车主要参数

参数	YZ_{25T}	RZ_{25T}	YW_{25T}	RW_{25T}	RW_{19T}	CA_{25T}	XL_{25T}
长度/mm	26 576	26 576	26 576	26 576	26 576	26 576	26 576
宽度/mm	3 277	3 277	3 277	3 277	3 277	3 277	3 277
高度/mm	4 433	4 433	4 433	4 433	4 433	4 433	4 433
自重/t	48.5	46.4	52.8	51.3	—	50.5	47.3
轴重/t	16.5	16.5	16.5	16.5	16.5	16.5	16.5

第五节 特种用途车

1. 客车的特殊用途车包括仪器车、卫生医疗车、试验检测车、维修车、文教车及特种车等。

如 25T 型速度 160 km/h 轨道检测车、25T 型速度 200 km/h 轨道检测车,25T 型电务试验车,红外线检测车,隧道检测车,健康快车等。健康快车如图 7-5-1 所示。

2. 货车的特殊用途车包括检衡车、长钢轨运输车等。T_{11BK} 大型长钢轨运输车如图 7-5-2 所示。

(1)检衡车

检衡车用于鉴定静态轨道衡、动态轨道衡、超偏载检测装置性能。检衡车是轨道衡性能检测的主要装备,可用于静态轨道衡、动态轨道衡及超偏载检测装置的计量检测,通过检衡车实现我国轨道衡质量计量量值的全国统一传递。检衡车主要由车体、砝码小车、起重小车、砝码组成、电气系统、制动系统、车钩缓冲装置、转向架等组成,主要技术参数详见表 7-5-1。

图 7-5-1　健康快车

图 7-5-2　T_{11BK} 型长钢轨运输车

表 7-5-1　检衡车主要技术参数

车型	T_{6FK}	T_{6DK}	T_7	T_8	T_{8D}	T_{8P}
轴重/t	21	21	21	23.5	23	21
通过最小曲线半径/m	145	145	145	145	145	145
运行速度/$km \cdot h^{-1}$	100	100	120	120	120	120
载重/t	53	系列	50	57	66	41
自重/t	29	22	32	37	26	43
车辆长度/mm	13 438	13 438	13 530	13 976	13 976	13 976
最大宽度/mm	3 064	3 084	3 020	3 220	3 250	3 220
车辆定距/mm	8 700	8 700	8 700	9 210	9 210	9 210
车钩型号	13A 型	13A 型	13 型	17 型	17 型	17 型

(2)长钢轨车组

长钢轨车组供铁道线路施工中装、运、卸、收钢轨，是铺设无缝线路的专用车组，用于焊接长钢轨的运输和卸轨及收轨，具有装、运、卸 500 m、60 kg/m、75 kg/m 钢轨作业功能，同时也具有线路上 50 kg/m、60 kg/m 旧轨的回收功能。

T11BK 型长轨车组由 13 种车型 43 辆车组成,其车型及编组顺序依次为:发电车 1+安全车(一)1+运轨车 16+锁定车(一)1+锁定车(二)1+锁定车(三)1+锁定车(四)1+运轨车 15+安全车(二)1+作业中车(一)1+作业中车(二)1+作业中车(三)1+作业尾车 1,车组总长 606. 130 m,主要技术参数详见表 7-5-2。

表 7-5-2 T11BK 型长轨车主要技术参数

车型	发电车	安全车	运轨车	锁定车	作业首车	作业中车 1	作业中车 2	作业中车 3	作业尾车
轴重/t	12. 5	21	21	21	12. 5	12. 5	17. 5	12. 5	12. 5
通过最小曲线半径/m(空/重)	145/300	145/300	145/300	145/300	145/300	145/300	145/300	145/300	145/300
运行速度/km · h^{-1}(空/重)	120/90	120/90	120/90	120/90	120/90	120/90	120/90	120/90	120/90
载重/t	9	56	57	55	20	11	24	21	12
自重/t	41	28	27	29	30	39	26	29	38
车辆长度/mm	18 070	13 930	13 930	13 930	13 930	13 930	13 930	13 930	16 930
最大宽度/mm	—	—	—	—	—	3 310	—	—	—
车辆定距/mm	12 000	9 000	9 000	9 000	9 000	9 000	9 000	9 000	11 500
车钩型号	13A	13A	13A	13A	13A	13A	13A	13A	13A

第六节 车 体

车体是车辆的主体结构,是容纳旅客、行李或货物的地方,同时也是安装与连接其他设备和部件的基础。

1. 货车车体

敞车主要由底架、侧墙、端墙等组成。

棚车主要由底架、侧墙、端墙、车顶、车门、车窗等组成。

平车主要由底架组成。

罐车主要由底架、罐体、卡带、端梯及走台组成。

漏斗车主要由底架、侧墙、端墙、漏斗、底门等组成。

小汽车运输车主要由底架、侧墙、车顶、上层底架、端门及上下渡板组成。

2. 客车车体

客车车体分为底架、端墙、侧墙、车顶等大部件模块及相关附件。

底架位于车体下部，是车体的基础，也是车体的主要承载结构；端墙为车体两端的结构，其上设有贯通通道，以及风挡、渡板装置；侧墙是连接车顶和底架，构成车体的两侧面；车顶是位于车体上部带有弧形的结构部件，也是车体的重要构成部件之一。

第七节 转向架

转向架主要起承载车体、沿轨道导向车辆以及使车辆制动的作用，是铁路车辆在轨道上安全运行的重要保障和核心部件之一，对车辆的平稳性、舒适性及安全性起至关重要的作用。

一、货车转向架

1. 交叉支撑式转向架

交叉支撑式转向架是通过交叉支撑装置使两个侧架在水平面内弹性连接，实现控制两侧架之间菱形变形的铸钢三大件式转向架。

交叉支撑式转向架主要由承载鞍、弹性定位件、轮轴、侧架、中央弹簧悬挂装置、摇枕、基础制动装置、交叉支撑装置及弹性旁承等组成。

交叉支撑式转向架的主要型号有转 K2、转 K6 型、DZ1 型。转 K2 型轴重 21 t，最高运行速度 120 km/h，固定轴距 1 750 mm；转 K6 型轴重 25 t，最高运行速度 120 km/h，固定轴距 1 830 mm；DZ1 型轴重 27 t，最高运行速度 100 km/h，固定轴距 1 860 mm。交叉支撑式转向架如图 7-7-1 所示。

图 7-7-1 交叉支撑式转向架

2. 摆动式转向架

摆动式转向架是两侧架可同步横向摆动的转向架。摆动式转向架主要由侧架、摇枕、瘫痪托板、摇动座、摇动座支承、导框摇动座(一系弹性摆动装置)、承载鞍、承载弹簧、减振装置、轮对和轴承、基础制动装置及弹性旁承等组成。

摆动式转向架的主要型号有转 K4、转 K5 型、DZ2 型。转 K4 型轴重 21 t,最高运行速度 120 km/h,固定轴距 1 750 mm;转 K5 型轴重 25 t,最高运行速度 120 km/h,固定轴距 1 800 mm;DZ2 型轴重 27 t,最高运行速度 100 km/h,固定轴距 1 860 mm。

3. 副构架式转向架

副构架式转向架是利用车辆进入曲线时轮轨间产生的蠕滑力,通过转向架自身副构架组成的轮对径向装置作用,使轮对在曲线上趋于径向排列的转向架。

副构架式转向架主要由轮轴、侧架、中央弹簧悬挂装置、摇枕、急促制动装置,一系橡胶堆、轮对径向装置和弹性旁承等组成。

4. 构架式转向架

构架式转向架通常设有轮对轴箱装置、悬挂减振装置和基础制动装置等零部件,采用构架作为各零部件的安装基础,支撑车体及装载重量并能相对车体回转的走行装置。

构架式转向架主要由构架、轮对轴箱(轴箱悬挂装置)、基础制动装置、牵引装置、弹性旁承等组成,构架通常由钢板整体焊接而成。

构架式转向架的主要型号是转 K3 型。转 K3 型轴重 21 t,最高运行速度 120 km/h,固定轴距 1 800 mm。

二、客车转向架

客车转向架主要由轮对轴箱定位装置、弹性悬挂装置、构架装置、基础制动装置、转向架支承车体装置组成。

1. 209T 型客车转向架

209T 型客车转向架最高运行速度 120 km/h,轴重 18 t,固定轴距 2 400 mm,双侧踏面制动,一系、二系均为螺旋钢弹簧。可加装轴驱发电机及轴端传动装置。209T 型客车转向架如图 7-7-2 所示。

图 7-7-2 209T 型客车转向架

2. 209P 型客车转向架

209P 型客车转向架最高运行速度 120 km/h，轴重 18 t，固定轴距 2 400 mm，盘形制动，一系、二系均为圆柱螺旋钢弹簧。可加装轴驱发电机及轴端传动装置。部分设置踏面清扫装置。

3. 206P 型客车转向架

206P 型客车转向架最高运行速度 120 km/h，轴重 18 t，固定轴距 2 400 mm，单元式盘形制动，一系、二系均为圆柱螺旋钢弹簧。可加装轴驱发电机及轴端传动装置。

4. 209HS 型客车转向架

209HS 型客车转向架最高运行速度 160 km/h，轴重 16.5 t，固定轴距 2 400 mm，盘形制动，一系为圆柱螺旋钢弹簧、二系为空气弹簧。

5. SW-160 型转向架

SW-160 型转向架最高运行速度 160 km/h，轴重 16.5 t，固定轴距 2 560 mm，盘形制动。

6. CW-1 型转向架

CW-1 型转向架最高运行速度 160 km/h，轴重 16.5 t，固定轴距 2 500 mm，盘形制动，一系、二系均为螺旋钢弹簧。

7. CW-2 型转向架

CW-2 型转向架最高运行速度 160 km/h，轴重 16.5 t，固定轴距 2 500 mm，盘形制动，一系、二系均为螺旋钢弹簧。

8. CW-200K 型转向架

CW-200K 型转向架最高运行速度 160 km/h，轴重 16.5 t，固定轴距 2 500 mm，盘形制动，一系为圆柱螺旋钢弹簧、二系均为空气弹簧。

9. SW-220K 型转向架

SW-220K 型转向架最高运行速度 160 km/h，轴重 16.5 t，固定轴距 2 500 mm，单元式盘形制动，一系、二系均为螺旋钢弹簧。

10. PW-220K 型转向架

PW-220K 型转向架最高运行速度 160 km/h，轴重 16.5 t，固定轴距 2 600 mm，单元盘形制动，一系、二系均为螺旋钢弹簧。

11. AM96 型转向架

AM96 型转向架最高运行速度 160 km/h，轴重 16.5 t，固定轴距 2 560 mm，单元盘形制动，一系、二系均为螺旋钢弹簧。

第八节　车端连接装置

车端连接装置除实现车辆间的机械连接外，还要实现车辆与车辆之间的电气和气路连接，还应为车辆间的流动人员提供安全、舒适的通道等。车端连接装置主要由车钩缓冲装置、风挡、电气连接、空气管路连接等部件组成。

一、车钩缓冲装置

牵引连挂和缓和冲击的作用是同一装置来承担的，该装置称之为牵引缓冲装置。

1. 车钩的三态作用

车钩的自动连挂和自动摘是通过车钩的三态作用完成的。三态作用是指车钩具有开锁、闭锁、全开三种作用。

闭锁位置：车辆连挂后，两个车钩必须处于闭锁位置才能传递牵引力。

开锁位置：两连挂着的车辆要分开时，必须有一个车钩处于开锁位置。

全开位置：在车辆彼此连挂之前，必须有一个车钩处于全开位置，才能达到自动连挂的目的。

2. 车钩的类型

(1)货车车钩

目前货车使用的车钩有三种，分别为 13B 型车钩、16 型车钩、17 型车钩。17 型车钩如图 7-8-1 所示。

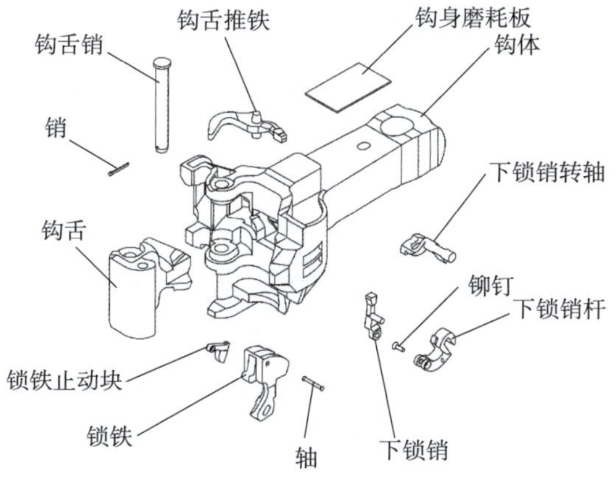

图 7-8-1　17 型车钩

13B 型车钩按开启方式不同分为上作用式车钩和下作用式车钩。车钩主要由钩体、钩舌、钩舌销、钩锁、钩舌推铁和锁销机构组成。

16 型、17 型车钩为下作用式车钩，16 型车钩为旋转车钩、17 型车钩为固定车钩。车钩主要由 16 型钩体、17 型钩体、钩舌、钩舌销、钩锁、钩舌推铁、下锁销、下锁销杆、下锁销转轴等零部件组成。

目前货车使用的缓冲器主要有四种，分别是 MT-2、MT-3、HM-1、HN-1 缓冲器。使用的钩尾框有三种，分别为 13B 型锻造钩尾框、16 型锻造钩尾框、17 型锻造钩尾框。货车使用的牵引杆为 RFC 牵引杆，分为固定端和转动端。货车使用的关节连接器为 GJ1 型关节连接器。

(2)客车车钩

目前客车使用的车钩主要有 15 号车钩、15 号小间隙车钩、密接式车钩、带 10 型车钩前端钩缓装置、15 号托梁过渡车钩。缓冲器主要使用 G1 型和 KC15 弹性胶泥缓冲器。15 号车钩如图 7-8-2 所示。

图 7-8-2　15 号车钩

15 号车钩属非刚性自动车钩，由钩头、钩身、钩尾三部分组成。钩头内部装有钩舌、钩锁铁、钩舌推铁、下锁销等零件。

15 号小间隙车钩与 15 号车钩结构上基本相同，两种车钩最大不同之处是车钩连挂轮廓不同。

密接式车钩属刚性自动车钩，MJGH-25T 密接车钩由车钩安装及吊挂系统、缓冲系统、连挂系统三大部分组成。MJGH-25TG 密接车钩由连挂系统、连接卡环、缓冲系统和安装吊柱系统组成。

带 10 型车钩前端钩缓装置主要由缓冲系统、安装吊柱系统、连挂系统等组成。

15 号托梁过渡车钩是当安装密接车钩缓冲装置的客车因特殊情况所换装用的车钩，使用时将密接式钩缓装置的连挂系统拆下，换乘 15 号法兰车钩，再装上托梁、托架等附件即可上线运用。

密接式车钩不能直接与普通车钩连挂，如特殊情况下要求车组与装普通车钩的机车车辆连挂的，可采用配备的专用过渡车钩。

二、风挡

风挡位于两辆车的连接处，是车辆之间的安全通道，客车用风挡主要有铁风挡、橡胶风挡、折棚风挡。橡胶风挡和折棚风挡如图 7-8-3 和图 7-8-4 所示。

图 7-8-3 橡胶风挡

图 7-8-4 折棚风挡

第九节 制动装置

制动装置不仅涉及列车运行安全,同时其性能也是限制列车运行速度和牵引质量进一步提高的重要因素。

一、货车制动装置

车辆制动系统是铁路货车的关键部件之一,主要包括空气制动机、基础制动装置、人力制动机三部分。货车制动装置可实现列车停车、减速、驻车功能,确保行车安全。

空气制动装置一般由控制阀(或分配阀)、空重车调整装置、制动缸、储风缸、软管连接器、折角塞门、截断塞门、集尘器及管系等组成,如图 7-9-1 所示。

1. 空气制动系统

空气制动机为直接作用式二压力制动机,主要由 120/120-1 阀、副风缸、加速缓解风缸、制动缸、制动管、空重车调整装置、降压风缸等组成。

2. 脱轨自动制动装置

脱轨自动制动装置主要作用是当列车发生脱轨事故时,连通制动主管到大气的通路,使列车发生紧急制动作用,从而避免脱轨事故的影响扩大,如图 7-9-2 所示。

3. 人力制动机

人力制动机是通过人为施加一定的力矩带动基础制动装置作用实现车辆驻车制动的装置,其特点是以人力为原动力,以手轮的转动方向和手力的大小来操纵控制,通常在停车和调车时使用。

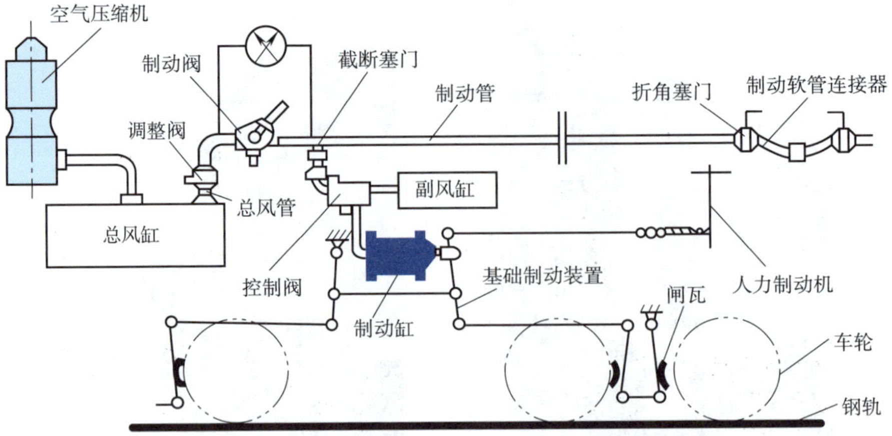

图 7-9-1　空气制动装置

图 7-9-2　脱轨自动制动装置

人力制动机主要分为脚踏式制动机和人力制动机。货车主要采用 FSW 型和 NSW 型人力制动机，均是棘轮式人力制动机。

4. 基础制动装置

基础制动装置是传送制动原动力并产生制动力的装置，其作用是经过各杠杆及拉杆的作用，传递和放大制动原动力，使闸瓦压紧车轮踏面而产生制动作用。按作用原理和结构型式不同可分为杠杆制动和集成制动。杠杆制动装置主要由制动梁、制动杠杆、中（下）拉杆、闸瓦、支点及配套连接扁孔圆销、拉铆销等部件组成，如图 7-9-3 所示。

闸瓦可分为铸铁闸瓦和合成闸瓦两大类。铸铁闸瓦分为灰铸铁闸瓦、中磷铸铁闸瓦、高磷铸铁闸瓦。

合成闸瓦是以树脂、石棉、石墨、铁粉、硫酸钡等材料热压而成，按摩擦系数高低分为低摩擦系数合成闸瓦和高摩擦系数合成闸瓦。合成闸瓦由钢背和摩擦体两部分组成。

闸调器是自动调整车轮与闸瓦间隙的关键制动部件，作用是根据闸瓦间隙变化自动进行调整，保持闸瓦与车轮的间隙处于基本恒定值。

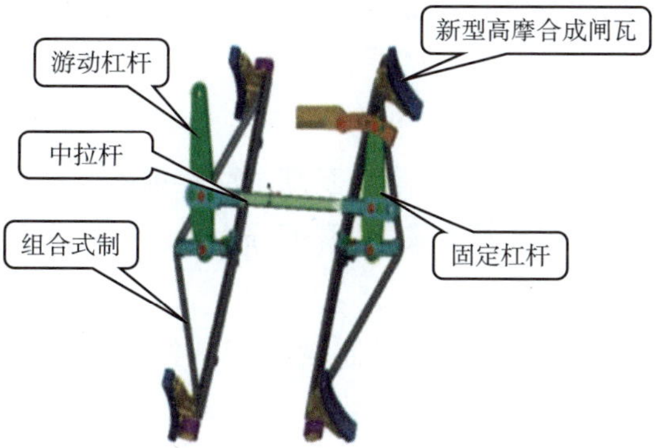

图 7-9-3 基础制动装置

5. ECP 电空制动系统

ECP 制动系统是通过列车网络传递控制信息,并利用电子部件控制车辆的制动或缓解,以提高列车车辆动作一致性。实现长大编组列车快速同步制动与缓解控制。

ECP 制动系统主要由机车单元、车辆单元、列尾装置及列车总线四部分组成。

二、客车制动装置

客车制动装置是铁路客车上起制动作用的零部件所组成的一整套机构,也是列车制动系统的基本单元,可实现列车停车、减速或防止加速,确保行车安全。

客车制动装置主要由自动式空气或电空制动装置、基础制动装置、人力制动机、紧急制动阀、风缸及管路等组成。同时根据车辆速度、车型、基础制动形式的情况,设置防滑器、制动/缓解显示器、空重车调整阀、气路控制箱等部件。

因客车用风量增加,列车供风系统单管不能满足需求,因此由单管改为双管供风,列车管用于制动用风,总风管用于客车设备用风。客车的气动设备用风由客车设置的总风缸提供,最大速度不高于 120 km/h 的客车设置 1 个总风缸,最大速度高于 120 km/h 的客车设置 2 个总风缸,其中 1 个总风缸专门用于空气弹簧供风。总风管、制动管、副风缸、总风缸间的气路通过气路控制箱实现。

1. 自动式空气/电空制动装置

自动式空气制动装置主要有 104 型空气分配阀及 F8 型空气分配阀。

电空制动装置主要有 104 型电空制动装置及 F8 型电空制动装置。

2. 防滑器

防滑器是列车制动系统的重要组成部分,采用盘形制动的客车上均加装了防滑器。目前应用的防滑器主要有 TFX1 系列防滑器、SWKP 型防滑器和 MCS2 型防滑器。

防滑器主要由速度传感器部分、防滑器主机、防滑阀、压力继电器组成。

防滑器主要功能:制动时能有效地防止轮对因滑行而造成的踏面擦伤;制动时能根据

轮轨间黏着的变化调节制动缸压力，从而实现调节制动力，充分利用轮轨间的黏着，得到较短的制动距离。

3. 人力制动装置

通过人力转动手把操作人力制动机，带动基础制动装置施加制动，保证车辆在一定坡度的坡道上长期停放。人力制动机按传动形式不同，可分为蜗轮蜗杆式和螺旋传动等多种方式。

4. 基础制动装置

踏面基础制动装置的主要部件包括由制动缸活塞杆和推杆、杠杆、拉杆、制动梁、闸瓦托吊、闸瓦托及安全装置等。

盘形基础制动装置的主要部件包括制动盘、闸片、制动夹钳等。

第十节　客车电气系统和车内设备

1. 客车电气系统

客车电气系统主要包括供电系统、照明灯具、广播信息服务系统、安全监测、网络监控系统。其中供电系统是电气系统的核心。

(1) AC380V 供电系统

客车 AC380V 供电系统的供电方式可分为发电车集中供电、机车直供电和单车供电形式。应急电源为 DC48V60Ah 蓄电池组。

(2) DC600V 供电系统

客车 DC600V 供电系统的供电方式可分为发电车集中供电、机车直供电形式。应急电源为 DC110V120Ah 蓄电池组。

2. 客车车内设备

(1) 电动塞拉门

客车上使用的塞拉门全部为外摆塞拉门，主要由门板、驱动机构、锁闭机构、故障隔离锁、内外操作装置、紧急解锁装置、下部防冻装置、气控单元、门电控系统和其他密封附件、紧固件调整垫等组成。

(2) 车窗

25G 型客车采用上部活动部分下拉开启结构，活动式车窗的下半部分为固定结构，部分车窗为固定式车窗；25K 型客车的活动式车窗开启方式为内翻式；25T 型客车的活动式车窗开启方式同样为内翻式。

第十一节　5T 设 备

铁路车辆安全防范、预警系统——“5T”系统，在保证铁路安全运输中承担着巨大的作用。

1. 红外线轴温探测系统(THDS)

THDS 是发现车辆热轴、防止热切轴的安全保障设施,是确保铁路运输安全的重要设备。具有在列车运行状态下计轴计辆、智能跟踪、测量轴箱温度和自动预警故障热轴的功能。

2. 铁路货车运行状态地面安全监测系统(TPDS)

TPDS 就是以实时监测轮轨力为基础的列车状态监测与报警系统。该系统用于实时监控列车运行状态、及时发现列车安全隐患、保障列车安全运行的监测与报警系统。系统包括:列车脱轨安全预警模块、列车超偏载预警模块、蛇行失稳判别模块和车轮踏面擦伤识别模块。

3. 铁路货车早期故障轨边声学诊断系统(TADS)

货车滚动轴承早期故障轨边声学诊断系统 TADS 采用轨边声学探测技术及计算机诊断技术,对运行列车滚动轴承的振动声音信号进行采集分析。对轴承不同部位的故障预先建立复杂的数学模型,可以判断轴承内套、外套、滚柱等主要部位的裂纹、剥离、磨损、腐蚀等故障,从而实现了滚动轴承早期故障的在线诊断。

4. 铁路货车运行故障动态检测系统(TFDS)

TFDS 货车运行故障动态图像检测系统是一套集高速数字图像采集,大容量图像数据实时处理技术、精确定位技术、模式识别技术、智能化、网络化技术以及自动控制技术于一体的智能系统,其设计目的是对货车的隐蔽故障和常见故障进行动态检测。

5. 铁路客车运行安全监控系统(TCDS)

重点检测客车轴温、制动系统、转向架安全指标、火灾报警、客车供电、电气及空调系统运行安全状况。主要由车载安全监测系统、车地数据无线传输系统、地面联网应用系统。车载监测系统分级报告报警信息采用三级分级报警:一般性故障(3 级)、关注性故障(2 级)、严重性故障(1 级)。

第十二节　旅客列车尾部安全防护装置(KLW)

1. 设备构成

旅客列车尾部安全防护装置由主机和天馈线构成。主机包含外壳、控制单元、记录单元、数码管单元、电磁阀、风压传感器、信道机、电源单元、连结软管、电源电缆、转接馈线和挂接插槽等,如图 7-12-1 所示。

2. 设备功能

(1)风压反馈

KLW 收到手动风压查询命令信息后,对信息中的 KLW ID 和机车号进行判断,与本机

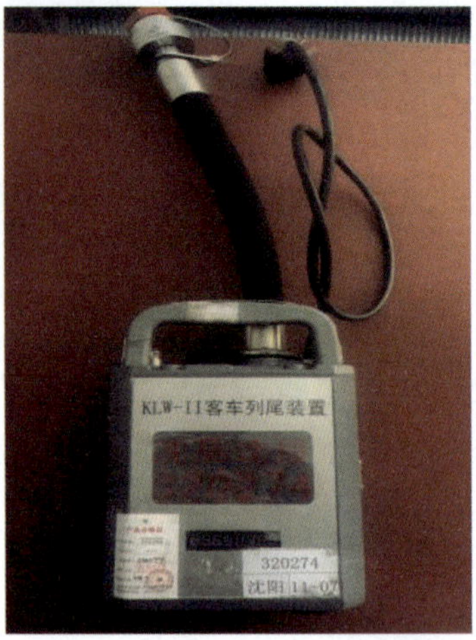

图 7-12-1　旅客列车尾部安全防护装置主机

存储信息一致则发送风压信息并显示当前风压值，显示格式“1P×××”，显示 8 s。

(2) 风压动态显示

KLW 收到自动风压查询命令信息后，对信息中的 KLW ID 和机车号进行判断，与本机存储信息一致则发送风压信息并显示当前风压值，显示格式“2P×××”，显示 8 s。

(3) 辅助排风制动

KLW 收到排风制动命令信息后，对信息中的 KLW ID 和机车号进行判断，与本机存储信息一致则进行辅助排风制动并发送应答信息，并显示开始排风前的风压值，显示格式为“3P×××”直至排风结束。排风结束后，KLW 当前风压值每 1 s 闪烁 1 次，显示格式为“F×××”，显示 8 s。

(4) 风压自动提示

列车管风压低于 560 kPa 时，KLW 每隔 20 s 发送风压自动提示信息，当前风压值每 1 s 闪烁 1 次，显示格式为“F×××”，显示 8 s。KLW 收到机车号和 KLW ID 与本机存储信息一致的风压自动提示应答信息后，停发风压自动提示信息。

(5) 供电电压欠压自动提示

供电电压低于 40 V 时，KLW 每隔 20 s 发送供电电压欠压自动提示信息，供电电压欠压状态每 1 s 闪烁 1 次，显示格式为“-UL-”，显示 8 s。KLW 收到机车号和 KLW ID 与本机存储信息一致的供电电压欠压自动提示应答信息后，停发供电电压欠压自动提示信息。

3. 设备性能

列车管风压不低于 500 kPa 并且列车尾部附挂车辆 2 辆及以下时，应具备出发列车紧急制动条件，使用车辆直流供电电源，标称电压 DC48V。

第八章　动车组设备

动车组两端都带有司机室、可在线路上往复运行，不需调头。同时，动车组具有固定编组、运行快捷、安全可靠、乘坐舒适等优势，是高效率、大密度的旅客运载工具。

第一节　动车组相关概念

动车组：由动车（有动力）和拖车（无动力）组成的自带动力、固定编组、两端均可操纵驾驶、整列一体化设计的一组列车。

动力分散动车组：动力设备分散布置在若干车辆上，并且每辆车均能载客的动车组。

动力集中动车组：指两端为动力车，或一端为动力车、另一端为控制车，中间为拖车的动车组。

动力车：在动车组中具有牵引力输出能力的车辆（用 M 表示）。

拖车：在动车组中不具有牵引力输出能力的车辆（用 T 表示）。

控制车：在动车组中具有控制装置而无牵引动力装置的车辆。

第二节　动车组的分类

动车组按动力配置方式分为动力集中型动车组和动力分散型动车组。如复兴号的 CR400 系列、CR300 系列均为动力分散动车组，复兴号的 CR200 系列均为动力集中动车组。

动车组按牵引动力方式主要分为内燃动车组、电力动车组（图 8-2-1~图 8-2-6）、双源动车组。

图 8-2-1　CRH3A 型动车组

图 8-2-2　CRH5A 型动车组

图 8-2-3　CRH5G 型动车组

图 8-2-4　CRH380BG 型动车组

图 8-2-5　CR400BF 型动车组

图 8-2-6　CR400BF-G 型动车组

第三节　动车组型号命名

一、复兴号动车组

复兴号动车组型号及技术配置代码示意如下：

CR ① ② ③ ④ ⑤

CR——中国铁路标志

①——速度等级代码(以三位阿拉伯数字表示)，以最高试验速度值确定速度等级代码。共 7 种:450,400,350,300,250,200,150。

②——技术平台代码(以一位大写英文字母表示)。共 6 种:A(四方股份),B(长客股份),C(株机、唐山公司),D(大连、铺镇公司),M(株机、铺镇公司),N(大连、唐山公司),分置式双源动力集中动车组技术平台代码缺省,其余预留。

③——动力布置方式代码(以一位大写英文字母表示)。共 2 种:F(动力分散动车组),J(动力集中动车组)。

④——动力源类型代码(以一位大写英文字母表示)。共 3 种:N(内燃型),S(内燃、电力分置式双源制),H(内燃、电力集成式双源制),电力型缺省,其他混合动力、多源制、多流

制等能源类型根据需要确定。

⑤——技术配置代码(以不超过三位大写英文字母表示,用以区分不同技术配置的一般改进型产品)。共6种:A(动力分散动力车组的16编组),B(动力分散动车组的17编组),C(京张、京雄智能动车组),G[高寒配置(动力分散)/高原配置(动力集中)],J(综合检测动车组),Z(智能配置),动力分散型动车组的8编组缺省,平原型及基本型缺省,动力集中动车组长、短编通过车组号区分,不在技术配置代码中体现,其他技术配置根据需要确定。

二、和谐号动车组

1. 和谐号动车组型号及技术配置代码按速度等级命名示意:

CRH 380 ① ② ③

CRH——中国铁路高速动车组标志

380——380系列动车组

①——技术平台代码(以一位大写英文字母表示)。共4种:A(四方股份),B(长客、唐山股份),C(长客股份),D(四方庞巴迪)。

②——子型号(以一位大写英文字母表示)。共5种:G(耐高寒动车组),J(综合检测动车组),L(基本型的16辆编组动车组),M(更高速度等级试验列车改为综合检测动车组),N(永磁电机动车组),其余字母预留。

③——技术配置代码(以一至两位大写英文字母表示),每个型号的基本型产品技术配置代码缺省,其余技术配置代码由A开始排列,用以区分同一基本型号下的不同技术配置。

2. 和谐号动车组型号及技术配置代码按技术序列代码命名示意:

CRH ① ② ③

CRH——中国铁路高速动车组标志

①——技术平台代码(以阿拉伯数字表示),共5种:1(四方庞巴迪),2(四方股份),3(唐山公司、长客股份),5(长客股份),6(四方股份),7及后续数字为预留的动车组技术平台标识代码。

②——子型号(以一位大写英文字母表示),共8种:A(时速200~250公里8辆座车),B(时速200~250公里16辆座车),C(时速300~350公里8辆座车),D(时速300~350公里16辆座车),E(时速200~250公里16辆卧车),F(时速160公里8辆城际动车),G(时速200~250公里8辆耐高寒座车),J(综合检测动车组),K及后续字母为预留的动车组子型号。

③——技术配置代码(缺省或以一至两位大写英文字母表示),由A开始排列,用以区分同一基本型号下的不同技术配置,每个型号的基本型产品技术配置代码可缺省。

三、其他动车组

CJ2——唐山公司时速 250 公里 8 辆座车城际动车组；

CJ3——唐山公司时速 160 公里 4 辆座车城际动车组；

CJ5D——长客股份时速 120～160 公里 3 辆座车油电混合动车组；

CJ5E——长客股份时速 120～160 公里 3 辆座车电电混合动车组；

CJ5E-A——长客股份时速 160 公里 4 辆座车城际动车组；

CJ6——株机公司时速 160 公里 4 辆座车城际动车组。

第四节　动车组车辆车种代码命令及车辆号编制规则

1. 动车组中的车辆车种代码是车种名称的汉语拼音缩写，车种代号、车种名称如下：

ZY（一等座车），ZE（二等座车），KZ（控制车/一等座车），SW（商务座车），ZYS（一等/商务座车），ZES（二等/商务座车），ZEC（二等座车/餐车），ZYT（一等/特等座车），ZET（二等/特等座车），WR（软卧车（动力分散），WY（硬卧车（动力分散）/一等卧车（动力集中），WE（二等卧车（动力集中），WG（高级软卧车），CA（餐车），WRC（软卧车/餐车），JC（检测车），DGN（多功能车），动力集中动车组的动力车车种代号按机车相关规定执行。

2. 动力分散型由 1 位头车至 2 位头车的代码为 01、02…00。

动力集中型由机次 1 位车至 18 位的代码依次为 01…18。

短编控制车固定为 08。动力集中动车组中的动力车按机车相关规定执行。

第五节　动车组的构成

动车组通常包括车体、转向架、高压牵引系统、制动系统、网络系统、辅助供电系统、驾驶设施、车内设备等功能组成部分。

1. 车体

动车组车体为整体承载结构，车体材料主要有碳钢、不锈钢、铝合金、复合材料等几种。动车组车体主要包括车体结构、车端连接、设备舱、车端减振器、前端开闭机构等。

2. 转向架

转向架直接承载整车重量，并通过减振器、钢弹簧及空气弹簧等悬挂部件缓冲车轮和轨道间振动冲击、保证乘坐的舒适性；同时传递车辆牵引力和制动力，以实现动车组加速前进和减速停车；具有一定的转向能力，以适应线路弯道曲线，保证车辆安全顺利通过曲线。动车组转向架主要包括轮对轴箱装置、一系悬挂、构架、二系悬挂、中央牵引、传动装置、基础制动、轴端及辅助设备等。

3. 高压牵引系统

动车组高压牵引系统主要由高压电器设备和牵引系统设备组成。

高压电器设备包括受电弓、真空断路器、避雷器、电力互感器、电压互感器、高压隔离开关、接地保护开关等。

牵引系统设备包括牵引变压器、牵引变流器(含整流器、中间直流环节、牵引逆变器)、牵引电机等。

4. 制动系统

动车组制动系统主要由供风装置、制动控制装置、基础制动装置等部件组成。

制动系统一般具有常用制动、紧急制动 EB、紧急制动 UB、停放制动、保持制动、比例制动、清洁制动、防滑控制、踏面清扫、撒砂控制和制动夹钳防冻结等功能。

5. 网络系统

列车网络系统可实现对列车的控制、监视和诊断功能,列车网络系统通过车载计算机来实现列车上各个系统之间的信息交换,对车辆运行状态和车载设备信息进行集中管理。网络系统由具有通信功能的网络设备和各子系统控制器组成。

6. 辅助供电系统、驾驶设施、车内设备

辅助供电系统是负责向动车组除牵引系统之外的其他所有用电设备进行供电和配电的系统,分为辅助交流系统和辅助直流系统。

动车组驾驶设施包括司机操纵台和驾驶配套设施两部分。

车内设备主要包含旅客信息、视频监控、空调、照明、给排水卫生、座椅等。

第六节　160 km/h 动力集中电动车组

1. 基本性能要求

典型编组形式为:短编组:1Mc+7T+1Tc;长编组:1Mc+16T+1Mc;灵活编组:1Mc+(9-16)T+1Mc。CR200J 鼓型动车组和 CR200J 直型动车组如图 8-6-1 和图 8-6-2 所示。

图 8-6-1　CR200J 鼓型动车组

图 8-6-2　CR200J 直型动车组

其中：Mc 为带司机室的动力车；T 为拖车，Tc 为带司机室的拖车，即控制车。

动力车的轴重不大于 21 t，拖车和控制车不大于 16.5 t。

两列短编组动车组可在控制车与控制车，控制车与动力车端重联运行，重联段车钩缓冲装置采用带电气钩的密接式车钩缓冲装置。

安全环路包括车门、轴温、制动、火警环路。当拖车车门未关闭时，列车牵引封锁，司机显示单元报警；当拖车轴温绝对温度超过 90℃报警时，列车自动实施惩罚制动直至停车，司机显示单元报警；当拖车发生严重制动报警时，列车自动实施惩罚制动直至停车，司机显示单元报警；当拖车火灾报警时，司机操纵台产生声光报警。

动力车具有自动通过分相区的功能，在自动过分相装置故障时，可采用手动或半自动方式通过分相区。

动力车车体长度：约 20 000 mm；控制车车体长度：27 955 mm；拖车车体长度：25 500 mm；车体宽度：3 105 mm；动力车高度：4 030 mm；拖车和控制车高度：4 433 mm。

2. 电气系统

动力车电气系统包括高压电器、牵引系统、辅助电源系统和列车供电装置等。

拖车、控制车电气系统包括 DC600V 列供电源（安装于动力车）、车端连接器、DC600V/AC380V 逆变电源、DC600V/DC110V 电源装置、配电箱/柜、蓄电池组、DC600V 输配电电线电缆及用电负载等设备组成。

动力车前端设置有救援用的列车供电插座，动车组采用双路 DC600V 供电方式，短编组时单台动力车供电，重联两短编组之间 DC600V 供电不贯通，长编组时每个动力车各供一路。动力车（含控制车司机室）与拖车的 DC110V 电源互相独立，拖车应全列贯通，重联时 DC110V 不贯通。

3. 制动系统

制动系统主要包括风源及干燥系统、制动控制系统（含司机室主要设备）、基础制动系统和撒砂系统。动车组采用自动式空气制动系统，具有动力制动、自动空气制动、单独制动、紧急制动、采用弹簧储能的停放制动、无动力回送等功能。

动车组基础制动采用盘型制动方式，动力车的停放制动和拖车的手制动共同作用时，应保证动车组在定员载荷下 12‰坡道无动力停放要求或动力车在 30‰坡道上安全停放。

4. 转向架

动力车转向架采用两轴转向架，主要由构架、轮轴驱动系统、一系悬挂系统、二系悬挂系统、牵引装置、电机悬挂装置、基础制动装置、空气管路、附属装置等组成。

拖车和控制车转向架采用两轴无摇枕形式、H 型焊接结构构架，二系悬挂采用空气弹簧，一系悬挂采用圆柱螺旋弹簧，如 PW-220K 或 SW-220K 型转向架。

5. 车体结构

动力车采用整体承载的框架式焊接结构，顶盖为可拆卸顶盖，前端设开闭机构，具备手动开闭功能。

拖车和控制车车体钢结构采用筒形整体承载结构，主要由底架、车顶、端墙等组成，按照模块化和轻量化设计。控制车设前端开闭机构，具备手动开闭功能。

6. 车辆连接系统

车端连接系统包括机械连接、空气管路连接、辅助系统和列车供电连接、控制系统连接。

端部车钩缓冲装置根据需要采用带电气钩的密接式车钩缓冲装置或105A型车钩缓冲装置，中间车钩采用密接式车钩缓冲装置，可实现机械自动连挂。

短编动车组重联时可实现塞拉门集中控制、电空制动控制、PIS中的人工广播及信息显示的功能。

7. 车内布置

动车组车型分动力车（无定员）、控制车（定员56）、一等座车（定员76）、普通座车（定员103）、普通座车（带餐吧，定员81）、餐座合造车（定员46）、普通卧车（定员66）和包间卧车（定员40），除餐座合造车二位端采用折页门外，拖车其他侧门采用外塞拉门，座车客室每侧适当位置设置2个活动车窗，用于应急通风。

第九章　信息系统

为实现铁路高质量发展的内在要求，提升铁路货运服务水平，进一步提高与境外铁路信息交换水平，推动与国内海关的电子数据交换工作，2018 年 4 月 1 日国铁集团实施货运票据电子化。

第一节　货运票据电子化

1. 货运票据种类

由客户发起填写的单据 5 种：运单，国际联运运单，零散快运需求单，物品清单，运输变更要求书。

铁路填写的单据 5 种：运单，杂费收据，货运记录，军运后付货票，货车调送单。

铁路内部使用的单据 16 种：货车装载清单、特殊货车及运送用具回送清单、超限超重货物运输记录、货车篷布交接单、装卸作业单、铁路箱破损记录、铁路箱出站单、普通记录、交接电报、列车编组顺序表、列车编组通知单、不良货车通知单、车辆检修通知单、检修车回送单、车统-33 并车统-36。

2. 货运票据的作用

托运人与承运人之间的运输合同及货损、货差等赔付的凭证。

铁路货运列车挂运、解编、运行以及站车交接、货物交付、车辆扣修等生产作业组织的凭证。

铁路财务清算、统计工作的凭证。实现铁路货运票据电子化，涉及货运作业、运转技术作业等工作环节。

3. 货运票据电子化涉及的系统及作用

（1）现车管理系统：车站作业流程全面管理，现车管理，调度指挥，装卸管理，数据分析等功能。

（2）铁路货运电子商务系统（95306）：主要实现货运综合信息对外服务、货物提报运输需求、查询货物追踪轨迹信息等功能。

(3)铁路货票制票系统:主要实现核收发送费用、核收杂费、核收运输变更手续费等功能。

(4)铁路货运站系统:主要实现装卸车组织工作、装卸车作业、专用线交接进行管理和监控、途中倒装和安全监控等功能。

(5)铁路集装箱管理信息系统:主要实现集装箱进出站管理、集装箱装卸车管理、订箱管理、出入境、下水管理以及投、修、废箱管理等功能。

(6)铁路零散货物快运服务平台(含小型箱管理):主要实现零散货物受理、收货检斤、制票、仓储、装车、途中中装、到达、交付、补收费等业务。

(7)铁路货检站系统:主要实现途中货运安全检查和在列整理、补封等功能。

(8)铁路保价运输管理系统:主要实现货损编制货运记录、货损调查定责、货损理赔等功能。

(9)物流配送及相关应用:实现两级物流调度指挥、配送调度和接取送达等功能。

(10)铁路危险货物运输安全管理及监控系统:主要实现危险货物追踪、危险货物办理限制管理、危险货物应急救援及应急预案管理等功能。

(11)铁路货运计量安全检测监控系统:主要实现对货车装载状态进行实时计量安全检测监控、全程追踪和分析等功能。

(12)铁路货车技术管理系统(HMIS):主要实现对铁路货车及其装用配件的技术状态进行日常管理和动态跟踪等功能。

(13)铁路运输信息集成平台:集成了列车出发、到达、装车、卸车、车辆、机车、现车等信息,并通过将各个系统的主要业务数据进行整合,为相关系统如调度、箱管、电商等提供数据服务支持。

(14)铁路确报管理信息系统:按车流预定径路向列车前方按规则转发预确报。

电子票据和动态现车在国铁集团集中存储,分别建设一中心和二中心,同时路局利用既有货票系统设备进行数据缓存。

一中心主要用来实现电子票据库功能,主要包括 22 种电子票据作业信息生成、按需对电子票据的查询与处理,涵盖货运票据在发站、途中、到站等全流程运输环节作业信息,为运转作业实时提供票据信息,为全路车站确报编组提供最新车和票状态。同时一中心还作为二中心动态现车库灾备中心使用。

二中心主要用来实现动态现车库功能,主要包括存储全路货运车辆在各站实时动态位移情况,详细记录了车辆在途的每一步动作,该中心的数据是全路现车管理的基础数据,也是多种电子票据产生的基础数据。同时二中心并作为一中心电子票库灾备中心使用。

第二节　现车系统

现在车系统是铁路运输组织基础信息的源头和实现日班计划、车站调车作业计划、组织装卸车工作的前提和基础，是编组站运输生产的重要信息核心，对运输指挥、提高计划质量，挖掘运输潜力，合理均衡地组织编组站车流，提高编组站运输效率，保证安全生产有着十分重要的作用。

1. 系统主要功能

接发列车、车站站内作业、发送确报、直通转报等；调车钩计划编制、查询、打印，调车计划执行、报点等；车站运行线查看、车站毛玻璃查看等；技术作业图表等；运输生产统计、日常查询，欠出车信息填报等。

2. 现在车模块

(1)运行图：以图、表两种方式显示与车站有关的列车实时运行信息，执行确报编辑、打印、发报、接发列车操作。目前，通过点击按钮执行刷新功能，在后续版本中将实现自动的触发式刷新。

(2)毛玻璃查询：实时显示全站的现在车分布及空重状态，用户可以定制车站毛玻璃的显示格式，同时能够查看、编辑特定股道的详细车辆信息和车站的现在车一般统计信息。

(3)列车编组：摘挂作业结束或始发列车的出发编组，类似以前版本的列车出发报点功能，根据列车运行图的列车信息及股道组成内容生成出发列车编组顺序表。

(4)钩计划：有关车站调车计划的管理，如编制、修改、查询、打印、执行、回退等功能。

(5)签认：车站系统与外部系统接口，其他系统推送过来的票据签认，目前包括检修车、不良货车签认。

(6)记录：产生普通记录、不良货车记录，生成票据信息，保存本地并上传总公司票据库供外部系统查看使用。

(7)区间卸车：车站标记区间卸车、取消标记区间卸车功能。

第十章　车务设备

第一节　双模列尾装置

一、列尾装置构成

双模货物列车尾部安全防护系统由列尾设备和列尾设备监测维护装置组成。

列尾设备包括列尾机车台、列尾主机；

列尾设备监测维护装置包括车载无线通信设备出入库监测台、列尾主机检测台和机车车号确认仪等，系统具有 GSM-R 和 400 MHz 数字两种通信方式。双模列尾装置如图 10-1-1 所示。

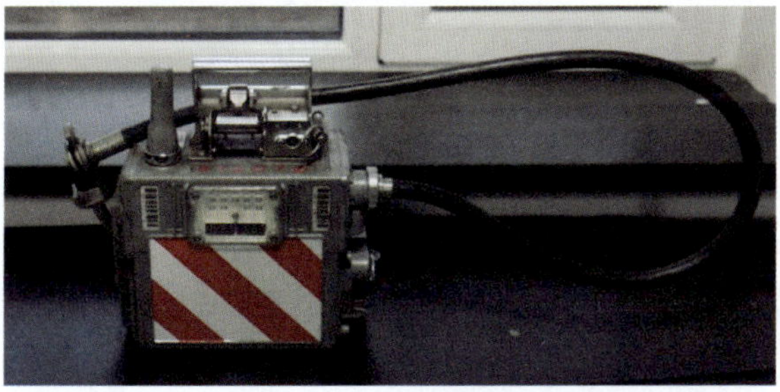

图 10-1-1　双模列尾装置

二、列尾装置功能

列尾主机能采集列车尾部主风管风压、列尾机车台向列尾主机手动查询列车尾部风压、列尾机车台按规定的时间间隔自动向列尾主机查询列车尾部风压，超过规定时间没有收到列尾信息时，列尾机车台发出通信失效告警；列尾主机监测到列车尾部主风管风压低于设定值时，自动向列尾机车台报警；列为主机电池电量不足时，自动向列尾机车台报警；列尾机车台控制列尾主机辅助排风制动。

三、列尾名词术语

1. 机车号：永久标识牵引机车号码，含车型代码和编号，共8位。

2. 列尾主机ID：永久标识列尾主机号码，含生产企业代码和设备序列号，共6位。

3. “一对一”关系：列尾控制盒与列尾主机建立唯一的通信连接关系。

4. 连接：列尾机车台与列尾主机建立唯一对应关系。

5. 断连：列尾机车台断开与列尾主机的唯一对应关系，清除已保存的列尾主机ID。

6. 销号：列尾机车台与列尾主机均解除唯一对应关系。

7. 通信失效：列尾机车台与列尾主机处于连接状态时，列尾机车台因自身故障、列尾主机故障，GSM-R网络故障、无线电干扰、地形地貌和特殊区段弱场等原因导致超过规定时间未接收列尾信息，判定为列尾机车台与列尾主机通信失效。

四、建立连接关系过程

1. 列尾主机输号方式

（1）GSM-R模式

机车车号确认仪向列尾主机输入机车号，输号成功后列尾主机显示机车号后4位（显示格式为“××××”，显示时间8 s），每20 s向列尾机车台发送1次输号请求信息，直至列尾机车台连接成功。

列尾机车台收到输号请求信息后进行判断，如果信息包含的机车号与本机一致，则自动向列尾主机发送输号命令信息。

列尾主机收到后进行判断，如果信息包含的列尾主机ID与本机一致，则列尾主机进入连接状态，存储列尾机车台机车号及其IP地址，并显示机车号后4位（显示格式为“××××”，显示时间8 s），同时向列尾机车台返回输号应答信息。

列尾机车台收到输号应答信息后进行判断，如果信息中的机车号与本机车号一致，列尾机车台进入连接状态，显示“已连接”并发出语音提示。

（2）400 MHz模式

机车车号确认仪向列尾主机发送输号命令信息。

列尾主机收到输号命令信息后进行判断，如果信息包含的列尾主机ID与本机一致，则进入连接状态，存储机车号并显示机车号后4位（显示格式为“××××”，显示时间8 s），同时向机车车号确认仪返回输号应答信息。

列尾机车台处于未连接状态时，按下“查询”键，向列尾主机发送手动风压查询命令（列尾主机ID字段按无效填入），收到列尾主机返回的风压信息后，列尾机车台对信息中包含的机车号进行判断，如与本机一致，则列尾机车台直接进入连接状态，存储列尾主机ID，显示并语音播报风压数值。

2. 列尾机车台输号方式

(1)GSM-R 模式

列尾机车台输入列尾主机 ID,向列尾主机发送输号命令信息。

列尾主机收到后进行判断,如果信息包含的列尾主机 ID 与本机一致,则列尾主机进入连接状态,并显示机车号后 4 位(显示格式为“××××”,显示时间 8 s),同时向列尾机车台返回输号应答信息。

列尾机车台收到输号应答信息后进行判断,如果信息中的机车号与本机车号一致,列尾机车台进入连接状态,显示“已连接”并发出语音提示。

列尾机车台 8 s 内未收到列尾主机返回的输号应答时,判断连接失败并发出语音提示,如司机继续输号,列尾机车台自动显示原输入的列尾主机 ID,并可进行确认后再次进行输号连接。

进入连接状态后,如列尾主机收到其他列尾机车台的输号命令则返回已连接提示信息,对应列尾机车台收到后,显示“列尾装置已连接其他机车”并发出语音提示。

(2)400 MHz 模式

列尾主机开机自动进入未连接状态,列尾指示灯显示“-HH-”,同时每 20 s 发送 1 次输号请求信息。列尾机车台收到后进行语音提示,按下“确认”键后,显示列尾主机 ID 输入界面,向列主机发送输号命令信息。

列尾主机收到后进行判断,如果信息包含的列尾主机 ID 与本机一致,则列尾主机进入连接状态,存储列尾主机台机车号,并显示机车号后 4 位(显示格式为“××××”,显示时间 8 s),同时向列尾机车台返回输号应答信息。

列尾机车台收到输号应答信息后进行判断,如果信息中的机车号与本机车号一致,则进入连接状态,显示“已连接”并发出语音提示,同时存储列尾主机 ID。

列尾机车台 8 s 内未收到列尾主机返回的输号应答时,判断连接失败并发出语音提示。如继续输号,列尾机车台自动显示原输入的列尾主机 ID,并可进行确认后再次进行输号连接。

进入连接状态之后,如列尾主机收到其他列尾机车台的输号命令则返回已连接提示信息,对应列尾机车台收到后,显示“列尾装置已连接其机车”并发出语音提示。

五、手动查询风压

按下“查询”键,列尾机车台向列尾主机发送手动查询命令信息

列尾主机收到后,显示当前风压值(显示格式为“F×××”,显示时间 8 s),并向列尾机车台返回风压信息。

列尾机车台收到后,显示并语音播报风压数值,此后 10 s 内不再响应相类型的风压应答信息。

列尾机车台在 8 s 内未收到风压信息时,风压值显示为“---”。

六、风压动态显示

建立连接关系后,列尾机车台每 120~130 s 随机自动向列尾主机发送风压查询命令信息,列尾主机收到后,显示当前风压值(显示格式为“×××”,显示时间 8 s),并向列尾机车台返回风压应答信息,列尾机车台收到后更新显示的风压值,但不进行语音提示;列尾机车台自动发送风压查询命令信息后,如在 25 s 内未收到风压信息,则风压值显示为“---”,在计时期间,如果列尾机车台进行了手动风压查询,则应重新计时。

如果列尾机车台在 20 min 内没有收到任何列尾主机信息,应自动向列尾主机发送查询风压命令,如果在随后的 25 s 内仍然没有收到列尾主机信息,列尾机车台应发出告警语音提示,列尾状态显示为“通信失效”。

处于通信失效状态时,列尾机车台每 25~30 s 随机自动向列尾主机发送风压查询命令,如收到列尾主机信息,则退出通信失效状态并发出通信正常语音提示。

七、辅助排风制动

按下“排风”键,列尾机车台向列尾主机持续发送 5 帧排风制动命令(多条信息待发时,列尾机车台应优先发送排风制动命令)。

列尾主机收到后立即进行排风(按规定时间开启电磁阀),显示排风状态(显示格式为“-PF-”,显示时长 8 s)并向列尾机车台返回排风应答信息。

列尾机车台收到排风应答后,进行显示并发出语音提示;如 8 s 内未收到应答,列尾机车台自动重发 5 帧排风制动命令。

列尾主机排风完毕,自动向列尾机车台发送 1 次风压报警信息,列尾机车台发出语音提示。

八、列尾主风管风压低于设定值或列尾主机电池电量不足报警

列尾主风管风压低于设定值,列尾主机应显示每秒闪烁 1 次的风压值(格式为“F×××”,显示 8 s),每 20 s 向列尾机车台发送 1 次风压报警信息。

当列尾主机的电池电量不足时,列尾主机应显示每秒闪烁 1 次的供电电压欠压状态(格式为“-UL-”,显示 8 s),每 20 s 向列尾主机台发送 1 次电池电量不足报警信息。

列尾机车台收到后,显示相应的报警信息并语音提示司机进行确认。

按下“确认”键,向列尾主机回发相应的确认信息。

列尾主机收到确认信息后,停止向列尾机车台发送相应的报警信息,列尾机车台停止语音报警。

九、解除连接关系

1. GSM-R 模式

列尾机车台处于连接状态时，按下“销号”键，列尾机车台向列尾主机发送销号命令，列尾主机收到销号命令后解除连接关系，清除存储的列尾机车台机车号及其 IP 地址，向列尾机车台发送销号应答并进入未连接状态（显示“-HO-”3 s 后，再显示“-HH-”），但不向 GSM-R/GPRS 网络发起注销。

列尾机车台收到销号应答后解除连接关系，清除存储的列尾主机 ID 及其 IP 地址，连接状态显示为“未连接”并发出语音提示，但不向 GSM-R/GPRS 网络发起注销。

如列尾机车台 8 s 内未收到销号应答，自动重发 1 次销号命令，此后 8 s 内仍未收到销号应答时，列尾机车台发出销号失败语音提示。

列尾主机处于未连接状态时，如收到列尾主机 ID 与本机一致的销号命令，则发出已销号提示信息，列尾机车台收到后解除连接关闭并进行语音提示。

列尾机车台处于连接状态时，按下“断连”键，列尾机车台自动解除连接关系，清楚储存的列尾主机 ID 和 IP 地址，连接状态显示为“未连接”并发出语音提示，但不向 GSM-R/GPRS 网络发起注销。

2. 400 MHz 模式

列尾机车台处于连接状态时，按下“销号”键，列尾机车台向列尾主机发送销号命令，列尾主机收到销号命令后解除连接关系，清除存储的机车号，向列尾机车台发送销号应答并进入未连接状态（显示“-H0-”3 s 后，再显示“-HH-”）。

列尾机车台收到销号应答后解除连接关系，清除存储的列尾主机 ID，连接状态显示为“未连接”并发出语音提示。如列尾机车台 8 s 内未收到销号应答，自动重发 1 次销号命令，此后 8 s 内仍未收到销号应答时，列尾机车台发出销号失败语音提示。列尾主机处于未连接状态时，如收到列尾主机 ID 与本机一致的销号命令，则发出已销号提示信息，列尾机车台收到后解除连接关系并进行语音提示。

列尾机车台处于连接状态时，如按下“断连”键，列尾机车台自动解除连接关系，清除存储的列尾主机 ID，连接状态显示为“未连接”并发出语音提示。

第二节 无线调车灯显设备

1999 年，无线平面调车灯显设备在神华准能大准铁路公司开始投入使用，这一新技术的应用大大改善了调车作业环境与条件，提高了调车作业效率，保障了调车作业安全。

无线调车灯显设备（简称调车灯显）主要用于调车作业人员传递调车信令及相互联系通信等，是调车作业的必备生产工具。

一、无线调车灯显设备的组成

调车灯显主要由机车控制器(以下简称机控器)、灯显电台、区长台、充电器、无线简易制动阀、外接司机话盒、外接信号复示器、外接扬声器,以及配套电池、皮套等附件组成。按配置位置不同,分为机车设备、移动设备、固定设备。

机车设备:以机车控制器为核心,完成调车指令的识别、显示。外围设备有司机话盒、显示器、外接扬声器。

移动设备:调车员、制动员①调车专用电台。主要是用于调车人员向机车发送指令,以指挥机车行动,还可与司机通话以及调车组人员之间进行通话。

固定设备:以调车领导人控制器为核心,解决调车区长与调车组之间的联络问题,无线调车灯显设备相关设备如图 10-2-1~图 10-2-4 所示。

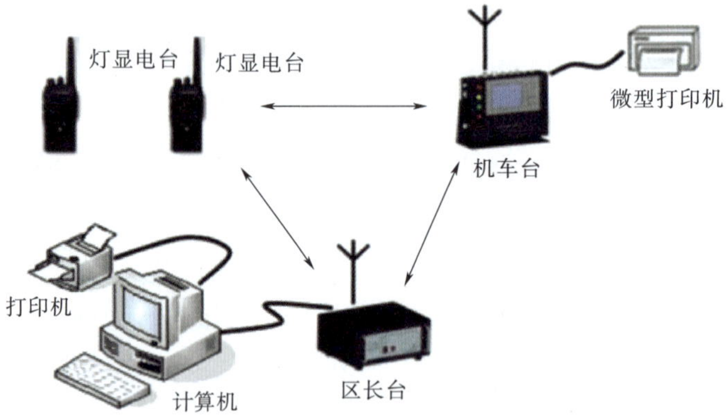

图 10-2-1　无线调车灯显设备组成简图

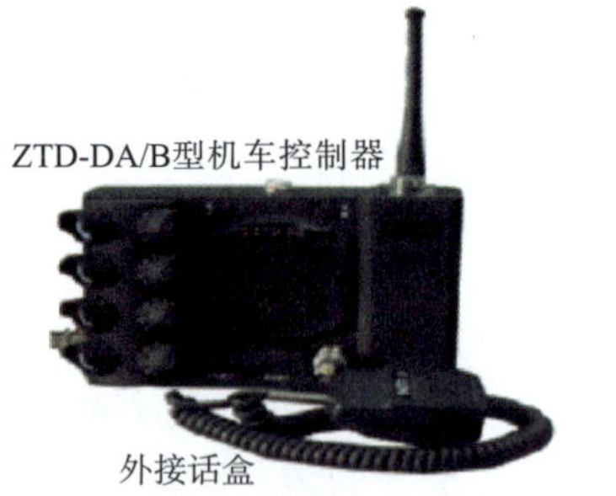

图 10-2-2　ZTD-DA/B 型机车控制器

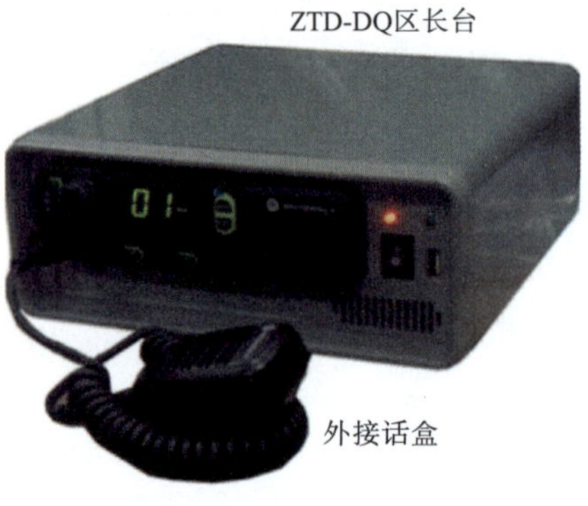

图 10-2-3　ZTD-DQ 型区长台

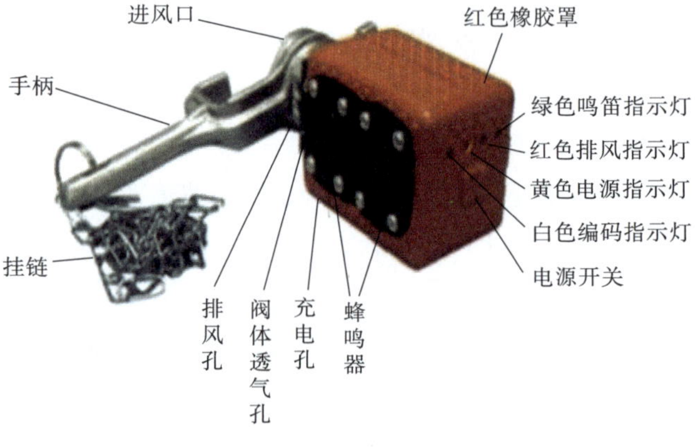

图 10-2-4　无线简易制动阀

① 本书中,制动员是指连结员岗位中负责执行《铁路调车作业》(TB/T 30002—2020)制动员技术作业的人员。

二、无线调车灯显设备的功能

无线调车灯显应具有建立调车组功能,不同调车组的通话、调车信令传送互不影响;具有调车组成员通话功能;具有调车信令传送功能;具有调车信令强拆强插调车组成员通话功能;具有紧急停车信令强插其他调车信令等功能。

1. 调车指令的强插功能

(1)调车指令的强插功能可以保证调车指令的实时性,能提高作业效率和作业安全,具体使用方式为:调车组内进行语音通话时,便携台仍然可以发送调车作业指令并将通语音通话打断。

(2)调车指令具有比语音对讲更高的优先级,当调车指令强插语音对讲时,此时主动发起通话方的便携台会有忙音提示;此时应立即松开 PTT 键(发射键),以便发起或接收下一次的语音对讲。无论电台在什么情况下发出忙音,都要立即释放 PTT 键,以便接收外部过来的语音信息。

2. 通话语音的打断功能

(1)通话语音(包括机控器发出的语音和便携台发出的语音)的打断功能是指谁后“说”谁就可以打断当前通话内容。即:机控器或便携台在语音通话未结束时,使用其他便携台或机控器通话时,会打断未结束的语音通话。但使用便携台打断机控器发出的语音时,机控器显示屏及灯光仍按接收到的信令正常显示。

(2)机控器发出的语音是指机控器收到指令后经过分析,提取的“停车、起动、推进、连结、十车、五车、三车”等语音。

3. 具体设备功能

(1)机控器

调车机控器用于接收调车组成员发来的各种调车操作指令,经过内部微处理器判断处理,及时给出色灯显示、语音提示(回示)。司机眼见灯显,耳听语音提示。对调车组人员,语音回示使他们确认指令被可靠接收。调车机控器还允许司机与调车组人员进行通话联系。

(2)手持台

调车便携台(以下简称便携台)是由调车组成员使用,供调车组成员向机车控制器发送各种调车指令的设备,具有呼叫通话、向机车发送各种调车指令并播报调车指令的功能。

三、无线调车灯显设备的运用

1. 当机控器接收到停车指令后,一个红灯长亮,液晶屏显示“停车”,同时播报语音“停车”两次。

2. 当机控器接收到起动指令后,绿灯闪烁数次后熄灭,液晶屏显示“起动”,同时播报语音“起动”两次。

3. 当机控器接收到推进指令后，绿灯长亮，液晶屏显示“推进”，同时播报语音“推进”两次。

4. 当机控器在推进、连结、溜放指令后接收到减速指令，黄灯闪亮三次后绿灯长亮，液晶屏显示“减速”，同时播报语音“减速”两次。

5. 当机控器在十车、五车、三车、一车指令后接收到减速指令，黄灯闪亮三次后黄灯长亮，液晶屏显示“减速”，同时播报语音“减速”两次。

6. 当机控器在减速指令后连续接收到减速指令，若上一次指令为黄灯闪亮三次后绿灯长亮，则该次也为黄灯闪亮三次后绿灯长亮；若上一次指令为黄灯闪亮三次后黄灯长亮，则该次也为黄灯闪亮三次后黄灯长亮，其，它提示相同，为液晶屏显示“减速”，同时播报语音“减速”两次。

7. 当机控器接收到连结指令后，绿、红灯交替闪亮三次后绿灯长亮，液晶屏显示“连结”，同时播报语音“连结”两次。

8. 当机控器接收到溜放指令后，绿、黄灯交替闪亮三次后绿灯长亮，液晶屏显示“溜放”，同时播报语音“溜放”两次。

9. 当机控器接收到十车指令后，黄灯长亮，液晶屏显示“十车”，同时播报语音“十车”两次。

10. 当机控器接收到五车指令后，黄灯长亮，液晶屏显示“五车”，同时播报语音“五车”两次。

11. 当机控器接收到三车指令后，黄灯长亮，液晶屏显示“三车”，同时播报语音“三车”两次。

12. 当机控器接收到一车指令后，黄灯长亮，液晶屏显示“一车”，同时播报语音“一车”两次。

13. 当机控器接收到紧急停车指令后，两个红灯长亮，液晶屏显示“紧急停车×号”，同时播报语音“紧急停车×号”两次。

14. 当机控器接收到解锁指令后，两个红灯点亮后熄灭一个红灯，另一个红灯长亮，液晶屏显示“×号解锁”，同时播报语音“×号解锁”两次。

15. 当机控器接收到紧急停车指令后，将会对其他调车信令做屏蔽处理不进行响应，只接收该紧急停车配套的解锁命令或者来自其他连结员的紧急停车命令。

四、使用无线调车灯显设备注意事项

调车机车作业过程中，如果机控器连续 10 s 收不到测机信号，则报“注意注意”，15 s 收不到测机信号，则报“故障停车”，红一灯闪烁并自动控制机车停车。

工作人员在进行调车作业时，通话时间不可过长，以免收不到测机导致停车。

造成“故障停车”的可能原因有以下几点

1. 便携台电池耗尽。

2. 电台或电台控制板损坏。

3. 便携台与机控器距离过远。

4. 同频通话干扰测机信号,即机控器、调车长、连结员、制动员、区长台在发送测机信号期间通话时间过长或过于频繁,阻碍了测机信号的正常收发。

因此,在机车行进过程中,调车组作业人员应尽量减少通话。在通话时,各作业人员在能正确表达意图的情况下尽可能缩短通话时间。

参考文献

[1] 中国铁路总公司. 铁路技术管理规程(普速铁路部分)[S]. 北京:中国铁道出版社,2014.
[2] 中国国家铁路集团有限公司. 铁路运输调度规则(普速铁路部分):TG/QT 103—2022[S]. 北京:中国铁道出版社有限公司,2022.
[3] 佟立本. 铁道概论[M]. 8 版. 北京:中国铁道出版社有限公司,2020.
[4] 荣剑,程谦,曲思源. 列车运行图编制与管理[M]. 北京:中国铁道出版社有限公司,2021.
[5] 杨浩. 铁路运输组织学[M]. 5 版. 北京:中国铁道出版社有限公司,2023.
[6] 广州铁路(集团)公司工务处,广州铁路(集团)公司劳卫处. 铁路线路工[M]. 北京:中国铁道出版社,2015.
[7] 张向东. 铁路施工组织与管理[M]. 北京:中国铁道出版社,2013.
[8] 张治国,王茹玉. 铁路信号基础[M]. 成都:西南交通大学出版社,2020.
[9] 王邠,李永芳. 铁路通信技术[M]. 2 版. 北京:中国铁道出版社有限公司,2021.
[10]《铁路电力基础知识》编委会. 铁路电力基础知识[M]. 北京:中国铁道出版社有限公司,2021.
[11] 王兴杰,王秀琴. 铁路线路维修与大修[M]. 北京:中国铁道出版社,2014.
[12] 李一龙,刘巧利. 铁路运输调度指挥[M]. 北京:中国铁道出版社,2015.
[13]《铁路运输知识读本》编委会. 铁路运输知识读本[M]. 北京:中国铁道出版社有限公司,2019.
[14] 中国国家铁路集团有限公司货运部. 铁路货物运输[M]. 北京:中国铁道出版社有限公司,2022.
[15] 中国国家铁路集团有限公司工电部. 铁路接触网[M]. 北京:中国铁道出版社有限公司,2022.
[16] 王兴杰,禹凤军. 铁路线路维修与大修[M]. 北京:中国铁道出版社,2019.
[17] 中国国家铁路集团有限公司工电部. 铁路电力[M]. 北京:中国铁道出版社有限公司,2022.
[18] 中国国家铁路集团有限公司工电部. 铁路线路[M]. 北京:中国铁道出版社有限公司,2022.
[19] 中国国家铁路集团有限公司工电部. 铁路牵引变电[M]. 北京:中国铁道出版社有限公司,2022.
[20] 中国国家铁路集团有限公司机辆部. 铁路机务运用[M]. 北京:中国铁道出版社有限公司,2022.
[21] 中国国家铁路集团有限公司机辆部. 铁路机车概论[M]. 北京:中国铁道出版社有限公司,2022.
[22] 中国国家铁路集团有限公司机辆部. 铁路车辆概论[M]. 北京:中国铁道出版社有限公司,2022.
[23] 中国国家铁路集团有限公司工电部. 铁路桥梁隧道[M]. 北京:中国铁道出版社有限公司,2022.
[24] 中国国家铁路集团有限公司工电部. 普速铁路信号设备[M]. 北京:中国铁道出版社有限公司,2022.
[25] 中国国家铁路集团有限公司工电部. 高速铁路信号与控制[M]. 北京:中国铁道出版社有限公司,2022.
[26] 中国国家铁路集团有限公司工电部. 铁路路基与防洪[M]. 北京:中国铁道出版社有限公司,2022.
[27] 国家市场监督管理总局,国家标准化管理委员会. 标准轨距铁路限界　第 1 部分:机车车辆限界:GB 146. 1—2020[S]. 北京:中国标准出版社有限公司,2020.
[28] 国家市场监督管理总局,国家标准化管理委员会. 标准轨距铁路限界　第 2 部分:建筑限界:GB 146. 2—2020[S]. 北京:中国标准出版社有限公司,2020.
[29] 中华人民共和国铁道部. 电气化铁道牵引供电远动系统技术条件:TB/T 2831—1997[S]. 北京:中国铁道出版社,1997.
[30] 国家铁路局. 动车组词汇　第 1 部分:基本词汇:TB 3453. 1—2016[S]. 北京:中国铁道出版社,2016.
[31] 国家铁路局. 机车车辆车种、车型和车号编码规则　第 1 部分:机车:TB/T 3443. 1—2016[S]. 北京:

中国铁道出版社,2016.
[32] 国家铁路局. 机车信号信息定义及分配:TB/T 3060—2016[S]. 北京:中国铁道出版社,2016.
[33] 中华人民共和国国家质量监督检验检疫总局,中国国家标准化管理委员会. 铁道车辆词汇:GB/T 4549. 1—2004[S]. 北京:中国标准出版社,2004.
[34] 国家铁路局. 铁路闭塞　第 1 部分:自动闭塞技术条件:TB/T 1567. 1—2019[S]. 北京:中国铁道出版社有限公司,2019.
[35] 国家铁路局. 铁路闭塞　第 2 部分:自动站间闭塞技术条件:TB/T 1567. 2—2019[S]. 北京:中国铁道出版社有限公司,2019.
[36] 国家铁路局. 铁路闭塞　第 3 部分:半自动闭塞技术条件:TB/T 1567. 3—2020[S]. 北京:中国铁道出版社有限公司,2020.
[37] 中华人民共和国铁道部. 铁路车站电码化技术条件:TB/T 2465—2010[S]. 北京:中国铁道出版社,2010.
[38] 国家技术监督局. 铁路车站及枢纽术语:GB/T 15165—1994[S]. 北京:中国标准出版社,1994.
[39] 国家铁路局. 铁路接发列车作业:TB/T 30001—2020[S]. 北京:中国铁道出版社有限公司,2020.
[40] 国家市场监督管理总局,中国国家标准化管理委员会. 铁路线路词汇:TB/T 36505—2018[S]. 北京:中国标准出版社,2018.
[41] 国家铁路局. 铁路无线调车灯显设备:TB/T 2834—2016[S]. 北京:中国铁道出版社,2016.
[42] 杨志刚. LKJ2000 型列车运行监控记录装置[M]. 北京:中国铁道出版社,2003.
[43] 中国铁路成都局集团有限公司. 普速铁路工电供一体化基础知识[M]. 北京:中国铁道出版社有限公司,2019.